자동채점 프로그램과 무료 동영상 강의 제공

iTQ 한글 2020

KB185084

한정수, IT연구회 지음

IT연구회

해당 분야의 IT 전문 컴퓨터학원과 전문가 선생님들이 최선의 책을 출간하고자 만든 집필/감수 전문연구회로서, 수년간의 강의 경험과 노하우를 수험생 여러분에게 전달하고자 최선을 다하고 있습니다. IT연구회에 참여를 원하시는 선생님이나 교육기관은 ccd770@hanmail.net으로 언제든지 연락주십시오. 좋은 교재를 만들기 위해 많은 선생님들의 참여를 부탁드립니다.

권경철_ IT 전문강사
김수현_ IT 전문강사
김현숙_ IT 전문강사
류은순_ IT 전문강사
박봉기_ IT 전문강사
문현철_ IT 전문강사
송기웅_ IT 및 SW전문강사
신영진_ 신영진컴퓨터학원장
이은미_ IT 및 SW전문강사
장명희_ IT 전문강사
전미정_ IT 전문강사
조정례_ IT 전문강사
최은영_ IT 전문강사
김미애_ 강릉컴퓨터교육학원장
엄영숙_ 권선구청 IT 전문강사
조은숙_ 동안여성회관 IT 전문강사

김경화_ IT 전문강사
김 숙_ IT 전문강사
남궁명주_ IT 전문강사
민지희_ IT 전문강사
박상휘_ IT 전문강사
백천식_ IT 전문강사
송희원_ IT 전문강사
윤정아_ IT 전문강사
이천직_ IT 전문강사
장은경_ ITQ 전문강사
조영식_ IT 전문강사
차영란_ IT 전문강사
황선애_ IT 전문강사
은일신_ 충주열린학교 IT 전문강사
옥향미_ 인천여성의광장 IT 전문강사
최윤석_ 용인직업전문교육원장

김선숙_ IT 전문강사
김시령_ IT 전문강사
노란주_ IT 전문강사
문경순_ IT 전문강사
박은주_ IT 전문강사
변진숙_ IT 전문강사
신동수_ IT 전문강사
이강용_ IT 전문강사
임선자_ IT 전문강사
장은주_ IT 전문강사
조완희_ IT 전문강사
최갑인_ IT 전문강사
김건석_ 교육공학박사
양은숙_ 경남도립남해대학 IT 전문강사
이은직_ 인천대학교 IT 전문강사
홍효미_ 다산직업전문학교

BM (주)도서출판 성안당

■ 도서 A/S 안내

성안당에서 발행하는 모든 도서는 저자와 출판사, 그리고 독자가 함께 만들어 나갑니다.

좋은 책을 펴내기 위해 많은 노력을 기울이고 있습니다. 혹시라도 내용상의 오류나 오탈자 등이 발견되면 **"좋은 책은 나라의 보배"**로서 우리 모두가 함께 만들어 간다는 마음으로 연락주시기 바랍니다. 수정 보완하여 더 나은 책이 되도록 최선을 다하겠습니다.

성안당은 늘 독자 여러분들의 소중한 의견을 기다리고 있습니다. 좋은 의견을 보내주시는 분께는 성안당 쇼핑몰의 포인트(3,000포인트)를 적립해 드립니다.

잘못 만들어진 책이나 부록 등이 파손된 경우에는 교환해 드립니다.

저자 문의 e-mail : thismore@hanmail.net(한정수)

본서 기획자 e-mail : coh@cyber.co.kr(최옥현)

홈페이지 : http://www.cyber.co.kr   전화 : 031) 950-6300

다운로드 | 학습 자료 내려받기

1. 성안당 도서몰 사이트(www.cyber.co.kr)에서 로그인한 후 [자료실]을 클릭합니다.

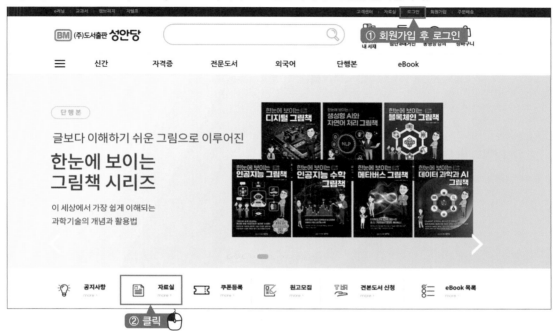

2. 검색란에 『ITQ』를 입력하고, 『2025 백발백중 ITQ 한글 2020』을 클릭합니다.

3. 『315-2426』을 클릭하여 자료를 다운로드한 후 반드시 압축 파일을 해제하고 사용합니다.

4. 자료파일 구조

① 소스/정답 파일 : Part1~3까지의 소스/정답 파일을 제공합니다.

② [picture] 폴더 : 답안 작성에 필요한 이미지를 제공합니다.

③ [답안작성프로그램] 폴더 : 답안작성 프로그램 설치파일이 있습니다.

④ [동영상강의] 폴더 : 무료 동영상 강의 파일을 제공합니다.

⑤ [자동채점프로그램] 폴더 : 자동채점 프로그램 설치파일이 있습니다.

1 자동채점 프로그램 설치

1 ITQ_한글(2020).exe 파일을 마우스 오른쪽 단추를 클릭한 후 [관리자 권한으로 실행]을 클릭하여 설치합니다.

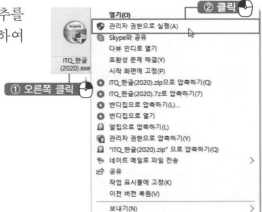

2 [성안당 ITQ 한글 2020 채점 프로그램 설치] 대화상자에서 프로그램을 설치할 폴더를 확인한 후 [설치]를 클릭합니다.

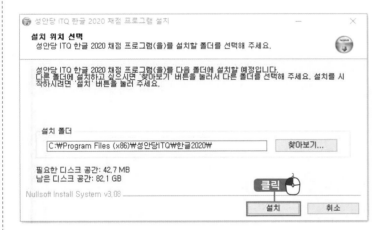

3 설치가 완료되면 [닫음]을 클릭하여 설치를 완료합니다.

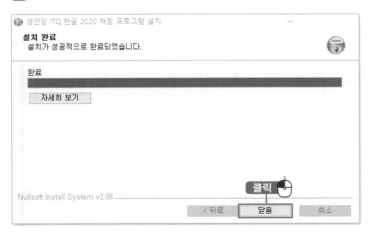

2 자동채점 프로그램 사용법

1 바탕화면의 [성안당 ITQ 한글 2020 채점] 아이콘을 마우스 오른쪽 단추를 클릭한 후 [관리자 권한으로 실행]을 클릭하여 실행합니다.

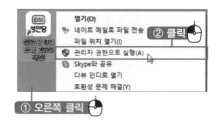

2 [문제 선택] 란에서 문제 횟수를 선택합니다.

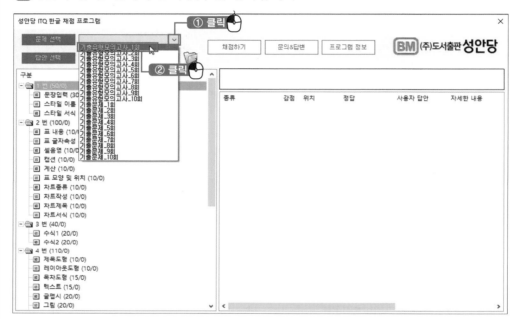

3 [답안 선택] 란에서 작성한 정답 파일을 선택합니다.

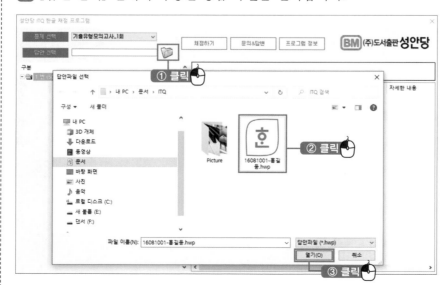

자동채점 프로그램 설치 및 사용법

4 [채점하기] 단추를 누르면 채점이 진행됩니다. 왼쪽 화면에는 문제 카테고리가 표시되고, 오른쪽 화면에는 감점 내용이 표시됩니다.

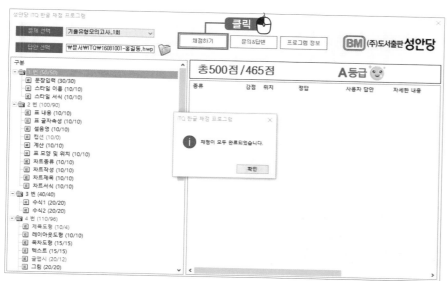

5 왼쪽 화면에서 틀린 부분은 빨간 색으로 표시되며, 해당 카테고리를 클릭하면 오른쪽 화면에 감점 내용이 표시됩니다.

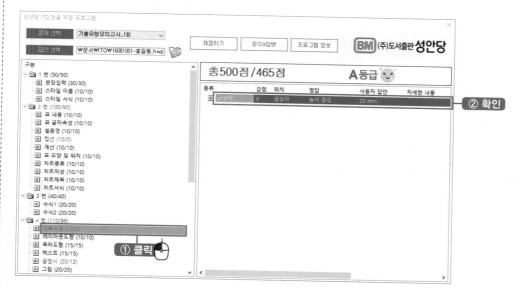

※ 채점프로그램에 문의가 있을 경우 [문의&답변] 란을 클릭하여 성안당 게시판에 로그인한 후 문의하시면 됩니다.
※ 차트는 채점되지 않으므로 육안으로 확인해 주십시오.

단계 1 답안작성 프로그램 설치

1 [자료실]에서 다운로드 받은 'KOAS수험자용(성안당)'을 더블클릭한 후 그림과 같이 설치화면이 나오면 [다음] 단추를 클릭합니다.

2 프로그램 설치 폴더를 확인한 후 [설치시작] 단추를 클릭합니다.

3 설치가 끝나면 [확인] 단추를 클릭합니다.

4 바탕화면에 'ITQ 수험자용' 바로 가기 아이콘이 생성됩니다.

※ 기존 답안작성 프로그램을 삭제하지 않고 ITQ의 다른 과목(엑셀, 파워포인트)에 수록된 답안 작성 프로그램을 중복설치해 사용해도 됩니다.

단계 2 **답안작성 프로그램 사용**

1 바탕화면의 'KOAS 수험자용' 바로 가기 아이콘 🖳을 더블클릭하여 실행합니다.

2 [수험자 등록] 대화상자에 수험번호를 입력하고 [확인] 단추를 클릭합니다(문제지의 수험번호를 입력합니다).

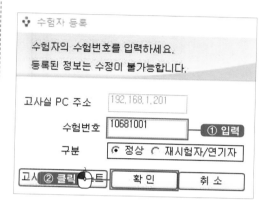

3 시험 버전을 선택하고 [확인] 단추를 클릭합니다(한컴 오피스 2022를 선택).

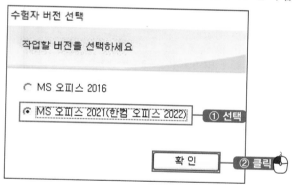

4 [수험자 정보] 창에서 수험번호, 성명, 수험과목, 좌석번호, 답안폴더를 확인하고 [확인] 단추를 클릭합니다.

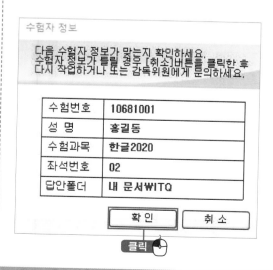

5 감독관의 지시하에 시험이 시작되면 키보드의 아무 키나 클릭하여 시험을 시작합니다. 바탕화면의 오른쪽 상단에 답안작성 프로그램이 나타납니다.

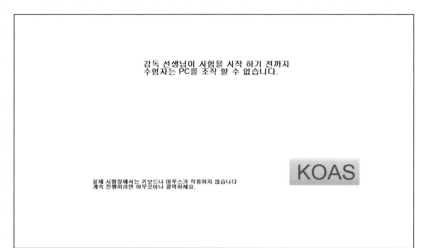

Check Point

답안작성 프로그램의 각 단추 설명

10681001-홍길동

수험자 정보 조회	**1**
답안 전송	**2**
답안 가져오기	**3**
첨부파일 폴더 보기	**4**
첨부파일 가져 오기	
수험자 시험 종료	**5**
고사실 연결 테스트	
프로그램 종료(감독위원 작동)	**6**

BM (주)도서출판 **성안당**

1 수험자 정보를 확인합니다.

수험자 정보

다음 수험자 정보가 맞는지 확인하세요.
수험자 정보가 틀릴 경우 [취소]버튼을 클릭한 후
다시 작업하거나 또는 감독위원에게 문의하세요.

수험번호	10681001
성 명	홍길동
수험과목	한글2020
좌석번호	02
답안폴더	내 문서\ITQ

확 인   취 소

2 답안파일을 감독 PC로 전송합니다.

고사실 PC로 답안 파일 보내기

고사실 PC로 답안 파일을 전송합니다.

답안파일명은 수험번호-수험자명으로 지정해야 합니다.

인터넷 시험인 경우는 수험번호-수험자명-인터넷으로 지정하세요.

답안파일	파일 목록	존재	상태
	16081001-홍길동.hwp	있음	

답안 전송   닫 기

3 답안파일을 재전송해야 할 경우 기존에 작성한 답안 파일을 불러옵니다.

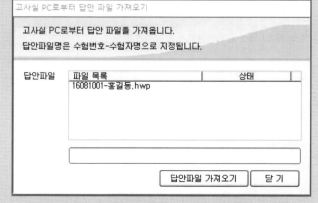

고사실 PC로부터 답안 파일 가져오기

고사실 PC로부터 답안 파일을 가져옵니다.

답안파일명은 수험번호-수험자명으로 지정됩니다.

답안파일	파일 목록	상태
	16081001-홍길동.hwp	

답안파일 가져오기   닫 기

Check **P**oint

④시험에 사용될 그림 파일을 확인합니다.　　⑥[프로그램 종료(감독위원 작동)] 단추 : 실제

⑤[수험자 시험 종료] 단추 : 답안 전송을 하고　　　시험장에서 감독 위원이 사용하는 단추이므로
　시험을 종료하려면 수험자가 클릭합니다.　　　　　수험자는 사용하지 않습니다.

※ 답안작성 프로그램은 수험자의 이해를 돕기 위한 프로그램으로 네트워크 기능이 없습니다.

6 답안 작성은 한글을 실행한 후 답안을 작성하며, '내 PCW문서WITQ' 폴더에 저장합니다 (수험번호 −성명.확장자).

7 답안 작성이 끝났으면 답안작성 프로그램의 [답안 전송] 단추를 클릭한 후 파일을 확인하고 [답안 전송] 단추를 클릭합니다.

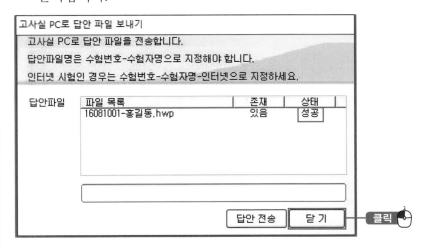

8 정답 파일이 정상적으로 감독 PC로 전송되면 상태에 '성공'이라고 표시됩니다. [닫기] 단추를 클릭합니다.

9 답안 전송이 끝났으면 [수험자 수험 종료] 단추를 클릭한 후 [ITQ 종료]와 [예]를 클릭하여 시험을 종료합니다.

[공통사항]

1. KOAS 전송시 주의사항

※ 온라인 답안 작성 절차

수험자 등록 ▶ 시험 시작 ▶ 수시로 답안 파일 저장 ▶ 답안 전송 ▶ 시험 종료

2. 모든 작업을 완성했는데 0점 처리되는 경우

① 아래한글 과목의 경우, 최종작업에서 블록씌운 부분만 저장된 블록저장이 원인일 수 있습니다. 반드시 블록저장이 되지 않도록 주의하세요.

② 대부분 최종 작업에서 저장하지 않고 KOAS로 전송했을 경우에 해당됩니다. 반드시 저장한 후 전송하세요.

[ITQ 한글 Q&A]

Q1 답안 작성 시 문제 번호를 작성하지 않았을 경우

A1 문제 번호를 입력하지 않아도 정상 채점합니다.

Q2 스타일에서 점수를 잘 받으려면 어떻게 해야 하나요?

A2 우선, 스타일에선 영문입력이 중요합니다. 입력이 안 되어 있는 상태에서 스타일을 적용하여도 해당 항목은 0점 처리됩니다. 반드시 오타없이 입력한 후 스타일 기능을 이용하여 글자 모양/문단 모양을 지정해야 합니다.

Q3 스타일 기능이 0점일 경우

A3 영문 텍스트를 작성하지 않을 시, 0점 처리됩니다. 스타일 적용 문제에서 한글과 영문은 따로 채점되지 않고 텍스트 입력 기능으로 일괄 채점되며, 한글, 영문 각각 일정 분량 이상 작성하셔야 부분 점수를 받으실 수 있습니다.

Q4 기능평가I의 표를 모두 작성하였는데 감점되었다고 합니다. 어디서 자주 틀리나요?

A4 수험자 파일 채점시 블록 계산식을 작성 안하거나 캡션의 글꼴 속성을 바꾸지 않은 경우가 많이 있습니다. 또한 블록 계산식은 반드시 빈 셀에만 작성하며 결과값은 숫자이므로 오른쪽 정렬을 해야 합니다. 이 모든 부분이 감점대상이니 주의해야 합니다.

Q5 기능평가I의 차트를 모두 작성하였는데 감점되었다고 합니다. 어디서 자주 틀리나요?

A5 차트에서는 주어진 조건외에도 출력형태를 참고하여 세부사항(특히 눈금 및 범례 등)을 맞춰야 하며, 글꼴 또한 항목 축, 값 축, 범례 등에 모두 적용해야 좋은 점수를 받을 수 있습니다.

Q6 수식 배점 및 부분점수는 어떻게 되나요?

A6 수식은 각각 20점씩이며, 수식의 문제 특성상 부분점수는 없습니다(오타 및 기호가 출력형태와 다를 경우 0점). 반드시 출력형태와 동일하게 작성하시기 바랍니다.

Q7 하이퍼링크를 제대로 한 것 같은데 어디서 감점되었을까요?

A7 하이퍼링크는 책갈피를 그림 또는 글맵시에 연결하도록 출제됩니다. 문제의 지시사항을 읽어보지 않고 무조건 그림에만 연결하는 경우가 종종 발생합니다. 반드시 지시사항을 확인하고 연결된 개체에 하이퍼링크를 적용해야 합니다.

Q8 문서작성 능력평가 두 번째 문단에서 들여쓰기는 어떻게 해야 하나요?

A8 들여쓰기는 문단 모양에서 첫 줄 들여쓰기 10pt를 지정하거나 한 글자(2칸) 띄어쓰기를 해도 모두 정답 처리됩니다.

Q9 문서작성 능력평가 본문 작성 시 시험지의 출력형태와 다를 경우

A9 본문 오른쪽의 출력형태의 글자는 같은 글꼴, 같은 크기로 작성하여도 컴퓨터 환경 등에 의해 다를 수 있습니다. 이는 채점 대상이 아니며, 감점되지 않습니다.

Q10 문서작성능력평가의 쪽 번호 입력 시, 앞 페이지(1,2페이지)의 쪽번호 삭제 여부

A10 앞 페이지의 쪽 번호는 채점 대상이 아니므로 삭제하지 않아도 됩니다.

Q11 각주의 글꼴 및 크기

A11 각주 작성 시 문제 상에 지시사항이 없음으로 기본 값으로 작성하시면 됩니다.
각주는 각주의 존재 여부, 오타, 각주 구분선만 채점합니다.

Q12 작성 페이지 오류는 무엇인가요?

A12 아래한글에서 작성 페이지는 매우 중요합니다. 기능평가I 1,2번은 1페이지, 기능평가II의 3,4번은 2페이지, 문서작성 능력평가는 3페이지에 반드시 작성해야 합니다. 페이지가 뒤바뀌었을 경우 해당 항목은 모두 0점 처리됩니다.

Q13 기본적으로 갖춰야할 공통 사항이 있나요?

A13 글꼴에 대한 기본 설정은 함초롬바탕, 10포인트, 검정, 줄간격 160%, 양쪽정렬로 해야 하며, 각주 구분선은 기본 값인 5cm, 색상은 조건의 색을 적용하고 색의 구분이 안될 경우에는 RGB 값을 적용합니다(빨강 255.0.0 / 파랑 0.0.255 / 노랑 255.255.0).

Q14 문서작성능력평가의 문단번호 기능은 어떤 기능을 사용해야 하나요?

A14 문단번호는 왼쪽여백 기능을 사용하지 말고, 교재 85쪽~87쪽의 설명과 같이 작성해야 합니다.

Q15 노란색 채점은 어떻게 하나요?

A15 RGB 255,255,0과 255,215,0 모두 선택 시 '노랑'으로 나타나므로 '노랑' 색상 채점 시 두 RGB 값 모두 정답 처리됩니다.

Q16 차트 축 눈금(보조 눈금) 채점은 어떻게 하나요?

A16 ITQ 시험은 출력 형태와 동일하게 작성해야 감점되지 않으나, 차트 축 눈금(보조 눈금)의 경우 2020버전과 NEO버전(2016) 간의 기본 값 차이에 따라 채점하지 않습니다. (교재 37쪽 참고)

A등급을 받기 위한 Tip

[ITQ 한글 2020 문제별 사용하는 단축키]

※ 한글에서 사용되는 단축키들의 기능은 보통 영문자 앞문자를 이용하여 단축키로 활용합니다. 예를 들어 복사의 단축키인 Ctrl+C의 C자는 COPY의 앞글자를 이용한 것입니다. 위와 같이 영어단어와 연관지어서 단축키를 사용하면 쉽게 암기가 가능합니다.

문제	용도	단축키
기본 설정	편집 용지 설정	F7
	구역 나누기	Alt + Shift + Enter
	페이지 나누기	Ctrl + Enter
	저장	Alt +[S]ave
1번 문제 스타일(50점)	스타일 지정	F6
	스타일 바탕글 지정	Ctrl +[1]
2번 문제 표/차트(100점)	표 만들기	Ctrl +[N]ew, [T]able
	표 전체 블록 선택	F5 3번 클릭
	셀 병합	표 범위 지정+[M]erge
	선 모양	표 범위 지정+[L]ine
	셀 채우기	표 범위 지정+[C]olor
	블록 합계 계산	Ctrl + Shift +[S]um
	블록 평균 계산	Ctrl + Shift +[A]verage
	캡션 달기	Ctrl +[N]ew, [C]aption
	캡션 위치	Ctrl +[N]ew, [K]
3번 문제 수식(40점)	수식편집기 실행	Ctrl +[N]ew, [M]ath
	수식편집기 종료	Shift + Esc
4번 문제 도형 작성(110점)	그림 넣기	Ctrl +[N]ew, [I]mage
	그림 글 뒤로	도형선택+ Shift + End
5번 문제 문서작성 능력평가 (200점)	책갈피	Ctrl +[K], [B]ookmark
	문단 번호 모양	Ctrl + K , N
	문단 모양	Alt + T
	글자 모양	Alt + L
	주석	Ctrl +[N]ew, [N]ote
	쪽 번호 넣기	Ctrl +[N]ew, [P]age

1. ITQ시험 과목

자격종목(과목)		프로그램 및 버전		등급	시험방식	시험시간
		S/W	공식버전			
ITQ정보기술자격	아래한글	한컴오피스	2022/2020	A등급 B등급 C등급	PBT	60분
	한셀		2022			
	한쇼					
	MS워드	MS오피스	2021 2016			
	한글엑셀					
	한글액세스					
	한글파워포인트					
	인터넷	내장 브라우저 IE8:0 이상				

※ PBT(Paper Based Testing) : 시험지를 통해 문제를 해결하는 시험방식

2. 시험 검정기준

ITQ시험은 500점 만점을 기준으로 A등급부터 C등급까지 등급별 자격을 부여하며, 낮은 등급을 받은 수험생이 차기시험에 재응시 하여 높은 등급을 받으면 등급을 업그레이드 해주는 방법으로 평가를 한다(500점 만점이며, 200점 미만은 불합격임).

A등급	B등급	C등급
500점~400점	399점~300점	299점~200점

3. 시험 출제기준

검정과목	문항	배점	출제기준
아래한글	1. 스타일	50점	※한글/영문 텍스트 작성 능력과 스타일 기능 사용 능력을 평가 • 한글/영문 텍스트 작성 • 스타일 이름/문단 모양/글자 모양
	2. 표와 차트	100점	※표를 작성하고 이를 이용하여 간단한 차트를 작성할 수 있는 능력을 평가 • 표 내용 작성/정렬/셀 배경색 • 표 계산 기능/캡션 기능/차트 기능
	3. 수식 편집기	40점	※수식 편집기 사용 능력 평가 • 수식 편집기를 이용한 수식 작성
	4. 그림/그리기	110점	※다양한 기능을 통합한 문제로 도형, 그림, 글맵시, 하이퍼링크 등 문서작성 시의 응용능력을 평가 • 도형 삽입 및 편집, 하이퍼링크 • 그림/글맵시(워드아트) 삽입 및 편집, 개체 배치 • 도형에 문자열 입력하기
	5. 문서작성능력	200점	※다문서 작성을 위한 다양한 능력 평가 • 문서작성 입력 및 편집(글자 모양/문단 모양), 한자 변환, 들여쓰기 • 책갈피, 덧말, 문단 첫 글자 장식, 문자표, 머리말, 쪽번호, 각주 • 표작성 및 편집, 그림 삽입 및 편집(자르기 등)

목 차

(무료 동영상)

Part 01 따라하면서 배우는 한글

(무료 동영상)

Part 02 기출유형 모의고사

(무료 동영상)

Part 03 기출문제

[자료 파일]
· 소스 및 정답 파일
· 무료 동영상 강의
· 자동채점 프로그램 및 답안작성 프로그램
※ [자료실]에서 다운로드하여 사용하세요.(1-3쪽 참조).

PART 1

따라하면서 배우는
한글 2020

기출문제를 따라해 보면서 시험의 시작부터 마무리까지
진행 절차와 필요 기능을 학습합니다.
※실전 연습문제의 정답 파일과 해설은 [자료실]에서 다운로드합니다.

수험자 유의사항 및 답안 작성 요령

무료 동영상

수험자는 문제지를 받는 즉시 수험표상의 시험과목(프로그램)이 동일한지 반드시 확인하여야 합니다.

수험자 유의사항

파일명은 본인의 "수험번호-성명"으로 입력하여 답안폴더(내 PC\문서\ITQ)에 하나의 파일로 저장해야 하며, 답안문서 파일명이 "수험번호-성명"과 일치하지 않거나, 답안파일을 전송하지 않아 미제출로 처리될 경우 실격 처리합니다(예 : 12345678-홍길동.hwp).

답안 작성 요령

● 온라인 답안 작성 절차

　수험자 등록 ⇒ 시험 시작 ⇒ 답안파일 저장 ⇒ 답안 전송 ⇒ 시험 종료

● 공통 부문

　- 글꼴에 대한 기본 설정은 함초롬바탕, 10포인트, 검정, 줄간격 160%, 양쪽정렬로 합니다.

　- 색상은 조건의 색을 적용하고 색의 구분이 안 될 경우에는 RGB 값을 적용하십시오.

　　(빨강 255,0,0 / 파랑 0,0,255 / 노랑 255,255,0).

　- 각 문항에 주어진 ≪조건≫에 따라 작성하고 언급하지 않은 조건은 ≪출력형태≫와 같이 작성합니다.

　- 용지여백은 왼쪽·오른쪽 11㎜, 위쪽·아래쪽·머리말·꼬리말 10㎜, 제본 0㎜로 합니다.

　- 그림 삽입 문제의 경우 「내 PC\문서\ITQ\Picture」 폴더에서 지정된 파일을 선택하여 삽입하십시오.

　- 삽입한 그림은 반드시 문서에 포함하여 저장해야 합니다(미포함 시 감점 처리).

　- 각 항목은 지정된 페이지에 출력형태와 같이 정확히 작성하시기 바라며, 그렇지 않을 경우에 해당 항목은 0점 처리됩니다.

　　※ 페이지 구분 : 1페이지 - 기능평가 Ⅰ(문제번호 표시 : 1. 2.)
　　　　　　　　　　2페이지 - 기능평가 Ⅱ(문제번호 표시 : 3. 4.)
　　　　　　　　　　3페이지 - 문서작성 능력평가

● 기능 평가

　- 문제와 ≪조건≫은 입력하지 않으며 문제번호와 답(≪출력형태≫)만 작성합니다.

　- 4번 문제는 묶기를 했을 경우 0점 처리됩니다.

● 문서작성 능력평가

　- A4 용지(210㎜×297㎜) 1매 크기, 세로 서식 문서로 작성합니다.

　- ▭ 표시는 문서작성에 대한 지시사항이므로 작성하지 않습니다.

핵심 체크

① 용지 설정(F7 키) : 종류(A4), 방향(세로), 여백(왼쪽·오른쪽 11㎜, 위쪽·아래쪽·머리말·꼬리말 10㎜, 제본 0mm) 지정

②서식 설정 [모양]-[글자 모양] : 글꼴(함초롬바탕), 글자 크기(10pt), 글자 색(검정), 양쪽 정렬, 줄 간격(160%)

③ 파일 저장 [파일]-[저장] : [내 PC\문서\ITQ] 폴더 안에 '수험번호-성명.hwp'로 저장

　※ 작성 순서
　한글 2020 프로그램 열기 → 용지 설정 → 서식 설정 → 파일 저장

1 [시작 ⊞] 단추를 클릭하여 [한글 ㅎ]을 클릭하거나 바탕화면에서 한글 2020(ㅎ) 아이콘을 더블 클릭하여 프로그램을 실행합니다.

2 [새 문서 서식] 창이 열리면 [새 문서]를 클릭합니다.

3 [쪽] 탭의 [목록 단추 ▾]를 클릭한 후 [편집 용지] 메뉴를 클릭하거나 F7 키를 클릭하여 [편집 용지] 대화상자를 엽니다.

4 [기본] 탭에서 용지 종류, 용지 방향, 용지 여백을 그림과 같이 설정하고 [설정] 단추를 클릭합니다.
- 용지 종류 : A4, 용지 방향 : 세로, 제본 : 한쪽
- 용지 여백 : 왼쪽·오른쪽 11mm, 위쪽·아래쪽·머리말·꼬리말 10mm, 제본 0mm

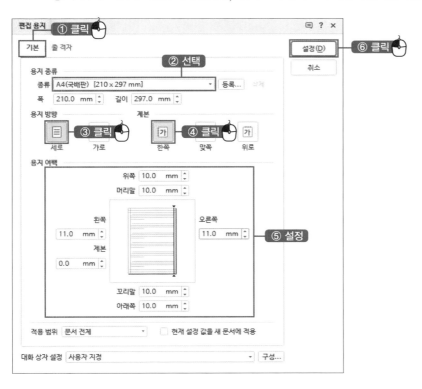

5 [서식] 도구상자에서 '글꼴 : 함초롬바탕', '글자 크기 : 10pt', '글자색 : 검정', '양쪽 정렬', '줄 간격 : 160%'로 지정합니다.

단계 2 **3페이지로 구역 나누기**

1 1페이지에서 그림과 같이 문제번호 '1.'과 '2.'를 입력한 후 Alt + Shift + Enter 키를 눌러 구역을 나눕니다.

Check **P**oint

- ITQ 한글 2020 시험은 총 3페이지로 나누어 답안을 작성해야 하므로 미리 구역을 나누는 작업을 해두는 것이 시간을 단축할 수 있습니다.
- 문제 번호를 입력한 후 Enter 키를 이용하여 행 간격을 벌리지 않으면 스타일 작업 후 바탕글 스타일을 재지정해야 하는 번거로움이 있습니다.
- 반드시 1~4번까지의 문제 번호 표시를 하고 답안을 작성해야 합니다.

2 2페이지에서 그림과 같이 문제번호 '3.'과 '4.'를 입력한 후 Alt + Shift + Enter 키를 눌러 구역을 나눕니다.

3 3페이지에 커서가 이동된 것을 확인합니다.

ⓒheck ⓟoint

쪽 나누기와 구역 나누기

- Ctrl + Enter 키를 이용하여 쪽 나누기를 하면 문서 작성(3페이지) 작업에서 페이지 번호 삽입 시 1, 2페이지 하단에 페이지 번호가 나타납니다.
- Alt + Shift + Enter 키를 이용하여 구역 나누기를 하면 문서 작성(3페이지) 작업에서 페이지 번호 삽입 시 1, 2페이지 하단에 페이지 번호가 나타나지 않습니다. 즉, 작업 후 별도로 1, 2페이지 번호를 숨길 필요가 없습니다.
- 다만, 앞 페이지의 쪽 번호는 채점 대상이 아니므로 삭제하지 않아도 됩니다.

ⓒheck ⓟoint

내용을 정확히 입력하기 위해 [보기] 탭에서 [문단 부호]에 체크 표시하면 문단의 줄 바꿈 기호(↵)를 표시합니다. 또한, [조판 부호]를 체크 표시하면 단어 사이의 띄어쓰기 표시 기호까지 확인할 수 있습니다. 문단 부호와 조판 부호의 표시 여부는 시험 점수와는 무관합니다.

1 [파일]-[저장하기 💾] 메뉴 또는 Alt + S 키를 클릭하여 [다른 이름으로 저장하기] 대화상자를
활성화합니다.

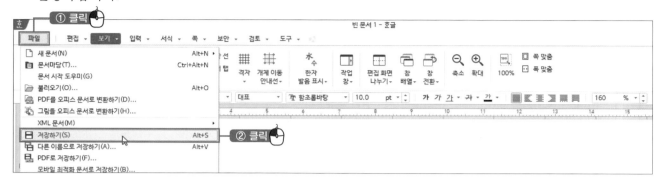

2 [다른 이름으로 저장하기] 대화상자의 왼쪽에 [내 PC]-[문서]-[ITQ] 폴더를 클릭한 후 파일 이름에
'수험번호-성명'형식으로 입력하고 [저장] 단추를 클릭합니다.

3 제목 표시줄에 파일명(수험번호-성명)이 [ITQ] 폴더 위치에 저장되었는지 확인합니다.

Check **P**oint

파일명은 본인의 "수험번호-성명"으로 입력하여 답안폴더(내 PC₩문서₩ITQ)에 하나의 파일로 저장해야 하며,
답안문서 파일명이 "수험번호-성명"과 일치하지 않거나, 답안파일을 전송하지 않아 미제출로 처리될 경우 실격
처리합니다.

실력 향상을 위한 실전 연습문제

● 연습을 위해 문제 번호를 표시하고 3페이지로 구성하세요.
● 정답 파일은 [자료실]에서 다운로드하세요.

01 다음 조건에 따라 한글문서를 만든 후 저장하시오.

조건

(1) 아래와 같이 용지를 설정하시오.
- 용지 종류 : A4, 용지 방향 : 세로
- 용지 여백 : 왼쪽·오른쪽 11mm, 위쪽·아래쪽·머리말·꼬리말 : 10mm, 제본 : 0mm

(2) [내 PC\문서\ITQ] 폴더에 '20200001-성안당'으로 저장하시오.

02 다음 조건에 따라 한글문서를 만든 후 저장하시오.

조건

(1) 아래와 같이 용지를 설정하시오.
- 용지 종류 : A4, 용지 방향 : 세로
- 용지 여백 : 왼쪽·오른쪽 11mm, 위쪽·아래쪽·머리말·꼬리말 : 10mm, 제본 : 0mm

(2) [내 PC\문서\ITQ] 폴더에 '20200002-김대한'으로 저장하시오.

03 다음 조건에 따라 한글문서를 만든 후 저장하시오.

조건

(1) 아래와 같이 용지를 설정하시오.
- 용지 종류 : A4, 용지 방향 : 세로
- 용지 여백 : 왼쪽·오른쪽 11mm, 위쪽·아래쪽·머리말·꼬리말 : 10mm, 제본 : 0mm

(2) [내 PC\문서\ITQ] 폴더에 '20200003-강민국'으로 저장하시오.

04 다음 조건에 따라 한글문서를 만든 후 저장하시오.

조건

(1) 아래와 같이 용지를 설정하시오.
- 용지 종류 : A4, 용지 방향 : 세로
- 용지 여백 : 왼쪽·오른쪽 11mm, 위쪽·아래쪽·머리말·꼬리말 : 10mm, 제본 : 0mm

(2) [내 PC\문서\ITQ] 폴더에 '20200004-최만세'로 저장하시오.

배점 **50** 점

[기능평가 I -1] 스타일

스타일 기능을 적용하는 문제로 ①영어/한글 문장 입력, ②스타일 설정 및 적용하는 과정을 진행하며, 스타일 작성에 필요한 세부 기능인 문단 모양과 글자 모양에 대해 자세히 학습합니다.

● 소스 파일 : Section01_예제.hwp   ● 정답 파일 : Section01_정답.hwp

1. 다음의 ≪조건≫에 따라 스타일 기능을 적용하여 ≪출력형태≫와 같이 작성하시오. (50점)

조건 (1) 스타일 이름 – heritage

(2) 문단 모양 – 왼쪽 여백 : 15pt, 문단 아래 간격 : 10pt

(3) 글자 모양 – 글꼴 : 한글(굴림)/영문(돋움), 크기 : 10pt, 장평 : 95%, 자간 : 5%

출력형태

1.

Korea is a powerhouse of documentary heritage, and has the world's oldest woodblock print, Mugu jeonggwang dae daranigyeong, and the first metal movable type, Jikji.

우리나라는 세계적으로 인정받는 기록유산의 강국으로 세계에서 가장 오래된 목판 인쇄물인 무구정광대다라니경과 최초의 금속활자본인 직지를 보유한 나라이다.

핵심 체크

① 제시된 문장을 오탈자 없이 정확히 입력하기
② 스타일 만들기
  – [서식 ▼] 탭-[스타일 추가하기 A+] 도구를 선택하거나 F6 키 이용
  – 문단 모양과 글자 모양 설정
※ 영문과 한글 문장 사이에 Enter 키를 한 번만 클릭하여 강제 개행하고 [문단 모양]에서 설정합니다.

※ 작성 순서
문장 입력 → 스타일 설정 및 적용

1 문제 번호 '1.' 다음 줄에 커서를 위치시킨 후 《출력형태》와 같이 문장을 입력합니다. 문장 입력 시 강제로 줄을 변경하는 경우는 영문자의 마지막 "Jikji"를 입력한 후 Enter 키를 누릅니다.

1.↵
Korea is a powerhouse of documentary heritage, and has the world's oldest woodblock print, Mugu jeonggwang dae daranigyeong, and the first metal movable type, Jikji.↵ Enter
우리나라는 세계적으로 인정받는 기록유산의 강국으로 세계에서 가장 오래된 목판 인쇄물인 무구정광대다라니경과 최초의 금속활자본인 직지를 보유한 나라이다.↵

↵

Check Point

한영 전환 : 한/영 키를 클릭하거나 Shift + Space Bar 키를 누릅니다.

---

1 입력한 문장을 드래그하여 범위 지정한 후 [서식] 탭에서 [스타일 추가하기 ▲] 도구를 클릭합니다.

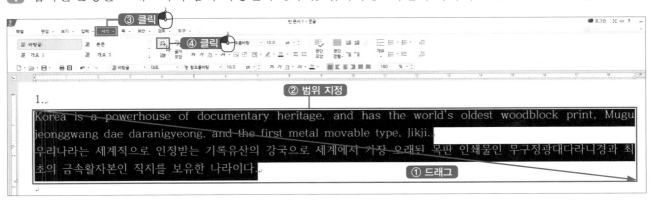

Check Point

F6 키를 클릭한 후 [스타일] 대화상자에서 [스타일 추가하기 ➕] 단추를 클릭해도 됩니다.

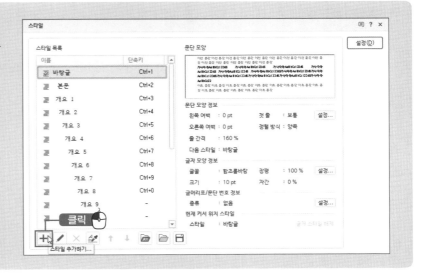

2 [스타일 추가하기] 대화상자에서 스타일 이름에 "heritage"를 입력한 후 [문단 모양] 단추를 클릭합니다.

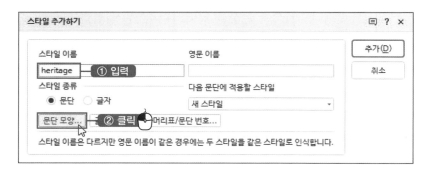

3 [문단 모양] 대화상자에서 '왼쪽 여백 : 15pt', '문단 아래 간격 : 10pt'를 설정한 후 [설정] 단추를 클릭합니다.

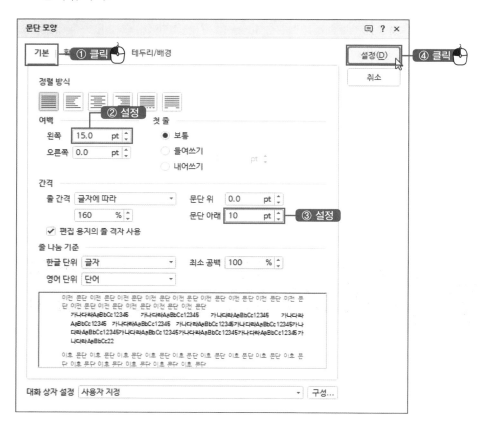

4 [스타일 추가하기] 대화상자에서 [글자 모양] 단추를 클릭합니다.

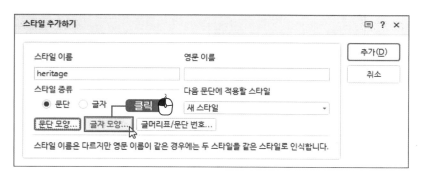

5 [글자 모양] 대화상자에서 '기준 크기 : 10pt', '장평 : 95%', '자간 : 5%'를 설정한 후 언어별 설정의
언어에서 '한글 : 굴림', '영문 : 돋움'을 지정하고 [설정] 단추를 클릭합니다.

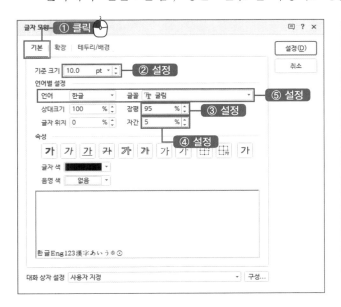 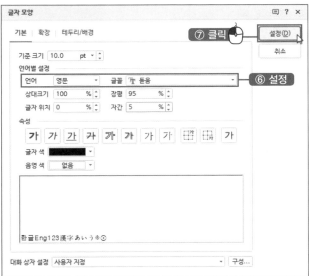

Check **P**oint

한글과 영문의 서식을 각각 설정하는 방법보다 공통된 서식(장평, 자간 등)을 먼저 설정한 후 한글과 영문의 글꼴을
지정하는 방법이 시간을 단축할 수 있습니다.

6 [스타일 추가하기] 대화상자에서 [추가] 단추를 클릭합니다.

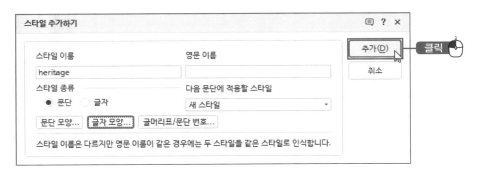

7 [서식] 탭에서 추가된 'heritage' 스타일을 클릭하여 범위 지정한 문장에 스타일을 적용합니다.

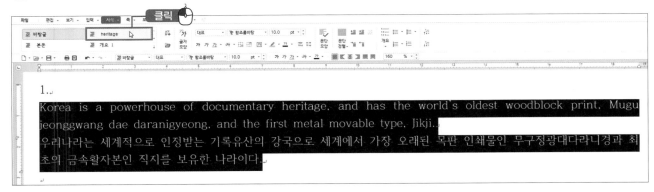

8 Esc 키를 눌러 범위를 해제한 후 스타일이 적용됐는지 확인하고, [파일] – [저장하기 🖫] 메뉴(또는 Alt + S)를 클릭하여 저장합니다.

1.

   Korea is a powerhouse of documentary heritage, and has the world's oldest woodblock print, Mugu jeonggwang dae daranigyeong, and the first metal movable type, Jikji.

   우리나라는 세계적으로 인정받는 기록유산의 강국으로 세계에서 가장 오래된 목판 인쇄물인 무구정광대다라니경과 최초의 금속활자본인 직지를 보유한 나라이다.

Ⓒheck Ⓟoint

- 스타일 작업을 마친 후 반드시 [바탕글] 스타일을 지정하여 다음 문제의 글자와 문단 모양에 영향을 미치지 않도록 합니다. 즉, 2번 문제를 작성하기 전에는 반드시 스타일이 바탕글 인지 확인해 주어야 합니다.
- 바탕글 스타일로 변환 단축키 : Ctrl + 1
- 최근 스타일 기능 문제에서 문단 모양은 왼쪽 여백이 주로 출제되며, 문단 아래 간격은 '10pt'가 고정적입니다. 글자 모양은 굴림, 돋움, 궁서 글꼴이 주로 출제됩니다.
- 작업 도중 불의의 사고로 작성한 답안 파일에 문제가 발생할 수도 있으므로 각 문제를 완성할 때마다 저장하는 습관을 길러야 합니다.

Ⓒheck Ⓟoint

- 영문 텍스트를 작성하지 않을 시, 0점 처리됩니다.
- 스타일 적용 문제에서 한글과 영문은 따로 채점되지 않고 텍스트 입력 기능으로 일괄 채점되며, 한글, 영문 각각 일정 분량 이상 작성해야 부분 점수를 받을 수 있습니다.

실력 향상을 위한 실전 연습문제

● 소스 파일 : Section01_예제02.hwp   ● 정답 파일 : Section01_정답02.hwp

01 다음의 《조건》에 따라 스타일 기능을 적용하여 《출력형태》와 같이 작성하시오.

조건
(1) 스타일 이름 – danjong
(2) 문단 모양 – 왼쪽 여백 : 15pt, 문단 아래 간격 : 10pt
(3) 글자 모양 – 글꼴 : 한글(굴림)/영문(궁서), 크기 : 10pt, 장평 : 105%, 자간 : 5%

출력형태

A figure of young Danjong is enshrined here. Every April 15, citizens gather and hold a memorial service.

단종문화제는 장릉사적 제196호이자 세계문화유산의 하나로 조선의 6대 임금인 단종의 고혼과 충신들의 넋을 축제로 승화시킨 영월의 대표적인 향토문화제이다.

● 소스 파일 : Section01_예제01.hwp   ● 정답 파일 : Section01_정답01.hwp

02 다음의 《조건》에 따라 스타일 기능을 적용하여 《출력형태》와 같이 작성하시오.

조건
(1) 스타일 이름 – skiing
(2) 문단 모양 – 왼쪽 여백 : 15pt, 문단 아래 간격 : 10pt
(3) 글자 모양 – 글꼴 : 한글(궁서)/영문(돋움), 크기 : 10pt, 장평 : 95%, 자간 : 5%

출력형태

New ski and binding designs, coupled with the introduction of ski lifts and snow cars to carry skiers up mountains, enabled the development of alpine skis.

역사 기록을 기준으로 보면 노르웨이의 레디 바위에 새겨진 스키 타는 사람의 모습은 4,500년 전의 것이라고 추정되며, 스웨덴의 중부 호팅 지방에서 발견된 4,500년 전의 스키가 가장 오래된 것으로 알려져 있다.

실력 향상을 위한 실전 연습문제

● 소스 파일 : Section01_예제03.hwp   ● 정답 파일 : Section01_정답03.hwp

03 다음의 《조건》에 따라 스타일 기능을 적용하여 《출력형태》와 같이 작성하시오.

조건

1) 스타일 이름 – dmz
(2) 문단 모양 – 왼쪽 여백 : 15pt, 문단 아래 간격 : 10pt
(3) 글자 모양 – 글꼴 : 한글(돋움)/영문(굴림), 크기 : 10pt, 장평 : 95%, 자간 : -5%

출력형태

The Korean government is of a firm belief that all issues and conflicts should be resolved peacefully through dialogue.

비무장지대는 국제조약이나 협약에 의하여 무장이 금지된 완충 지역을 말하며 한국의 비무장지대는 한국전 정전협정에 의하여 1953년에 설정되었다.

● 소스 파일 : Section01_예제04.hwp   ● 정답 파일 : Section01_정답04.hwp

04 다음의 《조건》에 따라 스타일 기능을 적용하여 《출력형태》와 같이 작성하시오.

조건

(1) 스타일 이름 – car
(2) 문단 모양 – 첫 줄 들여쓰기 : 10pt, 문단 아래 간격 : 10pt
(3) 글자 모양 – 글꼴 : 한글(굴림)/영문(돋움), 크기 : 10pt, 장평 : 105%, 자간 : -5%

출력형태

It is our great pleasure to extend our heartfelt greeting to all those from around the world who are in the field of automobile industry.

오늘날 가장 널리 사용되는 내연기관 자동차는 19세기 말에 증기 자동차의 뒤를 이어 실용화되었으며 가솔린 자동차, 디젤기관 자동차, LPG 자동차가 이에 속한다.

● 소스 파일 : Section01_예제05.hwp   ● 정답 파일 : Section01_정답05.hwp

05 다음의 ≪조건≫에 따라 스타일 기능을 적용하여 ≪출력형태≫와 같이 작성하시오.

조건

(1) 스타일 이름 – volunteering
(2) 문단 모양 – 왼쪽 여백 : 15pt, 문단 아래 간격 : 10pt
(3) 글자 모양 – 글꼴 : 한글(굴림)/영문(돋움), 크기 : 10pt, 장평 : 95%, 자간 : 5%

출력형태

Volunteering is generally considered and altruistic activity where an individual or group provides services for no financial gain "to benefit another person, group or organization."

자원봉사는 일반적으로 개인이나 단체가 다른 사람 또는 조직을 위해 금전적 보상 없이 서비스를 제공하는 이타적인 행동으로 간주된다.

● 소스 파일 : Section01_예제06.hwp   ● 정답 파일 : Section01_정답06.hwp

06 다음의 ≪조건≫에 따라 스타일 기능을 적용하여 ≪출력형태≫와 같이 작성하시오.

조건

(1) 스타일 이름 – noise
(2) 문단 모양 – 첫 줄 들여쓰기 : 10pt, 문단 아래 간격 : 10pt
(3) 글자 모양 – 글꼴 : 한글(굴림)/영문(돋움), 크기 : 10pt, 장평 : 95%, 자간 : 5%

출력형태

The presence of unwanted sound is a called noise pollution. This unwanted sound can seriously damage and effect physiological and psychological health.

산업 현장, 운송 체계, 음향 체계, 기타 수단에 의해 발생하는 소리가 기준을 초과하는 경우에는 영구적 청력 상실, 이상 증후군 발생, 심리적 불안을 유발할 수 있다.

Section 2 [기능평가 I -2] 표

표를 만들어 작성하는 문제로 ①표 작성, ②글자 모양과 문단 모양, ③셀 테두리/배경 기능, ④계산 기능 및 캡션 기능에 대하여 학습합니다.

● 소스 파일 : Section02_예제.hwp   ● 정답 파일 : Section02_정답.hwp

2. 다음의 ≪조건≫에 따라 ≪출력형태≫와 같이 표를 작성하시오. (100점)

조건
(1) 표 전체(표, 캡션) - 굴림, 10pt
(2) 정렬 - 문자 : 가운데 정렬, 숫자 : 오른쪽 정렬
(3) 셀 배경(면색) : 노랑
(4) 한글의 계산 기능을 이용하여 빈칸에 평균을 구하고, 캡션 기능 사용할 것
(5) 선 모양은 ≪출력형태≫와 동일하게 처리할 것

출력형태

조선왕조실록 유네스코 신청 현황(단위 : 책 수)

구분	세종	성종	중종	선조	평균
정족산본	154	150	102	125	132.75
태백산본	67	47	53	116	70.75
오대산본	0	9	50	15	18.50
권수	163	297	105	221	

핵심 체크

① 표 만들기 : [입력]-[표]-[표 만들기 ⊞] 메뉴 또는 Ctrl + N , T 이용
② 표 계산 : 계산 범위를 지정한 후 [표 레이아웃]-[계산식 ▦▾]-[블록 평균 ▦] 메뉴를 이용하여 자동 계산 수행하기
③ 표 서식 : 글자 모양, 문자 정렬, 셀 배경색, 셀 테두리, 캡션 달기 설정

※ 작성 순서
표 작성 → 데이터 입력 및 정렬 → 블록 계산식 → 셀 편집(테두리, 배경색 등) → 캡션 달기

표 메뉴

기능	메뉴	단축키	도구
표 만들기	[입력]-[표]	Ctrl + N , T	
셀 합치기	[표 레이아웃]-[셀 합치기]	범위 지정 후 M	
셀 나누기	[표 레이아웃]-[셀 나누기]	범위 지정 후 S	
선 모양	[표 디자인]-[테두리]	범위 지정 후 L	
셀 배경색	[표 디자인]-[표 채우기]	범위 지정 후 C	
블록 합계	[표 레이아웃]-[계산식]-[블록 합계]	Ctrl + Shift + S	
블록 평균	[표 레이아웃]-[계산식]-[블록 평균]	Ctrl + Shift + A	
캡션 달기	[표]-[캡션]	Ctrl + N , C	

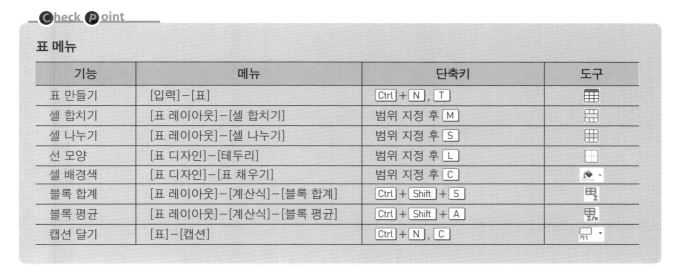

단계 1   표 작성하기

1 [입력] 탭에서 [표 ⊞] 도구를 클릭하거나 Ctrl + N , T 단축키를 눌러 [표 만들기] 대화상자를 활성화합니다.

2 [표 만들기] 대화상자에서 '줄 개수 : 5', '칸 개수 : 6', '글자처럼 취급'에 체크한 후 [만들기] 단추를 클릭하여 표를 생성합니다.

[입력] 탭-[표 ⊞] 도구를 클릭한 후 줄 개수와 칸 개수만큼 드래그하여 표를 작성할 수도 있습니다.

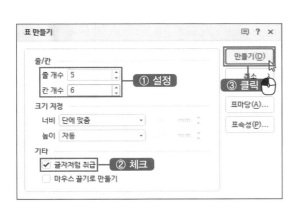

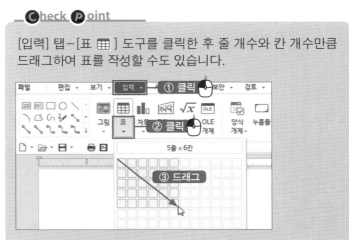

3 ≪출력형태≫와 동일하게 내용을 입력합니다.

2.

구분	세종	성종	중종	선조	평균
정족산본	154	150	102	125	
태백산본	67	47	53	116	
오대산본	0	9	50	15	
권수	163	297	105	221	

단계 2 모양 서식 설정하기

1 글자 모양 서식을 설정하기 위해 표 전체를 범위 지정한 후 [서식] 도구 상자에서 '글꼴 : 굴림', '크기 : 10pt'로 설정하고, [가운데 정렬 ≣] 도구를 클릭합니다.

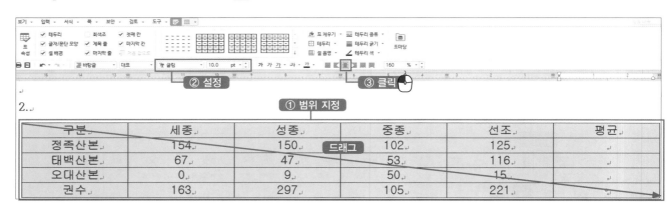

Check Point

표 범위 지정
① 한 셀 지정 : 해당 셀을 클릭한 후 F5 키를 누름
② 두 셀 이상 범위 지정 : 해당 범위만큼 마우스로 드래그
③ 표 전체 범위 지정 : 해당 범위만큼 마우스로 드래그하거나 F5 키를 세 번 누름

2 숫자 데이터 부분만 범위 지정한 후 [서식] 도구상자에서 [오른쪽 정렬 ≣] 도구를 클릭합니다.

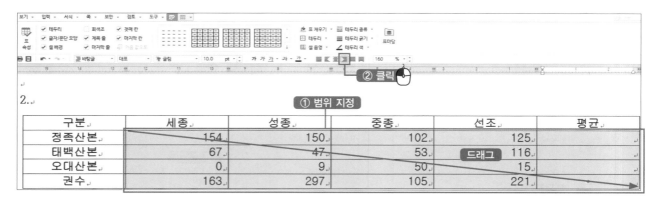

단계 3 블록 계산

1 계산될 숫자가 있는 셀과 계산된 결과가 표시될 셀이 포함되도록 그림과 같이 범위를 지정한 후 [표 레이아웃] 탭-[계산식 ⊞ ·]의 [블록 평균 ⧓]을 클릭합니다.

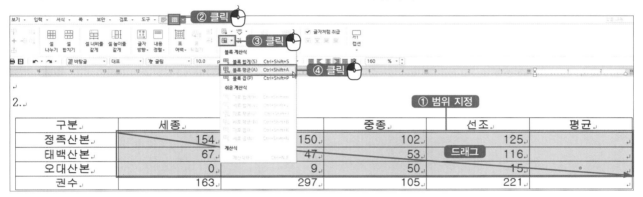

2 빈 셀에 평균이 계산되어 표시되면 Esc 키를 눌러 범위 지정을 해제합니다.

단계 4 셀 테두리 및 배경색

1 표 바깥쪽 테두리 선 모양을 지정하기 위하여 표 전체를 범위 지정한 후 L 키를 눌러 [셀 테두리/배경] 대화상자를 엽니다.

2..

범위 지정 + L

구분	세종	성종	중종	선조	평균
정족산본	154	150	102	125	132.75
태백산본	67	47	53	116	70.75
오대산본	0	9	50	15	18.50
권수	163	297	105	221	

2 [테두리] 탭의 테두리 종류에서 '이중 실선 ▬▬▬▬▬▬▬'을 선택하고 [바깥쪽 ⊞] 단추를 선택한 후 [설정] 단추를 클릭합니다.

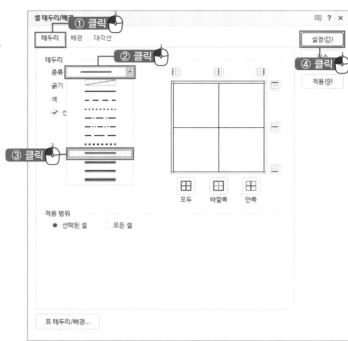

3 1행만 범위 지정한 후 L 키를 눌러 [셀 테두리/배경] 대화상자의 [테두리] 탭에서 '이중 실선 ▬▬▬▬▬▬▬'을 선택한 후 [아래쪽 테두리 ⊞] 단추를 누르고 [설정] 단추를 클릭합니다.

구분	세종	성종	중종	선조	평균
정족산본	154	150	102	125	132.75

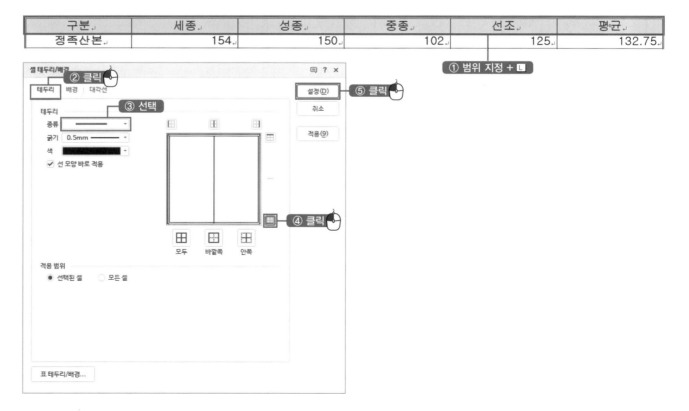

4 마지막 셀을 클릭한 후 F5 키를 눌러 하나의 셀만 범위 지정하고 L 키를 누른 후 [셀 테두리/배경] 대화상자의 [대각선] 탭에서 [대각선 ◹], [대각선 ◸] 단추를 각각 클릭하고 [설정] 단추를 클릭합니다.

구분	세종	성종	중종	선조	평균
정족산본	154	150	102	125	132.75
태백산본	67	47	53	116	70.75
오대산본	0	9	50	15	18.50
권수	163	297	105	221	•

① 범위 지정 + L

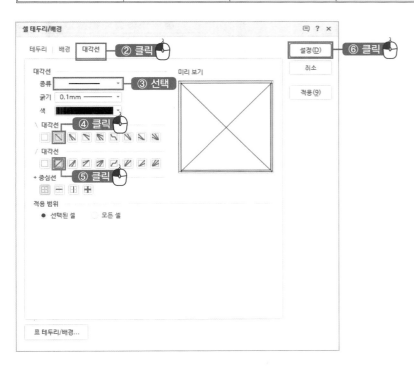

Check Point

• 범위를 지정한 후 [표 레이아웃] 탭의 [목록 단추 ▾]를 클릭하고, [셀 테두리/배경]─[각 셀마다 적용]을 선택하여 셀 테두리를 설정할 수도 있습니다.

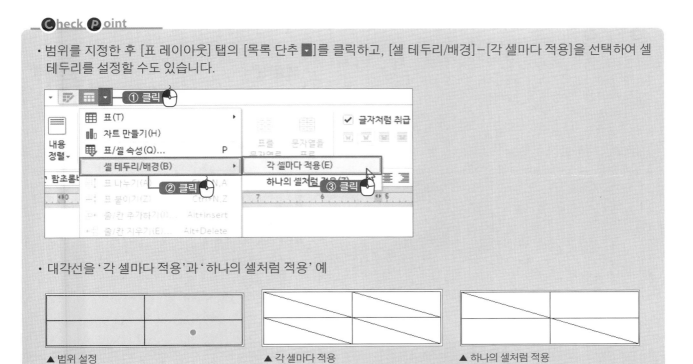

• 대각선을 '각 셀마다 적용'과 '하나의 셀처럼 적용' 예

▲ 범위 설정   ▲ 각 셀마다 적용   ▲ 하나의 셀처럼 적용

5 셀에 배경색을 설정하기 전에 [표 디자인] 탭에서 [표 채우기 ◆ ·] 도구의 [목록 단추 ▼]를 클릭하고 [테마 색상표 ▶] 단추를 클릭한 후 '오피스' 테마를 클릭합니다.

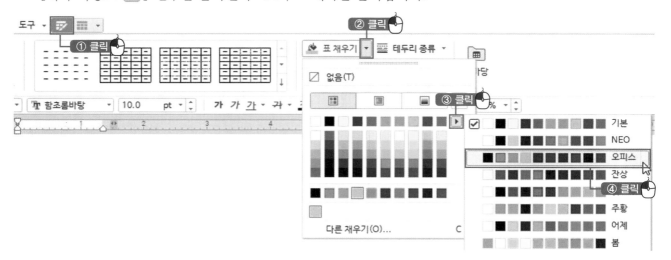

6 색상을 설정할 범위를 지정한 후 [표 디자인] 탭에서 [표 채우기 ◆ ·] 도구의 [목록 단추 ▼]를 클릭하고 '노랑(RGB: 255,255,0)'을 지정합니다.

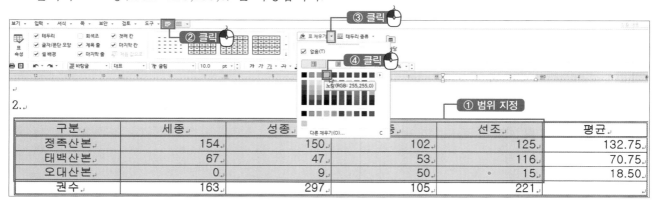

2.

구분	세종	성종		선조	평균
정족산본	154	150	102	125	132.75
태백산본	67	47	53	116	70.75
오대산본	0	9	50	15	18.50
권수	163	297	105	221	

Check Point

- 시험에서 지시하는 색상 중 검정, 빨강, 노랑, 파랑은 '오피스' 테마이고, 하양은 '기본' 테마이므로 상황에 맞게 테마를 변경하여 지정합니다.
- 셀 범위를 지정하고 ⓒ 키를 눌러 [셀 테두리/배경] 대화상자의 [배경] 탭에서 '면 색'을 노랑으로 선택하여 설정할 수도 있습니다.

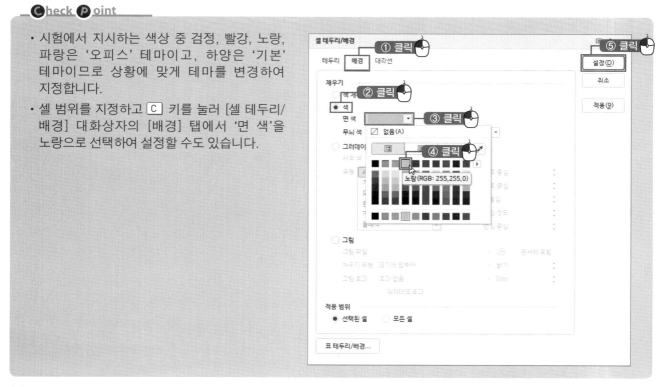

- [셀 테두리/배경] 대화상자의 [배경] 탭에서 [면 색]-[스펙트럼 ▦]을 선택한 후 빨강(R), 녹색(G), 파랑(B)의 값을 직접 입력하여 설정(R 255, G 255, B 0)할 수도 있습니다.

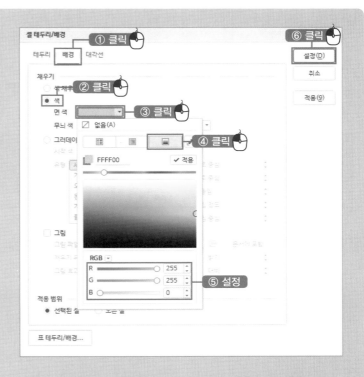

- RGB 255,255,0과 255,215,0 모두 선택 시 '노랑'으로 나타나므로 '노랑' 색상 채점 시 두 RGB 값 모두 정답 처리됩니다.

---

1 [표 레이아웃] 탭에서 [캡션 ⊞]의 [목록 단추 ▾]를 클릭한 후 '위'를 선택합니다.

구분	세종	성종		선조	평균
정족산본	154	150	02	125	132.75
태백산본	67	47	53	116	70.75
오대산본	0	9	50	15	18.50
권수	163	297	105	221	

2 자동으로 표시된 캡션명과 캡션번호(표 1)를 삭제하고 "조선왕조실록 유네스코 신청 현황(단위 : 책 수)"을 입력합니다.

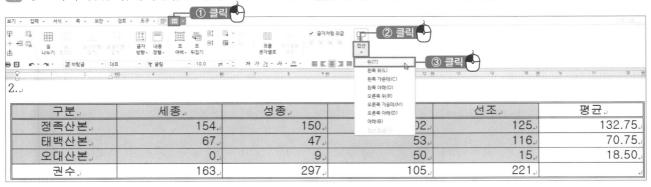

조선왕조실록 유네스코 신청 현황(단위 : 책 수)　입력

구분	세종	성종	중종	선조	평균
정족산본	154	150	102	125	132.75
태백산본	67	47	53	116	70.75
오대산본	0	9	50	15	18.50
권수	163	297	105	221	

3 캡션 내용을 범위 지정하고 [서식] 도구에서 '글꼴 : 굴림', '글자 크기 : 10pt', '오른쪽 정렬 ☰'을 지정합니다.

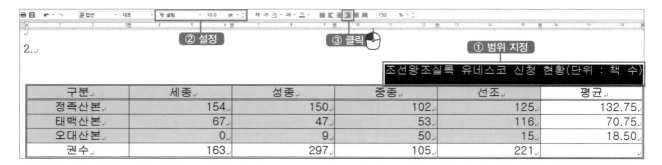

2.

구분	세종	성종	중종	선조	평균
정족산본	154	150	102	125	132.75
태백산본	67	47	53	116	70.75
오대산본	0	9	50	15	18.50
권수	163	297	105	221	

4 표의 셀 높이를 조절하기 위해 표 전체를 드래그하여 범위 지정한 후 Ctrl + ↓ 키를 한 번 누릅니다.

조선왕조실록 유네스코 신청 현황(단위 : 책 수)

구분	세종	성종	중종	선조	평균
정족산본	154	150	102	125	132.75
태백산본	67	47	53	116	70.75
오대산본	0	9	50	15	18.50
권수	163	297	105	221	

① 범위 지정 ② Ctrl + ↓

Check **P**oint

표의 크기를 조절하지 않아도 감점 대상은 아닙니다.

실력 향상을 위한 실전 연습문제

● 소스 파일 : Section02_예제01.hwp   ● 정답 파일 : Section02_정답01.hwp

01 다음의 《조건》에 따라 《출력형태》와 같이 표를 작성하시오.

조건

(1) 표 전체(표, 캡션) – 돋움, 10pt
(2) 정렬 – 문자 : 가운데 정렬, 숫자 : 오른쪽 정렬
(3) 셀 배경색(면색) : 노랑
(4) 한글의 계산 기능을 이용하여 빈칸에 합계를 구하고, 캡션 기능 사용할 것
(5) 선 모양은 《출력형태》와 동일하게 처리할 것

출력형태

고령자 재취업 현황(단위 : %)

구분	2020년	2021년	2022년	2023년	합계
서울/경기	23.7	18.6	27.4	39.6	
부산	16.8	25.3	28.6	33.2	
광주	22.1	34.5	24.2	27.3	
강원	14.6	25.3	36.1	29.4	

● 소스 파일 : Section02_예제02.hwp   ● 정답 파일 : Section02_정답02.hwp

02 다음의 《조건》에 따라 《출력형태》와 같이 표를 작성하시오.

조건

(1) 표 전체(표, 캡션) – 굴림, 10pt
(2) 정렬 – 문자 : 가운데 정렬, 숫자 : 오른쪽 정렬
(3) 셀 배경색(면색) : 노랑
(4) 한글의 계산 기능을 이용하여 빈칸에 평균(소수점 두 자리)을 구하고, 캡션 기능 사용할 것
(5) 선 모양은 《출력형태》와 동일하게 처리할 것

출력형태

크로스컨트리 K-Point(단위 : 점)

구분	회장배	학생종별	전국체전	종별	평균
이건용	138	116	120	115	
정의명	136	133	151	114	
김진아	185	170	190	206	
김은지	160	145	153	168	

실력 향상을 위한 실전 연습문제

● 소스 파일 : Section02_예제03.hwp   ● 정답 파일 : Section02_정답03.hwp

O3 다음의 ≪조건≫에 따라 ≪출력형태≫와 같이 표를 작성하시오.

조건
(1) 표 전체(표, 캡션) − 궁서, 10pt
(2) 정렬 − 문자 : 가운데 정렬, 숫자 : 오른쪽 정렬
(3) 셀 배경색(면색) : 노랑
(4) 한글의 계산 기능을 이용하여 빈칸에 합계를 구하고, 캡션 기능 사용할 것
(5) 선 모양은 ≪출력형태≫와 동일하게 처리할 것

출력형태

통계자료 이용 현황(단위 : %)

구분	조사통계	가공통계	보고통계	지정통계	합계
법인	57.8	36.1	44.9	35.6	
단체	43.7	49.3	38.6	43.2	
개인	22.1	15.3	14.6	17.3	
기타	42.6	23.3	11.2	29.7	

● 소스 파일 : Section02_예제04.hwp   ● 정답 파일 : Section02_정답04.hwp

O4 다음의 ≪조건≫에 따라 ≪출력형태≫와 같이 표를 작성하시오.

조건
(1) 표 전체(표, 캡션) − 돋움, 10pt
(2) 정렬 − 문자 : 가운데 정렬, 숫자 : 오른쪽 정렬
(3) 셀 배경색 : 노랑
(4) 한글의 계산 기능을 이용하여 빈칸의 평균(소수점 두 자리)을 구하고, 캡션 기능 사용할 것
(5) 선 모양은 ≪출력형태≫와 동일하게 처리할 것

출력형태

대학 졸업 후 금융권 취업 현황(단위 : %)

구분	2020년	2021년	2022년	2023년	평균
서울	37.5	26.0	49.3	45.2	
대전	16.8	20.9	38.6	30.3	
부산	32.1	45.3	40.6	33.8	
강원도	22.6	15.3	19.6	34.7	

배점 **100** 점

기능평가 I –3 차트

무료 동영상

차트를 작성한 후 편집하는 문제로 ①차트의 원본 데이터 지정, ②차트 종류 지정, ③차트 서식(제목, 축 제목, 범례, 데이터 값 표시 등) 지정 기능을 통하여 《출력형태》와 동일한 차트를 작성합니다.

● 소스 파일 : Section03_예제.hwp   ● 정답 파일 : Section03_정답.hwp

2. 다음의 《조건》에 따라 《출력형태》와 같이 차트를 작성하시오. (100점)

조건
(1) 차트 데이터는 표 내용에서 구분별 정족산본, 태백산본, 오대산본의 값만 이용할 것
(2) 종류 – <묶은 세로 막대형>으로 작업할 것
(3) 제목 – 굴림, 진하게, 12pt, 속성 – 채우기(하양), 테두리, 그림자(대각선 오른쪽 아래)
(4) 제목 이외의 전체 글꼴 – 굴림, 보통, 10pt
(5) 축제목과 범례는 《출력형태》와 동일하게 처리할 것

출력형태

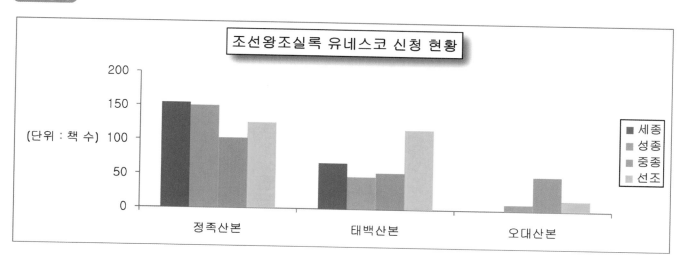

핵심 체크

① 차트 작성 : [표 디자인 ⊞] 탭에서 [차트 만들기 ⅰⅰⅰ] 도구 클릭
② 차트 편집 : 차트 종류, 차트 제목, 축 제목, 전체 글꼴, 축 눈금, 범례, 차트 배경 등을 설정

※ 작성 순서
차트 범위 지정 → 차트 편집(차트 종류, 제목, 글꼴, 축, 범례, 배경 등)

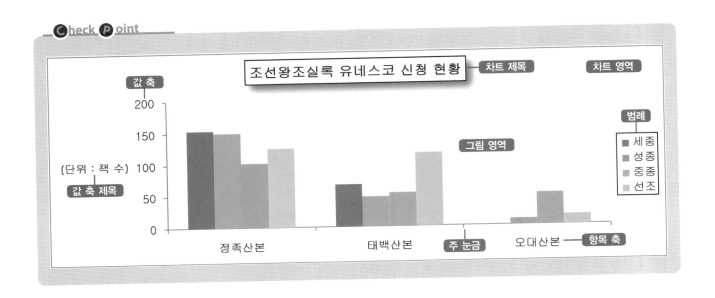

단계 1 차트 만들기

1 '기능평가 I –2'의 1번에서 작성한 표에서 차트에 사용될 원본 데이터의 범위를 지정한 후 [표 디자인
📝] 탭에서 [차트 만들기 📊] 도구를 클릭합니다.

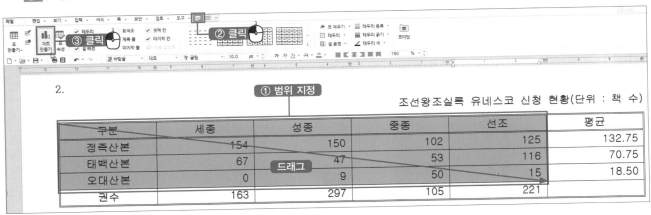

- 범위를 지정한 후 바로가기 메뉴(마우스 오른쪽 버튼 클릭)에서 [차트] 메뉴를 선택해도 됩니다.
- 서로 떨어져 있는 셀의 범위를 지정할 때에는 Ctrl 키를 이용합니다.

2 차트가 표 위에 생성되고 [차트 데이터 편집] 대화상자가 표시되면 닫기 단추를 클릭하여 닫습니다.

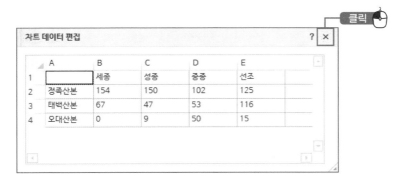

3 차트를 표 하단으로 이동하기 위해 [차트 서식 ♨] 탭에서 '글자처럼 취급'에 체크 표시합니다.

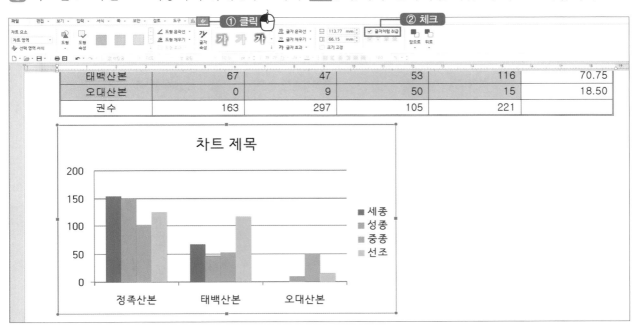

4 차트가 표 아래로 이동되면 차트의 조절점(■)을 드래그하여 적당한 크기로 차트의 크기를 조절합니다.

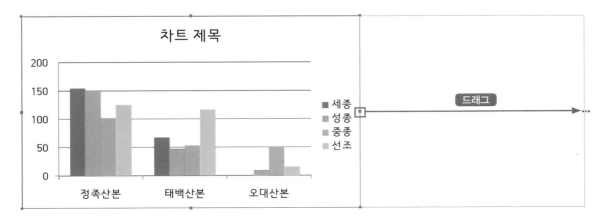

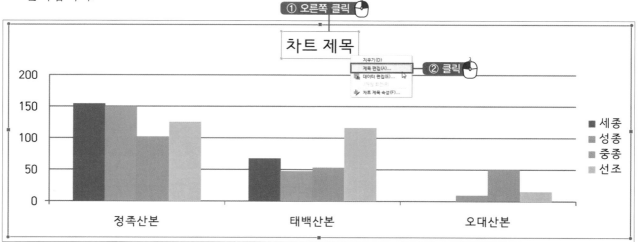

Check Point

- 차트를 만들면 〈묶은 세로 막대형〉 차트가 기본인데, 다른 차트로 변경할 경우 [차트 디자인] 탭에서 [차트 종류 변경] 도구를 클릭한 후 원하는 차트를 선택합니다.
- 최근 시험에는 〈묶은 세로 막대형〉 차트가 주로 출제됩니다.

단계 2 **차트 제목 편집**

1 차트 제목을 선택한 후 마우스 오른쪽 버튼을 클릭하여 바로가기 메뉴에서 [제목 편집] 메뉴를 클릭합니다.

2 [차트 글자 모양] 대화상자에서 글자 내용에 "조선왕조실록 유네스코 신청 현황"을 입력하고, '언어별 설정–굴림', '속성–진하게', '크기–12pt'를 지정한 후 [설정] 단추를 클릭 합니다.

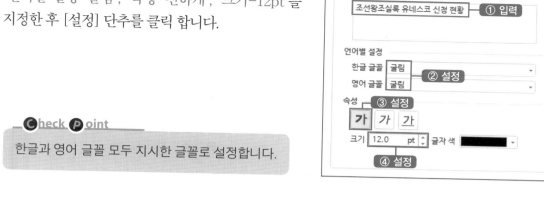

**C**heck **P**oint

한글과 영어 글꼴 모두 지시한 글꼴로 설정합니다.

3 제목을 더블 클릭한 후 개체 속성 창에서 [그리기 속성 ▱]을 클릭한 후 '채우기–단색'을 선택하고, '색'에서 '하양'을 선택합니다.

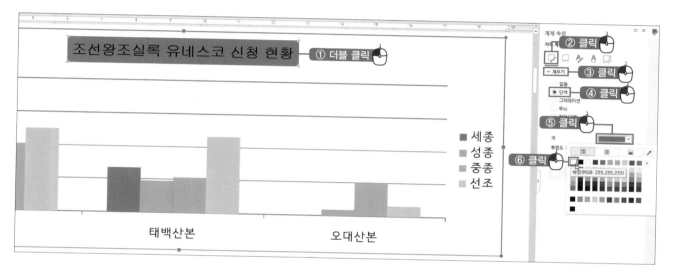

4 개체 속성 창에서 '선–단색'을 선택한 후 '색'에서 '검정'을 선택합니다.

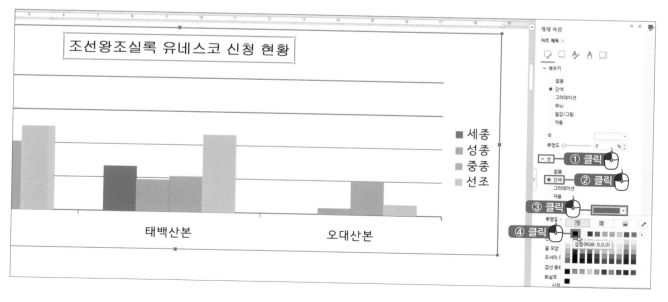

• 테마 색(▦)에서 테마 색상표(▸) 단추를 클릭하여 '기본' 색상표를 선택하면 하양(흰색)과 검정(검은색)을 선택할 수 있습니다.

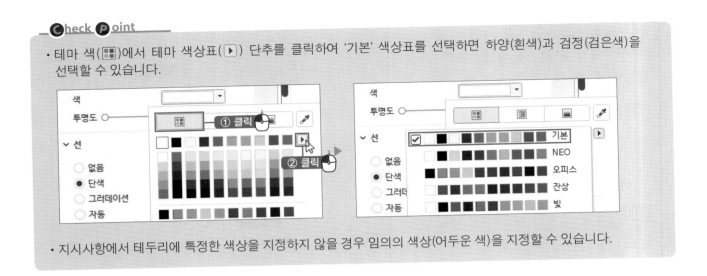

• 지시사항에서 테두리에 특정한 색상을 지정하지 않을 경우 임의의 색상(어두운 색)을 지정할 수 있습니다.

5️⃣ 차트 제목이 선택된 상태에서 개체 속성 창에서 [효과 ☐]를 클릭한 후 '대각선 오른쪽 아래'를 선택합니다.

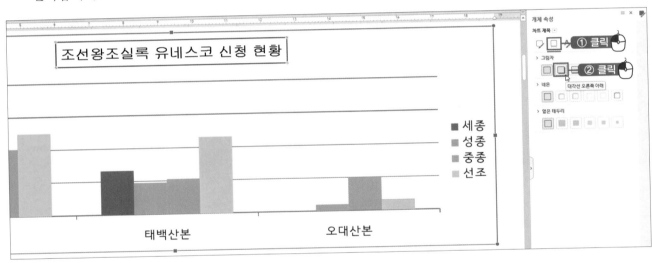

1 축 제목을 생성하기 위해 [차트 디자인 📊] 탭에서 [차트 구성 추가 📈]-[축 제목]-[기본 세로]를 클릭합니다.

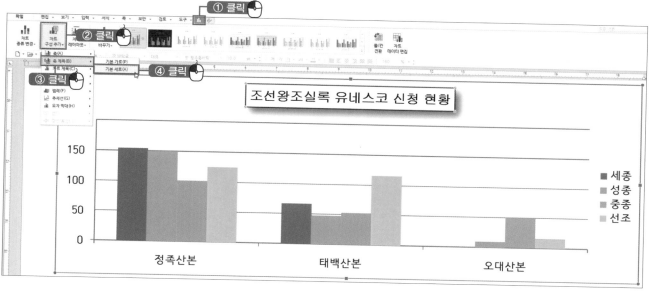

2 축 제목에서 마우스 오른쪽 버튼을 클릭한 후 바로가기 메뉴에서 [제목 편집] 메뉴를 클릭합니다.

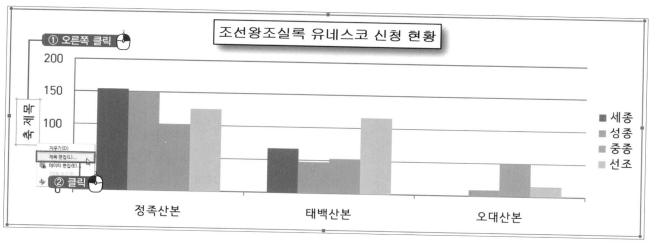

3 [차트 글자 모양] 대화상자에서 글자 내용에 "(단위 : 책 수)"를 입력하고 '언어별 설정-굴림', '크기-10pt'를 지정한 후 [설정] 단추를 클릭합니다.

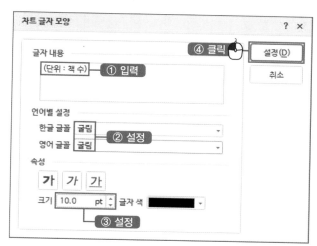

4 기본 세로 축 제목을 더블 클릭하여 개체 속성 창에서 [크기 및 속성 □]을 클릭한 후 글자 방향에서 '가로'를 선택합니다.

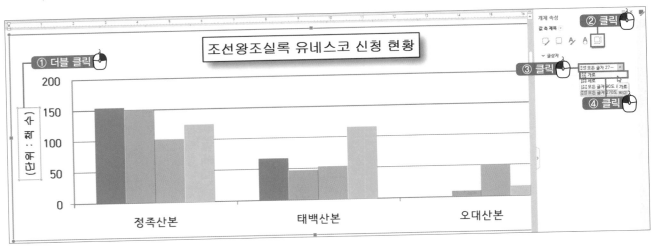

기본 세로 축 제목에서 마우스 오른쪽 버튼을 클릭한 후 [축 제목 속성] 메뉴를 선택해도 개체 속성 창이 표시됩니다.

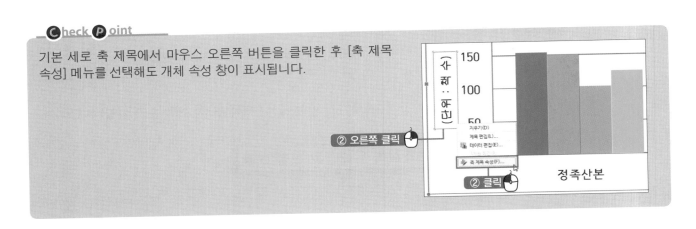

5 범례에서 마우스 오른쪽 버튼을 클릭한 후 [글자 모양 편집] 메뉴를 선택하고, [차트 글자 모양] 대화상자에서 '언어별 설정-굴림', '크기-10pt'를 지정한 후 [설정] 단추를 클릭합니다.

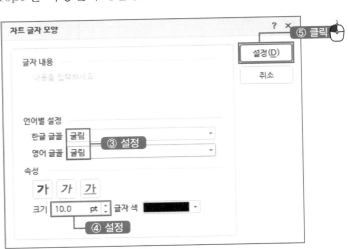

6 범례가 선택된 상태에서 개체 속성 창의 [그리기 속성 ✏️]에서 '선-단색'을 선택한 후 '색'에서 '검정'을 선택합니다.

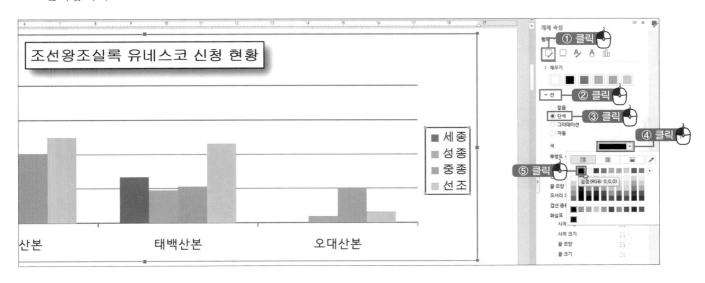

단계 4　**축 이름표 및 눈금선 편집**

1 세로 값 축 이름표에서 마우스 오른쪽 버튼을 클릭한 후 [글자 모양 편집] 메뉴를 선택하고, '언어별 설정-굴림', '크기-10pt'를 지정한 후 [설정] 단추를 클릭합니다.

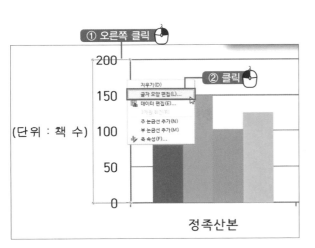

2 가로 값 축 이름표에서 마우스 오른쪽 버튼을 클릭한 후 [글자 모양 편집] 메뉴를 선택하고, '언어별 설정-굴림', '크기-10pt'를 지정한 후 [설정] 단추를 클릭합니다.

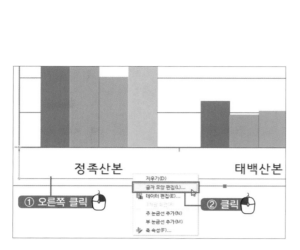

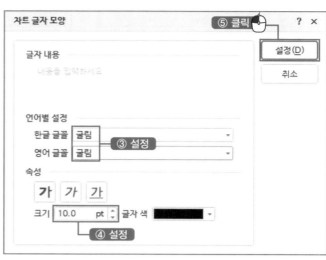

ⓒheck ⓟoint

주 눈금의 방향(채점 대상이 아니므로 기본 설정값으로 작성합니다.)

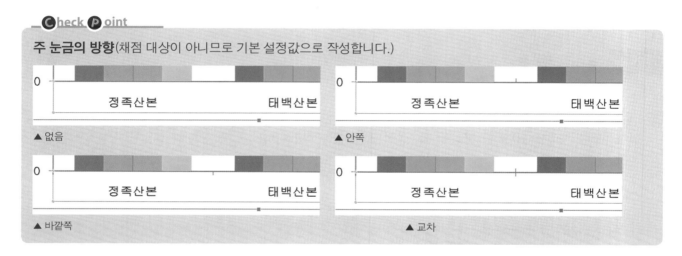

▲ 없음

▲ 안쪽

▲ 바깥쪽

▲ 교차

ⓒheck ⓟoint

작성한 차트가 출력형태의 기본 세로 값 수치와 다를 경우, 가로 값 축 이름표를 더블 클릭한 후 개체 속성 창의 [축 속성 ▥]을 클릭한 후 '경계'에서 최솟값과 최댓값 및 '단위'에서 '주'의 수치를 수정합니다. 이때 해당 항목에 체크 표시하고 수치를 수정합니다.

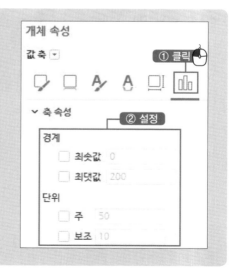

3 값 축 주 눈금선을 선택한 후 개체 속성 창의 [그리기 속성 ✏️]을 클릭한 후 '선–없음'을 지정합니다.

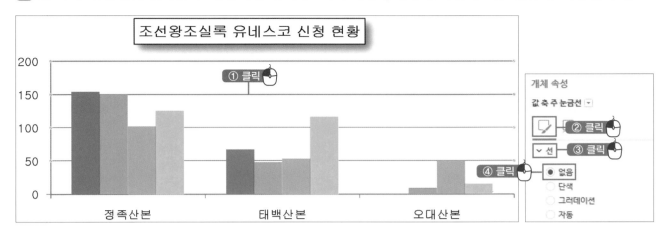

Ⓒheck **Ⓟ**oint

눈금선을 클릭한 후 [Delete] 키를 눌러 삭제해도 됩니다.

4 차트 작업이 끝나면 빈 화면을 클릭하여 차트 편집 상태에서 빠져나와 《출력형태》와 비교하여 결과가 같은지 확인한 후 [파일]–[저장하기 💾] 메뉴를 클릭하여 저장합니다.

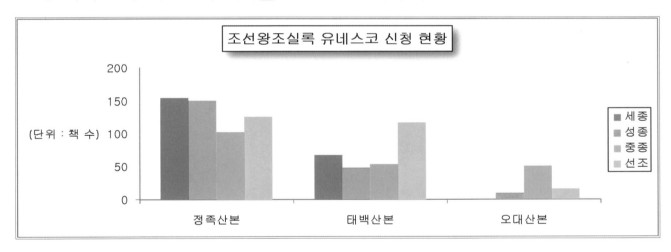

● 소스 파일 : Section03_예제01.hwp　　● 정답 파일 : Section03_정답01.hwp

01 다음의 《조건》에 따라 《출력형태》와 같이 차트를 작성하시오.

조건
(1) 차트 데이터는 표 내용에서 연도별 서울/경기, 부산, 광주의 값만 이용할 것
(2) 종류 – 〈묶은 세로 막대형〉으로 작업할 것
(3) 제목 – 궁서, 진하게, 12pt, 속성 – 채우기(하양), 테두리, 그림자(대각선 오른쪽 아래)
(4) 제목 이외의 전체 글꼴 – 돋움, 보통, 10pt
(5) 축제목과 범례는 《출력형태》와 동일하게 처리할 것

출력형태

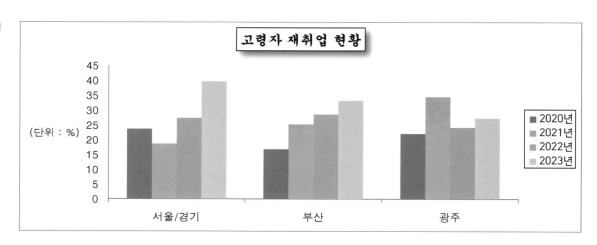

● 소스 파일 : Section03_예제02.hwp　　● 정답 파일 : Section03_정답02.hwp

02 다음의 《조건》에 따라 《출력형태》와 같이 차트를 작성하시오.

조건
(1) 차트 데이터는 표 내용에서 구분별 이건용, 정의명, 김진아의 값만 이용할 것
(2) 종류 – 〈꺾은선형〉으로 작업할 것
(3) 제목 – 돋움, 진하게, 12pt, 속성 – 채우기(하양), 테두리, 그림자(아래쪽)
(4) 제목 이외의 전체 글꼴 – 돋움, 보통, 10pt
(5) 축제목과 범례는 《출력형태》와 동일하게 처리할 것

출력형태

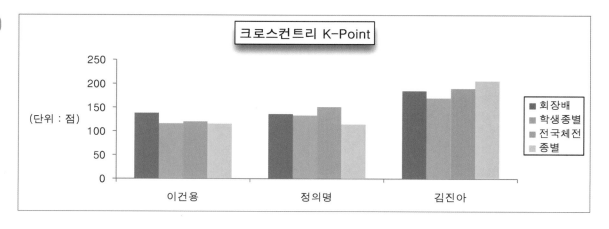

● 소스 파일 : Section03_예제03.hwp ● 정답 파일 : Section03_정답03.hwp

03 다음의 《조건》에 따라 《출력형태》와 같이 차트를 작성하시오.

(1) 차트 데이터는 표 내용에서 구분별 법인, 단체, 개인의 값만 이용할 것
(2) 종류 - 〈묶은 세로 막대형〉으로 작업할 것
(3) 제목 - 굴림, 진하게, 12pt, 속성 - 채우기(하양), 테두리, 그림자(대각선 오른쪽 아래)
(4) 제목 이외의 전체 글꼴 - 돋움, 보통, 10pt
(5) 축제목과 범례는 《출력형태》와 동일하게 처리할 것

출력형태

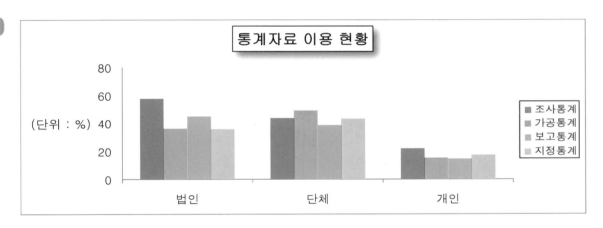

● 소스 파일 : Section03_예제04.hwp ● 정답 파일 : Section03_정답04.hwp

04 다음의 《조건》에 따라 《출력형태》와 같이 차트를 작성하시오.

조건

(1) 차트 데이터는 표 내용에서 구분별 2020년, 2021년, 2022년의 값만 이용할 것
(2) 종류 - 〈묶은 가로 막대형〉로 작업할 것
(3) 제목 - 굴림, 진하게, 12pt, 속성 - 채우기(하양), 테두리, 그림자(아래쪽)
(4) 제목 이외의 전체 글꼴 - 굴림, 보통, 10pt
(5) 축제목과 범례는 《출력형태》와 동일하게 처리할 것

출력형태

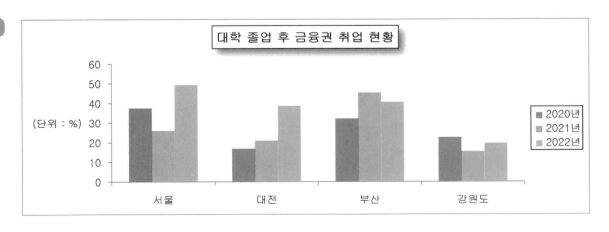

Section

4

기능평가 Ⅱ -1 수식

| 무료 동영상 |

수식을 작성하는 문제로 ①수식 편집기 실행, ②수식 편집기 기능, ③수식 입력 형식 등에 대하여 자세히 학습합니다.

● 소스 파일 : Section04_예제.hwp   ● 정답 파일 : Section04_정답.hwp

1. 다음 (1), (2)의 수식을 수식 편집기로 각각 입력하시오. (40점)

출력형태

(1)
$$\frac{F}{h_2} = t_2 k_1 \frac{t_1}{d} = 2 \times 10^{-7} \frac{t_1 t_2}{d}$$

(2)
$$\int_a^b A(x-a)(x-b)dx = -\frac{A}{6}(b-a)^3 \ (x \neq 0)$$

핵심 체크

① 수식 편집기 실행 : [입력] 탭 – [수식 $\sqrt{x}$] 도구 또는 Ctrl + N, M 이용
② 수식 작성하기 : [수식] 도구 상자를 이용하여 수식 작성
※ 첨자, 분수, 근호 등의 수식을 입력하고 다음 수식을 입력할 때는 해당 수식 범위를 벗어난 후에 입력해야 하며, 이때에는 [다음 항목 ➡] 도구나 키보드의 Tab 키 또는 마우스로 커서를 이용합니다.

[수식 편집기] 창

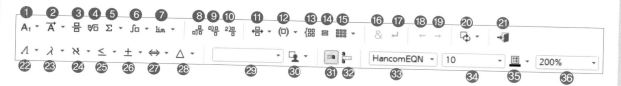

❶ 첨자

❷ 장식 기호(Ctrl+D)

❸ 분수(Ctrl+O)
❹ 근호(Ctrl+R)
❺ 합(Ctrl+S)

❻ 적분(Ctrl+I)

❼ 극한(Ctrl+L)

❽ 세로 나눗셈
❾ 최소공배수/ 최대공약수
❿ 2진수로 변환
⓫ 상호 관계(Ctrl+E)

⓬ 괄호(Ctrl+9)

⓭ 경우(Ctrl+0)
⓮ 세로 쌓기(Ctrl+P)

⓯ 행렬(Ctrl+M)

⓰ 줄 맞춤
⓱ 줄 바꿈
⓲ 이전 항목
⓳ 다음 항목
⓴ 수식 형식 변경
㉑ 넣기(Shift+Esc)
㉒ 그리스 대문자

㉓ 그리스 소문자

㉔ 그리스 기호

㉕ 합, 집합 기호

㉖ 연산, 논리 기호

㉗ 화살표

㉘ 기타 기호

㉙ 명령어 입력
㉚ 수식 매크로
㉛ 글자 단위 영역
㉜ 줄 바꿈 영역
㉝ 글꼴
㉞ 글자 크기
㉟ 글자 색
㊱ 화면 확대

※ 첫 번째 수식의 수식 간의 이동은 [다음 항목 ➡] 도구를 이용하여 설명합니다.

1 이미 Section 0에서 구역을 나눴으므로 2페이지로 이동합니다. 문제 번호 '3.'의 다음 줄에서 " (1) "을 입력한 후 SpaceBar 키를 누릅니다.

Check **P**oint
- 구역을 나누지 않았다면 Alt + Shift + Enter 키를 눌러 2페이지로 이동합니다.
- 수식의 문제 번호인 (1), (2)를 수식 편집기에서 작성하면 감점 처리됩니다.

2 [입력] 탭에서 [수식 √x] 도구를 클릭하여 [수식 편집기]를 실행합니다.

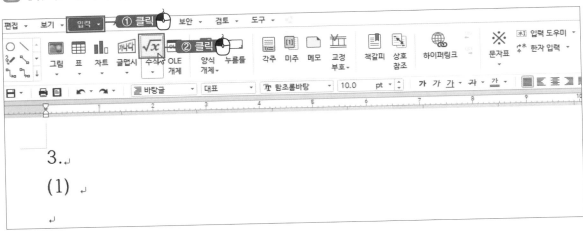

3 [분수 吕] 도구를 클릭합니다.

4 "F"를 입력한 후 [다음 항목 ➡]을 클릭하고 "h"를 입력한 후 [다음 항목 ➡]을 두 번 클릭하여 분수를 빠져 나옵니다.

5️⃣ "=t"를 입력한 후 [첨자 A_1 ▾] 도구를 클릭하고 [아래 첨자 A_1]를 클릭합니다.

6️⃣ "2"를 입력한 후 [다음 항목 ➡]을 클릭하고, "k"를 입력한 후 [첨자 A_1 ▾] 도구를 클릭하고 [아래 첨자 A_1]를 클릭합니다.

7️⃣ "1"을 입력한 후 [다음 항목 ➡]을 클릭하고, [분수 믐] 도구를 클릭합니다.

8️⃣ "t"를 입력한 후 [첨자 A_1 ▾] 도구를 클릭하고 [아래 첨자 A_1]를 클릭합니다.

9 "1"을 입력한 후 [다음 항목 ➡]을 두 번 클릭하고, "d"를 입력합니다. [다음 항목 ➡]을 클릭하고 "=2"를 입력한 후 [연산, 논리 기호 ± ▼] 도구를 클릭하고 [곱하기 ✕] 기호를 클릭합니다.

10 "10"을 입력한 후 [첨자 A₁ ▼] 도구를 클릭하고 [위 첨자 A¹]를 클릭합니다.

11 "−7"을 입력한 후 [다음 항목 ➡]을 클릭하고 [분수 믐] 도구를 클릭합니다.

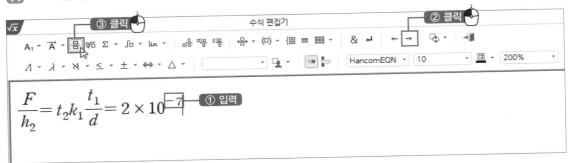

12 "t"를 입력한 후 [첨자 A₁ ▼] 도구를 클릭하고 [아래 첨자 A₁]를 클릭합니다.

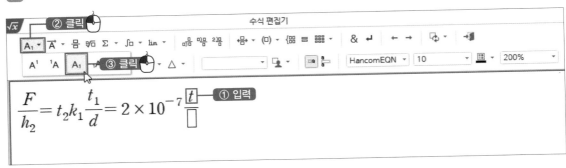

⓭ "1"을 입력한 후 [다음 항목 →]을 클릭하고, "t"를 입력합니다. [다음 항목 →]을 클릭하고 [첨자
A₁ ▾] 도구를 클릭한 후 [아래 첨자 A₁]를 클릭합니다.

⓮ "2"를 입력한 후 [다음 항목 →]을 두 번 클릭하고, "d"를 입력한 후 [넣기 ◄█]를 클릭하여 첫 번째
수식을 완성합니다.

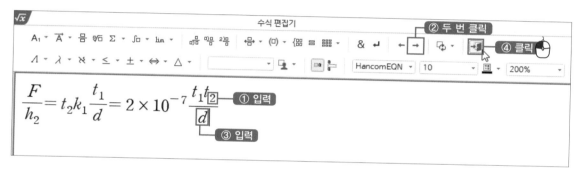

__Check Point__

• [넣기 ◄█] 도구나 단축키(Shift + Esc)로 수식을 넣지 않고 수식 편집 창을 닫게 되면 [수식] 대화상자가 나타나서
수식을 넣을지 묻게 되는데, 이때 [넣기] 단추를 클릭해도 완성된 수식이 삽입됩니다.

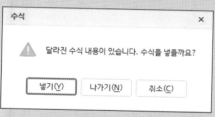

• 수식을 완성한 후 다시 수정하려면 수식을 더블 클릭하여 [수식 편집기] 창 상태에서 수정합니다.

단계 2 수식 (2) 작성

※ 두 번째 수식의 수식 간의 이동은 Tab 키를 이용하여 설명합니다.

1 첫 번째 수식 작성이 끝나면 Tab 키를 1~3번 정도 눌러 적당히 간격을 벌린 후 " (2) "를 입력하고 SpaceBar 키를 누릅니다. [입력] 탭에서 $\sqrt{x}$ 도구를 클릭하여 [수식 편집기]를 실행합니다.

2 [적분 $\int_{\square}$] 도구를 클릭한 후 '∫' 기호를 클릭합니다.

3 "a" 입력 → Tab 키 → "b" 입력 → Tab 키 → "A(x-a)(x-b)dx=-" 순서로 입력한 후 [분수 $\frac{\square}{\square}$] 도구를 클릭합니다.

4 "A" 입력 → Tab 키 → "6" 입력 → Tab 키 → "(b-a)" 순서로 입력한 후 [첨자 A_1 ▾] 도구의 [위 첨자 A^1]를 클릭합니다.

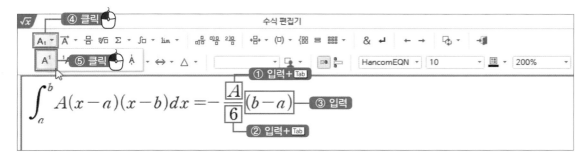

5 "3" 입력 → Tab 키 → "(x-" 순서로 입력한 후 [연산, 논리 기호 $\pm$ ▾] 도구의 ' $\neq$ ' 기호를 클릭합니다.

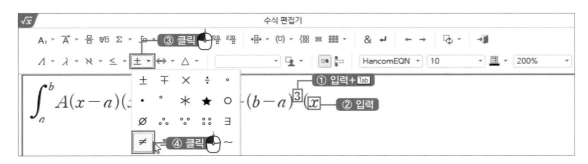

6 "0)"를 입력한 후 [넣기 ▪◐]를 클릭하여 두 번째 수식을 완성합니다.

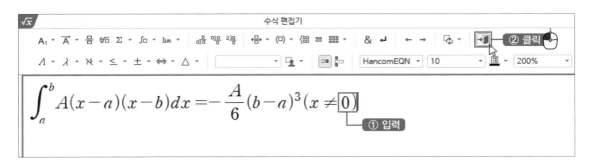

Check Point

수식 문제는 한 글자라도 오타가 있을 경우 0점 처리됩니다.

● 소스 파일 : Section04_예제01.hwp   ● 정답 파일 : Section04_정답01.hwp

01 다음 (1), (2)의 수식을 수식 편집기로 각각 입력하시오.

출력형태

(1)
$$f(x) = \frac{\frac{x}{2} - \sqrt{5} + 2}{\sqrt{1 - x^2}}$$

(2)
$$\int_0^1 (\sin x + \frac{x}{2}) dx = \int_0^1 \frac{1 + \sin x}{2} dx$$

02 다음 (1), (2)의 수식을 수식 편집기로 각각 입력하시오.

출력형태

(1)
$$\int_0^3 \sqrt{6t^2 - 18t + 12} dt = 11$$

(2)
$$F_n = \frac{a(r^n - 1)}{r - 1} = \frac{a(1 + r^n)}{1 - r} (r \neq 1)$$

03 다음 (1), (2)의 수식을 수식 편집기로 각각 입력하시오.

출력형태

(1)
$$\sqrt{a^2} = |a| = \begin{cases} a & (a \geq 0) \\ -a & (a < 0) \end{cases}$$

(2)
$$\sum_{k=1}^n k^3 = \frac{n(n+1)}{2} = \sum_{k=1}^n k$$

04 다음 (1), (2)의 수식을 수식 편집기로 각각 입력하시오.

출력형태

(1)
$$M = \frac{\triangle P}{K_a} = \frac{\triangle T_b}{K_b} = \frac{\triangle T_f}{K_f}$$

(2)
$$R \times 3 = \frac{360h}{2\pi(\phi_A - \phi_B)} \times 3$$

05 다음 (1), (2)의 수식을 수식 편집기로 각각 입력하시오.

출력형태

(1) $\vec{F}=-\dfrac{4\pi^2 m}{T^2}+\dfrac{m}{T^3}$

(2) $\overline{AB}=\sqrt{(x_2-x_1)^2+(y_2-y_1)^2}$

06 다음 (1), (2)의 수식을 수식 편집기로 각각 입력하시오.

출력형태

(1) $E=mr^2=\dfrac{nc^2}{\sqrt{1-\dfrac{r^2}{d^2}}}$

(2) $Q=\lim\limits_{\triangle t\to 0}\dfrac{\triangle s}{\triangle t}=\dfrac{d^2 s}{dt^2}+1$

07 다음 (1), (2)의 수식을 수식 편집기로 각각 입력하시오.

출력형태

(1) $G=2\displaystyle\int_{\frac{a}{2}}^{a}\dfrac{b\sqrt{a^2-x^2}}{a}dx$

(2) $Q=\dfrac{F}{h^2}=\dfrac{1}{3}\dfrac{N}{h^3}m\overline{g^2}$

08 다음 (1), (2)의 수식을 수식 편집기로 각각 입력하시오.

출력형태

(1) $(a\,b\,c)\begin{pmatrix}p\\q\\r\end{pmatrix}=(ap+bq+cr)$

(2) $\dfrac{d}{dx}k=0,\ \dfrac{d}{dx}x^n=nx^{n-1}$

Section **5**

기능평가 Ⅱ-2 도형

배점 **110** 점

무료 동영상

도형이나 글상자, 글맵시 개체를 그리고, 서식을 지정하는 문제로 ①[그리기] 도구 상자, ②그림 개체 삽입 및 편집, ③글맵시 기능, ④책갈피 및 하이퍼링크 기능 등에 대하여 자세히 학습합니다.

● 소스 파일 : Section05_예제.hwp   ● 정답 파일 : Section05_정답.hwp

4. 다음의 ≪조건≫에 따라 ≪출력형태≫와 같이 문서를 작성하시오. (110점)

조건 (1) 그리기 도구를 이용하여 작성하고, 모든 도형(글맵시, 지정된 그림 포함)을 ≪출력형태≫와 같이 작성하시오.

(2) 도형의 면색은 지시사항이 없으면 색 없음을 제외하고 서로 다르게 임의로 지정하시오.

출력형태

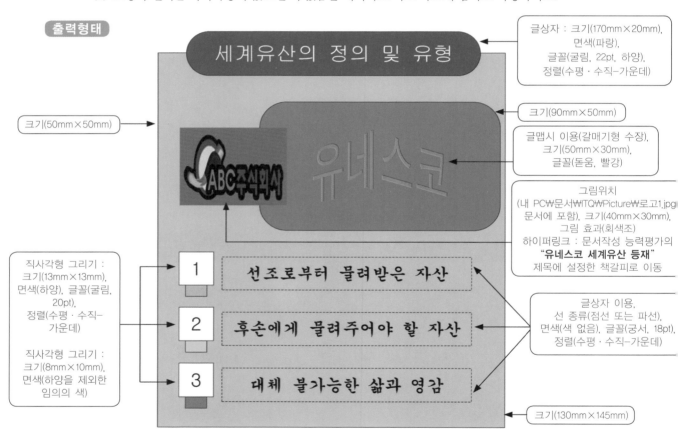

핵심 체크

① 도형 작성 : [입력] 탭에서 도형을 선택하여 작성한 후 바로가기 메뉴에서 [도형 안에 글자 넣기] 메뉴를 클릭하여 입력
② 글상자 작성 : 글상자를 작성한 후 사각형 모서리 곡률(테두리 모양) 변경
③ 글맵시 삽입하고 편집하기   ④ 그림 삽입하고 서식 변경하기
⑤ 책갈피 삽입과 하이퍼링크 설정하기(하이퍼링크는 책갈피를 그림 또는 글맵시에 연결합니다.)

※ 작성 순서 : 도형(바탕 도형, 글상자) 작성 → 글맵시 → 그림 삽입 → 책갈피/하이퍼링크
 • 또는 아래(뒤) 도형에서 위(앞) 도형의 순서나 위에서 아래로 작성하는 것이 좋습니다.
 • 도형들을 개체 묶기로 그룹 지정하면 0점 처리되므로 주의합니다.

1 문제 번호 '4.'의 다음 줄에 커서를 위치한 후 [입력] 탭에서 '직사각형 ☐ ' 도형을 클릭합니다.

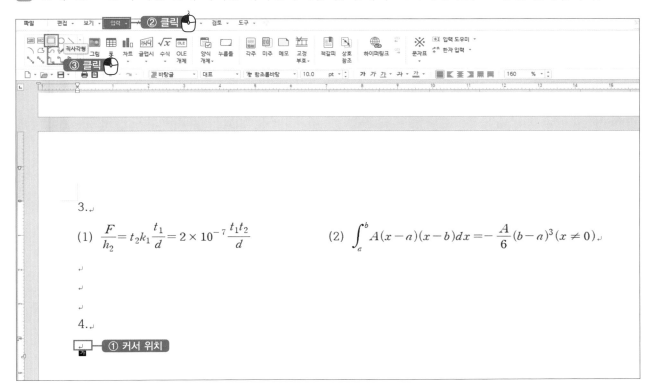

2 직사각형 도형을 적당한 위치에 드래그하여 그린 후 바로가기 메뉴(마우스 오른쪽 버튼 클릭)에서 [개체 속성] 메뉴를 클릭합니다.

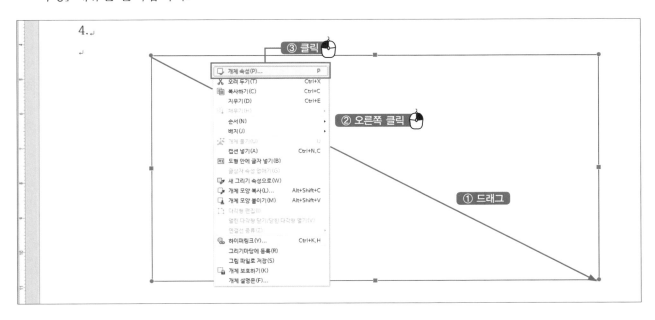

Check **P**oint

도형을 더블 클릭해도 [개체 속성] 대화상자를 열 수 있습니다.

3 [개체 속성] 대화상자의 [기본] 탭에서 크기를 '너비-130mm', '높이-145mm'를 지정하고, '크기 고정'에 체크 표시합니다.

4 색상 변경을 위해 [개체 속성] 대화상자의 [채우기] 탭에서 '색'을 선택하고 '면 색'을 눌러 색상 팔레트를 나타낸 후 임의의 색을 선택하고 [설정] 단추를 클릭합니다.

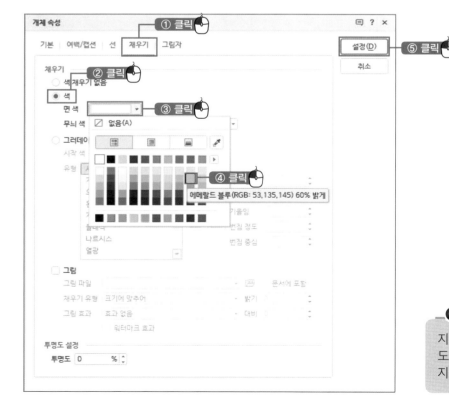

단계 2 **글상자(제목 글상자) 작성**

1 [도형 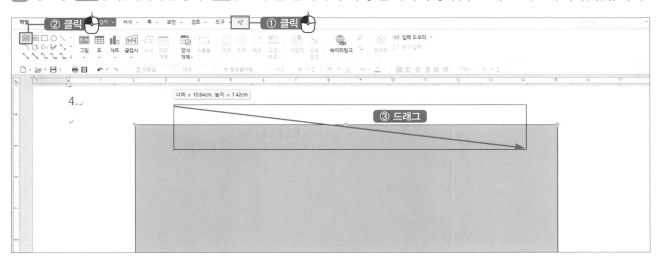] 탭에서 [글상자 ▥] 도구를 클릭하여 작성된 직사각형 윗부분에 드래그하여 삽입합니다.

2 삽입된 글상자의 외곽 테두리를 선택한 후 바로가기 메뉴의 [개체 속성] 메뉴를 선택하고 [기본] 탭에서 아래와 같이 크기를 조절합니다.
 – 너비 : 110mm, 높이 : 17mm
 – '크기 고정'에 체크 표시

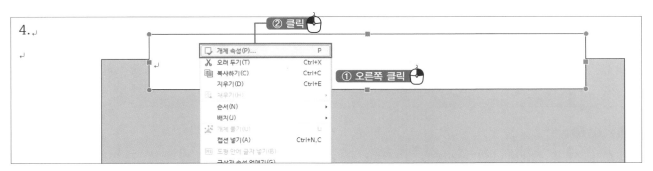

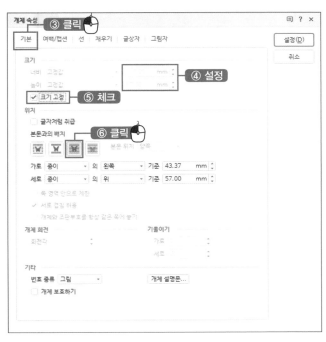

> **Check Point**
>
> [그리기] 도구 상자에서 가로 글상자(▥),
> 직사각형(□) 등을 선택할 때는 [입력] 탭에서
> 선택할 수 있지만, 도형이 선택된 상태에서는
> [입력] 탭이나 [도형] 탭에서 선택할 수
> 있습니다.

3 모서리를 반원으로 변경하기 위해 [선] 탭에서 사각형 모서리 곡률 항목 중 '반원'을 선택합니다. 색상 변경을 위해 [채우기] 탭에서 '색'을 선택하고 '면 색'을 클릭한 후 '파랑(RGB : 0,0,255)'을 선택하고 [설정] 단추를 클릭합니다.

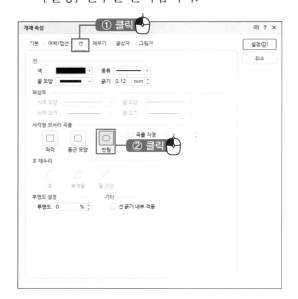 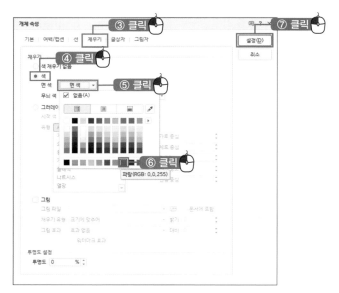

4 글상자를 《출력형태》처럼 사각형 도형의 위에 위치하도록 위치를 이동시킨 후 "세계유산의 정의 및 유형"을 입력합니다.

Check Point

글상자가 선택된 상태에서 글자 입력이 안 되는 경우 Esc 키를 누른 후 글상자 내부를 클릭하면 글자 입력이 가능합니다.

5 '세계유산의 정의 및 유형'을 범위 설정한 후 [서식] 도구 상자에서 '글꼴 : 굴림', '글자 크기 : 22pt', '글자 색 : 하양(RGB : 255,255,255)', '가운데 정렬 ▤'을 지정합니다.

글상자는 기본적으로 세로 가운데 정렬로 설정되어 있으므로 별도로 설정하지 않아도 됩니다.

─ **C**heck **P**oint

• 하양(흰색) 선택 방법 ① : 색상 지정 시 '오피스'로 설정되었다면 '하양'을 바로 선택할 수 없으므로 '기본'이나 'NEO'로 변경 후 선택합니다.

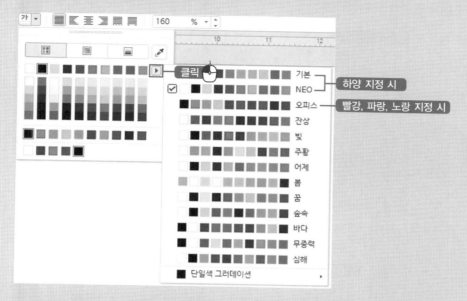

※ 다만, ITQ 시험 시 빨강, 파랑, 노랑 등을 많이 사용하므로 색상 테마를 '오피스'로 지정하면 편리하게 색을 지정할 수 있습니다.

• 하양(흰색) 선택 방법 ② : [팔레트 ▦]를 클릭한 후 '하양(RGB : 255,255,255)'을 선택하거나 [스펙트럼 ▦]을 클릭한 후 RGB 값을 설정합니다.

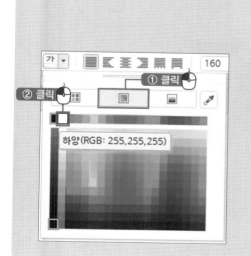

1 [도형 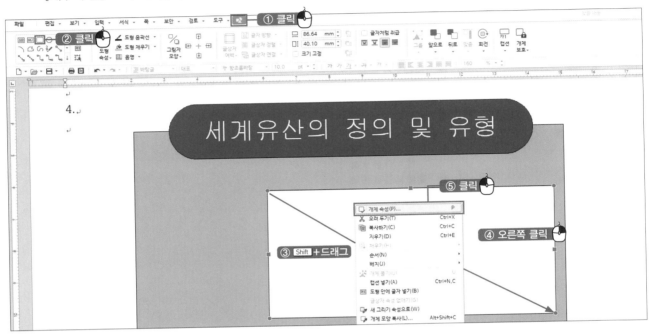] 탭에서 '직사각형 □'을 클릭한 후 [Shift] 키를 누르고 드래그하여 직사각형을 그리고, 바로가기 메뉴(마우스 오른쪽 버튼 클릭)에서 [개체 속성] 메뉴를 선택한 후 다음과 같이 설정합니다.

    – [기본] 탭 : 크기를 '너비 – 90mm, '높이 – 50mm' 지정, '크기 고정' 체크

    – [선] 탭 : 사각형 모서리 곡률에서 '둥근 모양' 선택

    – [채우기 탭] : '색'의 '면색'에서 임의의 색 지정

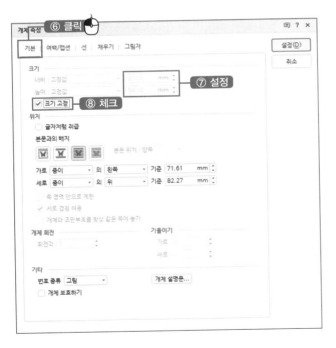

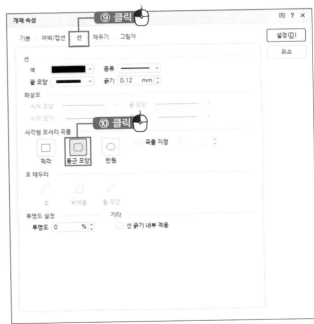

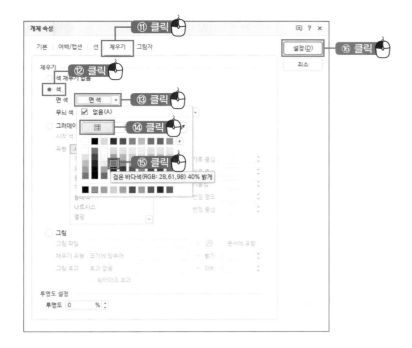

2 직사각형 도형을 《출력형태》처럼 위치를 조절합니다.

3 글맵시를 작성하기 위해 [입력] 탭에서 [글맵시 ＭＵＤ] 도구를 클릭합니다.

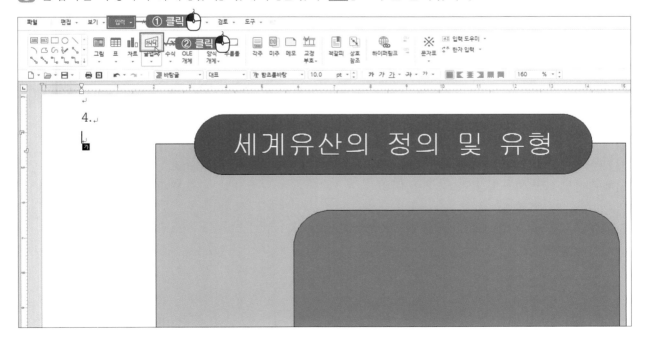

4 [글맵시 만들기] 대화상자에서 다음과 같이 설정하고 [설정] 단추를 클릭합니다.
 - 내용 : 유네스코
 - 글맵시 모양 : 갈매기형 수장
 - 글꼴 : 돋움

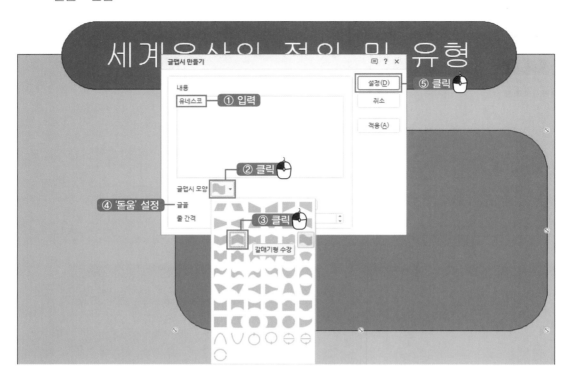

5 입력된 글맵시에서 바로가기 메뉴(마우스 오른쪽 버튼 클릭)의 [개체 속성] 메뉴를 선택합니다.

6 [개체 속성] 대화상자에서 다음과 같이 설정합니다.
 - [기본] 탭 : '크기 : 50mm×30mm', '크기 고정'에 체크, '본문과의 배치 : 글 앞으로'
 - [채우기] 탭 : '면 색 - 빨강(RGB: 255,0,0)'

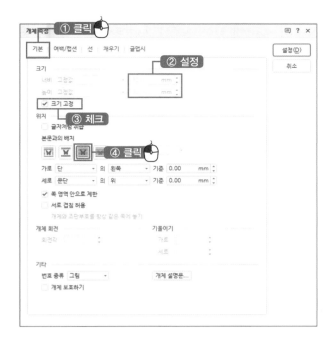
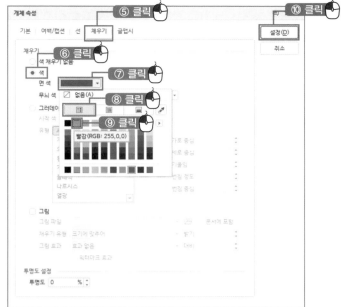

Check Point

빨강을 지정하기 위해 색상 테마를 '오피스'로 변경합니다.

7 속성이 설정된 글맵시를 《출력형태》처럼 드래그하여 이동합니다.

단계 4 그림 삽입, 책갈피 삽입 및 하이퍼링크 지정

1 그림을 삽입하기 위해 [입력] 탭에서 [그림 🖼] 도구를 클릭하여 [그림 넣기] 대화상자를 엽니다. (또는 Ctrl+N, I)

2 [그림 넣기] 대화상자에서 [내 PCW문서WITQWPicture] 폴더에 있는 '로고1'.jpg 파일을 선택한 후
'문서에 포함'에 체크하고, '글자처럼 취급'과 '마우스로 크기 지정'은 체크 해제한 후 [열기] 단추를
클릭합니다.

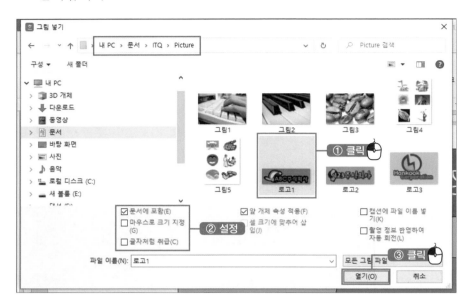

3 삽입된 그림을 더블 클릭하여 [개체 속성] 대화상자를 열고 [기본] 탭과 [그림] 탭에서 아래와 같이
속성을 설정합니다.
  - [기본] 탭 : '크기 : 40mm×30mm', '크기 고정'에 체크, '본문과의 배치 : 글 앞으로' 선택
  - [그림] 탭 : '그림 효과 : 회색조'

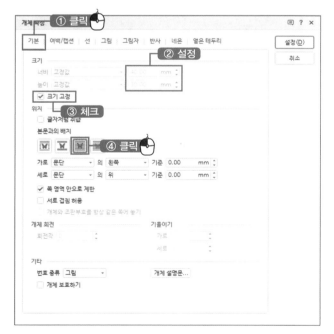
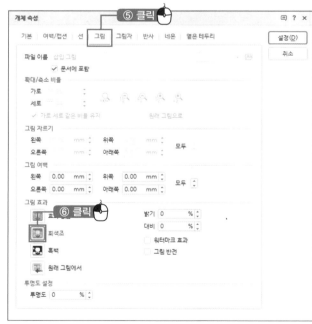

Check **P**oint

바로가기 메뉴(마우스 오른쪽 버튼 클릭)에서 [개체 속성] 메뉴를 선택해도 됩니다.

4 변경된 그림을 ≪출력형태≫와 동일하게 이동하여 배치시킵니다.

5 책갈피를 삽입하기 위해 3페이지 첫 줄에 문서작성 능력평가의 제목인 "유네스코 세계유산 등재"를 입력한 후 문장의 맨 앞에 커서를 위치시키고 [입력] 탭에서 [책갈피 📑]를 클릭합니다.

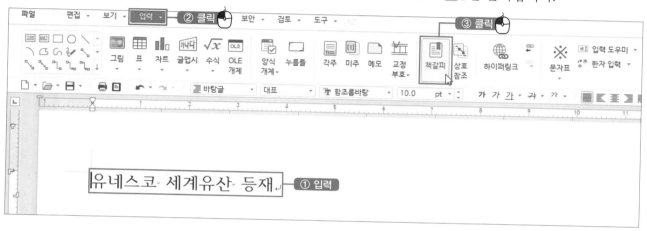

6 [책갈피] 대화상자에서 책갈피 이름에 "유산"을 입력하고 [넣기] 단추를 클릭합니다.

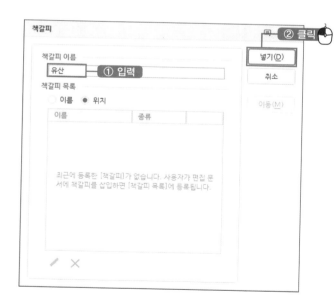

Check Point

- 단축키 Ctrl + K , B 키를 눌러도 됩니다.
- [문서작성 능력평가]의 제목 부분에 표시된 책갈피 이름을 입력합니다.
- 책갈피 삽입은 문서작성 능력평가에서 제시되는 조건이지만, 하이퍼링크를 설정하기 위해 문서작성 능력평가의 제목 부분에 책갈피를 먼저 설정합니다.
- 책갈피가 삽입된 것은 [책갈피] 대화상자에서 확인할 수 있습니다.

7 하이퍼링크를 설정하기 위해 2페이지에 삽입했던 '로고1.jpg' 그림을 클릭한 후 [입력] 탭에서 [하이퍼링크 🌐]를 선택합니다.

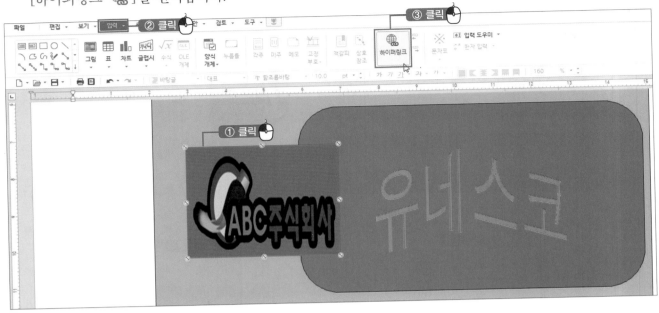

Ⓒheck Ⓟoint

개체(그림, 글맵시)를 선택하고 [입력] 탭의 [목록 단추 ▾]를 클릭한 후 [하이퍼링크]를 선택하거나 단축키로 Ctrl + K , H 키를 눌러도 됩니다.

8 [하이퍼링크] 대화상자에서 '연결 대상-흔글 문서', '파일 이름-[현재 문서]-책갈피-유산'을 선택하고 [넣기] 단추를 클릭합니다.

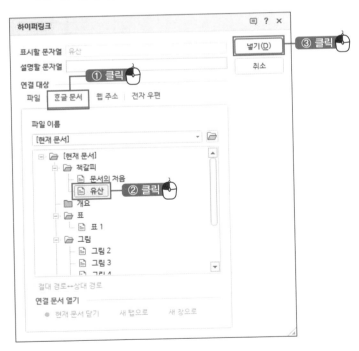

9 Esc 키를 눌러 그림 선택을 해제한 후 그림 위에서 Ctrl 키를 눌러 마우스 포인터가 손가락 모양으로 변경될 때 클릭하여 3페이지의 '유네스코 세계유산 등재'로 커서가 이동하면 정상적으로 설정된 것입니다.

Check Point

· 하이퍼링크를 해제하려면 Shift 키를 누른 상태에서 바로가기 메뉴의 [하이퍼링크 지우기]를 선택하거나 [입력] 탭에서 [하이퍼링크 🌐]를 클릭한 후 [하이퍼링크 고치기] 대화상자에서 [링크 지우기]를 선택합니다.
· 하이퍼링크가 설정된 개체는 Shift 키를 누른 채 클릭하여 선택할 수 있습니다.

단계 5 도형 및 글상자 작성

1 [입력] 탭에서 '직사각형 □ '을 클릭하여 사각형을 그립니다.

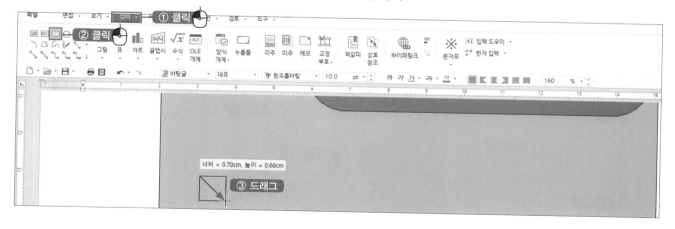

2 입력된 직사각형 도형을 더블 클릭한 후 [개체 속성] 대화상자에서 아래와 같이 속성을 변경하고 [설정] 단추를 클릭합니다.

– [기본] 탭 : '크기 : 8mm×10mm', '글 앞으로'   – [채우기] 탭 : '면 색 – 임의의 색'

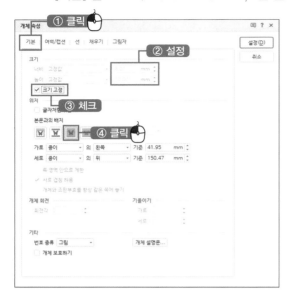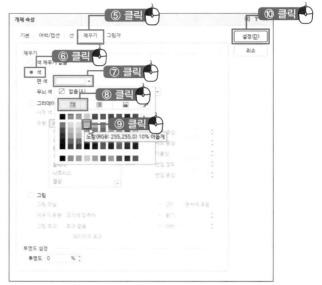

3 다시 [도형 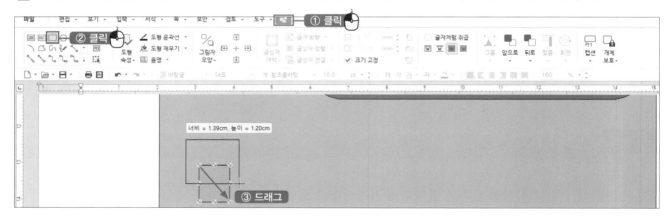] 탭에서 '직사각형 □'을 클릭한 후 직사각형 도형 위에 드래그하여 그립니다.

4 삽입된 도형의 위치를 《출력형태》처럼 조절하고 더블 클릭한 후 [개체 속성] 대화상자에서 다음과 같이 설정합니다.

– [기본] 탭 : '크기-13mm×13mm', '글 앞으로'   – [채우기] 탭 : '면 색 : 하양(RGB : 255,255,255)'

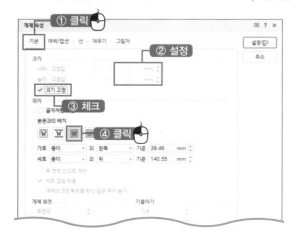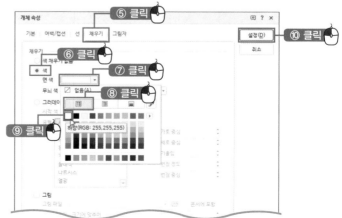

5 도형 안에 숫자를 입력하기 위해 [도형 💽] 탭에서 [글자 넣기 🔠] 도구를 클릭합니다.

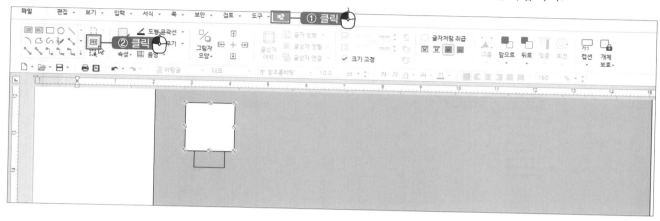

6 [서식] 도구 상자에서 '글꼴 : 굴림', '글자 크기 : 20pt', '글자 색 : 검정(RGB: 0, 0, 0)', '가운데 정렬 ▤'을 설정한 후 "1"을 입력합니다.

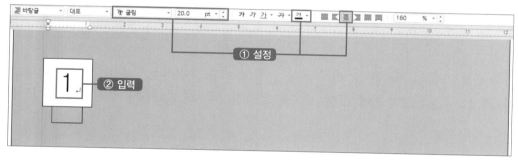

7 [도형 💽] 탭에서 [가로 글상자 🔳]를 선택한 후 《출력형태》처럼 드래그하여 그립니다.

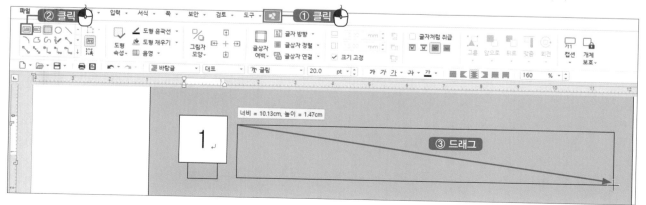

8 [개체 속성] 대화상자에서 다음과 같이 설정한 후 [설정] 단추를 클릭합니다.
- [기본] 탭 : '글 앞으로 🔲'
- [선] 탭 : '종류 – 파선'
- [채우기] 탭 : 색 채우기 '없음'

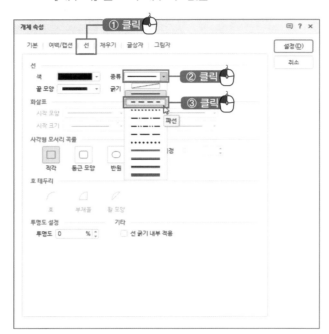

9 Esc 키를 눌러 가로 글상자 선택을 해제한 후 다시 가로 글상자 안을 클릭하고 [서식] 도구 상자에서 '글꼴 : 궁서', '글자 크기 : 18pt', '가운데 정렬 🔲'을 설정한 후 "선조로부터 물려받은 자산"을 입력합니다.

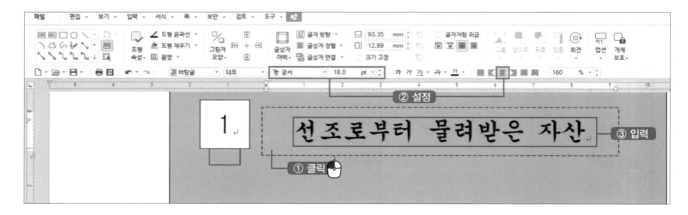

10 Shift 키를 이용하여 '직사각형'과 '가로 글상자'를 그림처럼 선택한 후 Ctrl + Shift 키를 누른 상태에서 아래로 드래그하여 복사합니다.

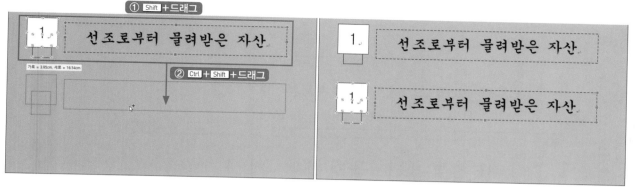

Check Point

• 여러 개의 도형을 한꺼번에 선택할 때는 [개체 선택 🔲] 도구로 드래그하여 선택할 수도 있습니다.
• 도형을 선택한 후 Ctrl 키를 누르고 드래그하면 복사되고, Ctrl + Enter 키를 누르고 드래그하면 수평 방향이나 수직 방향으로 복사할 수 있습니다.

11 다시 한번 Ctrl + Shift 키를 누른 상태에서 아래로 드래그하여 복사합니다.

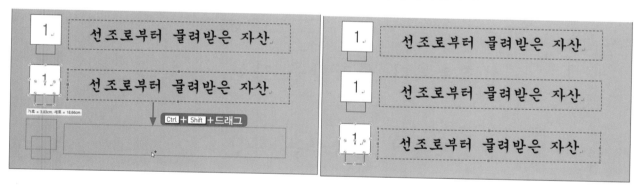

Check Point

[도형] 탭-[그룹]에서 '개체 묶기 🔼'를 선택하여 그룹화한 후 복사하고, 복사한 세 개의 도형을 선택한 후[도형] 탭-[맞춤 🔲]에서 '세로 간격을 동일하게 📊'를 선택하여 세로 간격을 동일하게 맞춘 후 그룹을 해제하는 방법도 있습니다.

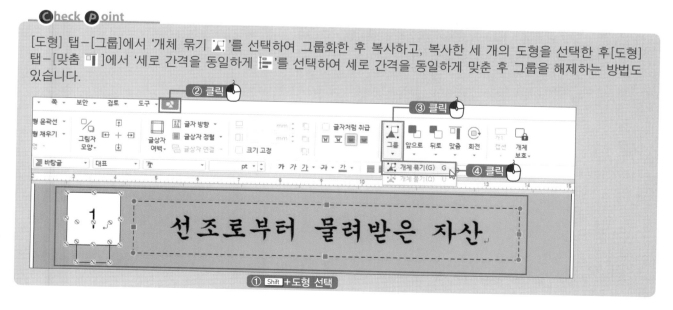

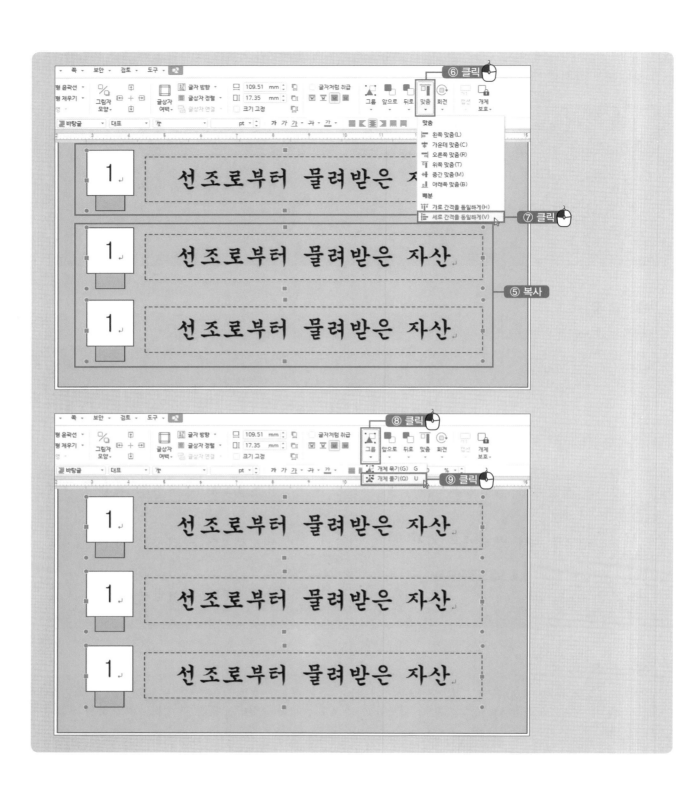

12 복사된 도형의 내용을 수정한 후 직사각형의 색상을 임의의 색으로 변경합니다.

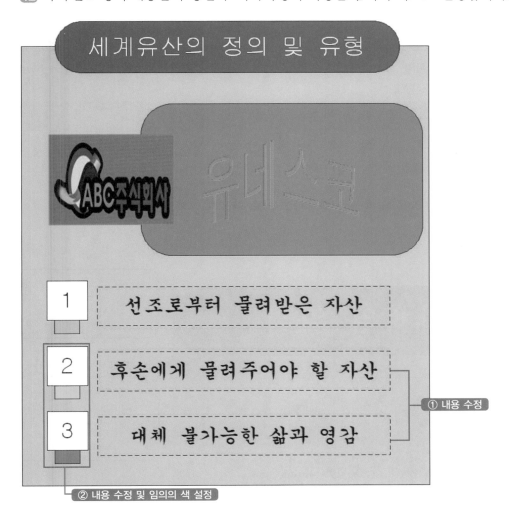

불의의 사고를 방지하기 위해 [파일]-[저장하기 💾] 메뉴를 클릭하여 중간중간 파일을 저장합니다.

실력 향상을 위한 실전 연습문제

● 소스 파일 : Section05_예제01.hwp   ● 정답 파일 : Section05_정답01.hwp

01 다음의 《조건》에 따라 《출력형태》와 같이 문서를 작성하시오.

조건
(1) 그리기 도구를 이용하여 작성하고, 모든 도형(글맵시, 지정된 그림 포함)을 《출력형태》와 같이 작성하시오.
(2) 도형의 면색은 지시사항이 없으면 색 없음을 제외하고 서로 다르게 임의로 지정하시오.

출력형태

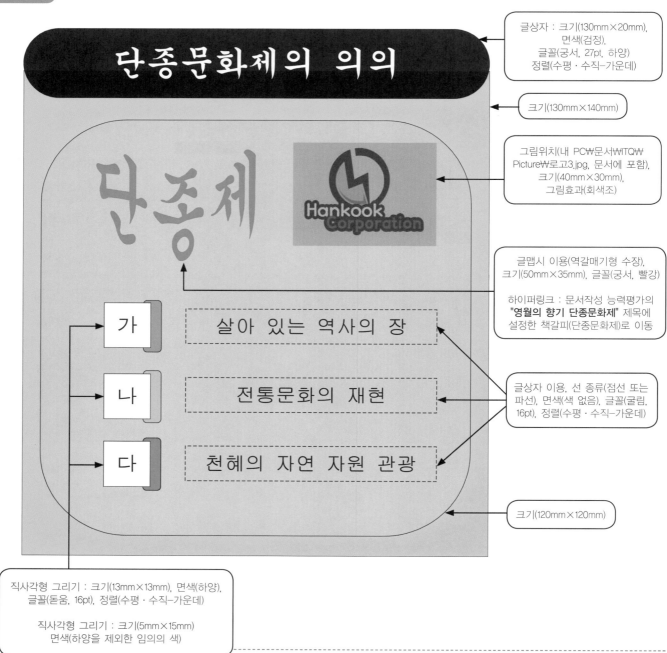

글상자 : 크기(130mm×20mm), 면색(검정), 글꼴(궁서, 27pt, 하양) 정렬(수평·수직-가운데)

크기(130mm×140mm)

그림위치(내 PC₩문서₩ITQ₩ Picture₩로고3.jpg, 문서에 포함), 크기(40mm×30mm), 그림효과(회색조)

글맵시 이용(역갈매기형 수장), 크기(50mm×35mm), 글꼴(궁서, 빨강)

하이퍼링크 : 문서작성 능력평가의 **"영월의 향기 단종문화제"** 제목에 설정한 책갈피(단종문화제)로 이동

글상자 이용, 선 종류(점선 또는 파선), 면색(색 없음), 글꼴(굴림, 16pt), 정렬(수평·수직-가운데)

크기(120mm×120mm)

직사각형 그리기 : 크기(13mm×13mm), 면색(하양), 글꼴(돋움, 16pt), 정렬(수평·수직-가운데)

직사각형 그리기 : 크기(5mm×15mm) 면색(하양을 제외한 임의의 색)

● 소스 파일 : Section05_예제02.hwp ● 정답 파일 : Section05_정답02.hwp

02 다음의 ≪조건≫에 따라 ≪출력형태≫와 같이 문서를 작성하시오.

조건
(1) 그리기 도구를 이용하여 작성하고, 모든 도형(글맵시, 지정된 그림 포함)을 ≪출력형태≫와 같이 작성하시오.
(2) 도형의 면색은 지시사항이 없으면 색없음을 제외하고 서로 다르게 임의로 지정하시오.

출력형태

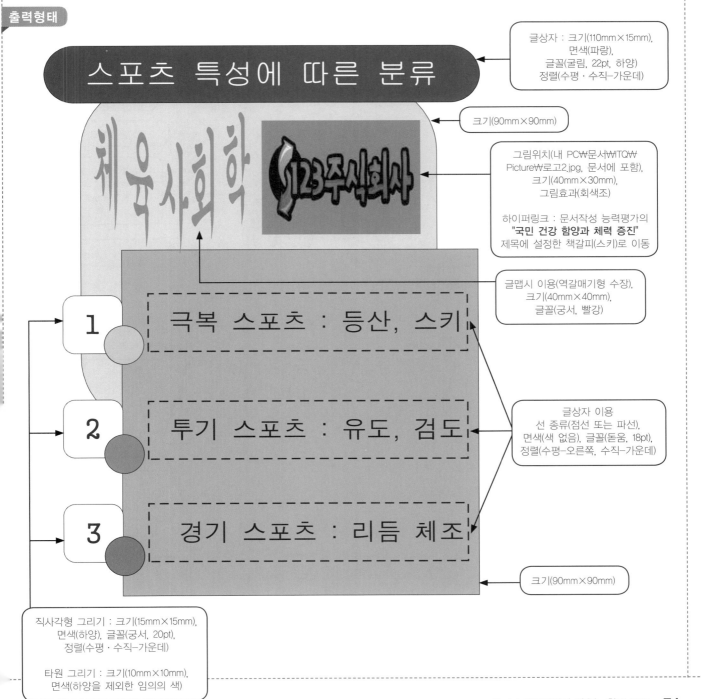

글상자 : 크기(110mm×15mm),
면색(파랑),
글꼴(굴림, 22pt, 하양)
정렬(수평·수직-가운데)

크기(90mm×90mm)

그림위치(내 PC₩문서₩ITQ₩
Picture₩로고2.jpg, 문서에 포함),
크기(40mm×30mm),
그림효과(회색조)

하이퍼링크 : 문서작성 능력평가의
"국민 건강 함양과 체력 증진"
제목에 설정한 책갈피(스키)로 이동

글맵시 이용(역갈매기형 수장),
크기(40mm×40mm),
글꼴(궁서, 빨강)

글상자 이용
선 종류(점선 또는 파선),
면색(색 없음), 글꼴(돋움, 18pt),
정렬(수평-오른쪽, 수직-가운데)

크기(90mm×90mm)

직사각형 그리기 : 크기(15mm×15mm),
면색(하양), 글꼴(궁서, 20pt),
정렬(수평·수직-가운데)

타원 그리기 : 크기(10mm×10mm),
면색(하양을 제외한 임의의 색)

● 소스 파일 : Section05_예제03.hwp　　● 정답 파일 : Section05_정답03.hwp

03 다음의 《조건》에 따라 《출력형태》와 같이 문서를 작성하시오.

조건

(1) 그리기 도구를 이용하여 작성하고, 모든 도형(글맵시, 지정된 그림 포함)을 《출력형태》와 같이 작성하시오.
(2) 도형의 면 색은 지시사항이 없으면 색없음을 제외하고 서로 다르게 임의로 지정하시오.

출력형태

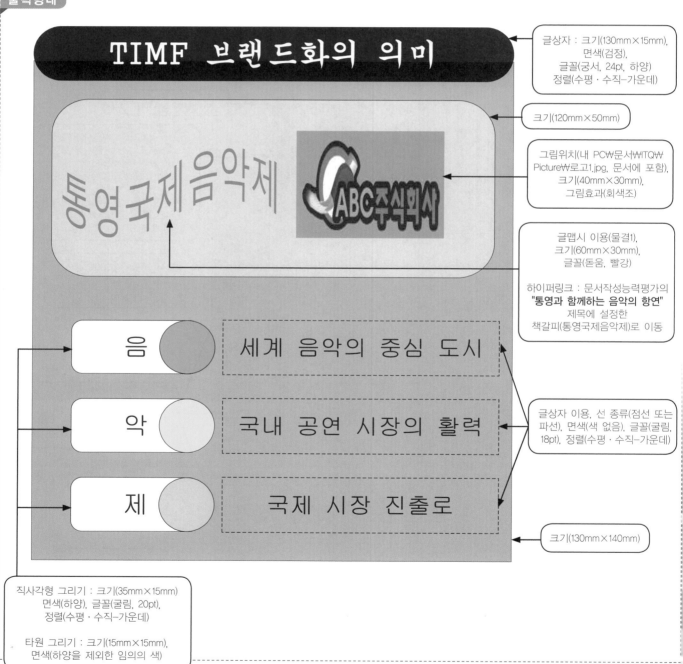

글상자 : 크기(130mm×15mm), 면색(검정), 글꼴(궁서, 24pt, 하양) 정렬(수평·수직-가운데)

크기(120mm×50mm)

그림위치(내 PC₩문서₩ITQ₩Picture₩로고1.jpg, 문서에 포함), 크기(40mm×30mm), 그림효과(회색조)

글맵시 이용(물결1), 크기(60mm×30mm), 글꼴(돋움, 빨강)

하이퍼링크 : 문서작성능력평가의 **"통영과 함께하는 음악의 향연"** 제목에 설정한 책갈피(통영국제음악제)로 이동

글상자 이용, 선 종류(점선 또는 파선), 면색(색 없음), 글꼴(굴림, 18pt), 정렬(수평·수직-가운데)

크기(130mm×140mm)

직사각형 그리기 : 크기(35mm×15mm) 면색(하양), 글꼴(굴림, 20pt), 정렬(수평·수직-가운데)

타원 그리기 : 크기(15mm×15mm), 면색(하양을 제외한 임의의 색)

● 소스 파일 : Section05_예제04.hwp   ● 정답 파일 : Section05_정답04.hwp

04 다음의 ≪조건≫에 따라 ≪출력형태≫와 같이 문서를 작성하시오.

조건
(1) 그리기 도구를 이용하여 작성하고, 모든 도형(글맵시, 지정된 그림 포함)을 ≪출력형태≫와 같이
작성하시오.
(2) 도형의 면 색은 지시사항이 없으면 색 없음을 제외하고 서로 다르게 임의로 지정하시오.

출력형태

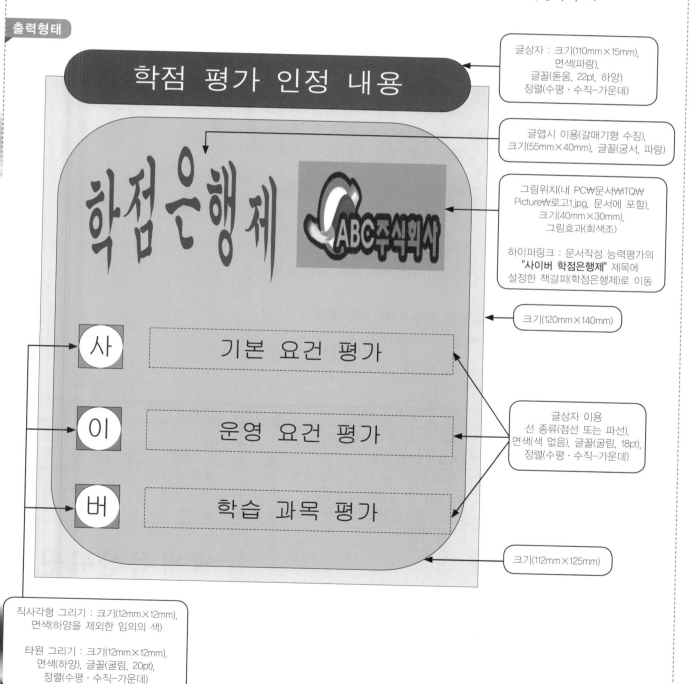

글상자 : 크기(110mm×15mm),
면색(파랑),
글꼴(돋움, 22pt, 하양)
정렬(수평·수직-가운데)

글맵시 이용(갈매기형 수장),
크기(55mm×40mm), 글꼴(궁서, 파랑)

그림위치(내 PC₩문서₩ITQ₩
Picture₩로고1.jpg, 문서에 포함),
크기(40mm×30mm),
그림효과(회색조)

하이퍼링크 : 문서작성 능력평가의
"**사이버 학점은행제**" 제목에
설정한 책갈피(학점은행제)로 이동

크기(120mm×140mm)

글상자 이용
선 종류(점선 또는 파선),
면색(색 없음), 글꼴(굴림, 18pt),
정렬(수평·수직-가운데)

크기(112mm×125mm)

직사각형 그리기 : 크기(12mm×12mm),
면색(하양을 제외한 임의의 색)

타원 그리기 : 크기(12mm×12mm),
면색(하양), 글꼴(굴림, 20pt),
정렬(수평·수직-가운데)

글꼴 : 궁서, 18pt, 진하게, 가운데 정렬
책갈피 이름 : 유산, 덧말 넣기

머리말 기능
굴림, 10pt, 오른쪽 정렬 ▶ 세계자연유산

그림위치(내 PC₩문서₩ITQ₩Picture₩
그림4.jpg, 문서에 포함)
자르기 기능 이용, 크기(35mm×40mm),
바깥 여백 왼쪽 : 2mm

문단 첫 글자 장식 기능
글꼴 : 돋움, 면색 : 노랑

각주

^{한국의 갯벌}
유네스코 세계유산 등재

제 44차 유네스코Ⓐ 세계유산위원회는 한국의 갯벌을 세계유산 목록에 등재(登載)할 것을 결정하였다. 한국의 갯벌은 서천 갯벌(충남 서천), 고창 갯벌(전북 고창), 신안 갯벌(전남 신안), 보성-순천 갯벌(전남 보성, 순천) 등 5개 지자체에 걸쳐 있는 4개 갯벌로 구성되어 있다. 세계유산위원회 자문 기구인 국제자연보존연맹은 애초 한국의 갯벌에 대해 유산 구역 등이 충분하지 않다는 이유로 반려를 권고하였으나, 세계유산센터 및 세계유산 위원국을 대상으로 적극적인 외교교섭 활동을 전개한 결과, 등재가 성공리에 이루어졌다. 당시 실시된 등재 논의에서 세계유산 위원국인 키르기스스탄이 제안한 등재 수정안에 대해 총 21개 위원국 중 13개국이 공동 서명하고, 17개국이 지지 발언하여 의견 일치로 등재 결정되었다.

이번 한국(韓國) 갯벌의 세계유산 등재는 현재 우리나라가 옵서버인 점, 온라인 회의로 현장 교섭이 불가한 점 등 여러 제약 조건 속에서도 외교부와 문화재청 등 관계 부처 간 전략적으로 긴밀히 협업하여 일구어낸 성과로 평가된다. 특히 외교부는 문화재청, 관련 지자체, 전문가들과 등재 추진 전략을 협의하고, 주 유네스코 대표부를 중심으로 21개 위원국 주재 공관들의 전방위 지지 교섭을 총괄하면서 성공적인 등재에 이바지하였다.

♣ ## 등재 기준 부합성의 지형지질 특징

글꼴 : 돋움, 18pt, 하양
음영색 : 빨강

가. 두꺼운 펄 갯벌 퇴적층

㉮ 육성 기원 퇴적물의 지속적이고 안정적인 공급

㉯ 암석 섬에 의한 보호와 수직부가 퇴적으로 25m 이상 형성

나. 지질 다양성과 계절변화

㉮ 집중 강우와 강한 계절풍으로 외부 침식, 내부 퇴적

㉯ 모래갯벌, 혼합갯벌, 암반, 사구, 특이 퇴적 등

문단 번호 기능 사용
1수준 : 20pt, 오른쪽 정렬
2수준 : 30pt, 오른쪽 정렬
줄 간격 : 180%

♣ ## *한국 갯벌의 특징*

글꼴 : 돋움, 18pt, 기울임, 강조점

표 전체 글꼴 : 굴림, 10pt, 가운데 정렬
셀 배경(그러데이션) : 유형(가운데에서),
시작색(하양), 끝색(노랑)

구분	지역별 특징	유형	비고
서천 갯벌	펄, 모래, 혼합갯벌, 사구	하구형	사취 발달
고창 갯벌	뚜렷한 계절변화로 인한 특이 쉐니어 형성	개방형	점토, 진흙
신안 갯벌	해빈 사구, 사취 등 모래 자갈 선형체	다도해형	40m 퇴적층
보성, 순천 갯벌	펄 갯벌 및 넓은 염습지 보유	반폐쇄형	염분 변화
쉐니어 : 모래 크기의 입자들로 구성되며 점토나 진흙 위에 형성된 해빈 언덕			

글꼴 : 궁서, 24pt, 진하게
장평 105%, 오른쪽 정렬
세계유산위원회

각주 구분선 : 5cm

Ⓐ 교육, 과학, 문화를 통하여 국가 간의 협력을 촉진하기 위한 역할을 하는 국제연합기구

쪽 번호 매기기
7로 시작 ▶ ⑦

배점 **200** 점

무료 동영상

문서작성 능력평가

①한자, 특수문자, 표 등을 포함하여 입력하기, ②제목 서식 및 표 등의 글꼴 서식 설정, ③문단 첫 글자 장식, 그림 등 개체 삽입 및 속성 변경, ④책갈피, 덧말 넣기, 머리말, 각주, 문단번호, 쪽 번호 매기기 등 문서작성 능력평가에 필요한 기능들을 학습합니다.

● 소스 파일 : Section06_예제.hwp ● 정답 파일 : Section06_정답.hwp

핵심 체크

① 본문 작성 : 덧말 넣기, 글자 모양(Alt+L)과 문단 모양(Alt+T) 서식 설정, 책갈피(Ctrl+K, B), 그림 넣기(Ctrl+N, I) 및 자르기, 문단 번호(Ctrl+K, N)
② 표 작성 : 표 만들기(Ctrl+N, T), 셀 배경색(그러데이션)
③ 기능 설정 : 머리말(Ctrl+N, H), 각주(Ctrl+N, N), 쪽 번호 매기기(Ctrl+N, P)

※ 작성 순서
문서 입력 → 서식 설정(머리말, 덧말 넣기, 문단 첫 글자 장식, 그림 삽입 및 자르기, 각주, 중간 제목, 글자 모양, 문단 모양, 표, 쪽 번호 넣기 등)

※《출력형태》는 74쪽에 있습니다.

단계 1 │ 내용 입력-1, 제목 편집, 머리말 작성하기

1 3페이지 세 번째 줄부터《출력형태》의 내용대로 입력합니다.(중간 제목 위까지 입력)
 – 첫 번째 문단의 마지막 단어(~결정되었다.)를 입력한 후 Enter 키를 누릅니다.
 – 두 번째 문단의 첫 글자는 SpaceBar 키를 두 번 눌러 들여 쓴 후에 입력합니다.
 – 기능이 익숙해지면 문장을 입력하면서 기능을 설정합니다.

유네스코 세계유산 등재↵ Enter

↵ Enter

제44차 유네스코 세계유산위원회는 한국의 갯벌을 세계유산 목록에 등재할 것을 결정하였다. 한국의 갯벌은 서천 갯벌(충남 서천), 고창 갯벌(전북 고창), 신안 갯벌(전남 신안), 보성-순천 갯벌(전남 보성, 순천) 등 5개 지자체에 걸쳐 있는 4개 갯벌로 구성되어 있다. 세계유산위원회 자문 기구인 국제자연보존연맹은 애초 한국의 갯벌에 대해 유산 구역 등이 충분하지 않다는 이유로 반려를 권고하였으나, 세계유산센터 및 세계유산 위원국을 대상으로 적극적인 외교 교섭 활동을 전개한 결과, 등재가 성공리에 이루어졌다. 당시 실시된 등재 논의에서 세계유산 위원국인 키르기스스탄이 제안한 등재 수정안에 대해 총 21개 위원국 중 13개국이 공동 서명하고, 17개국이 지지 발언하여 의견 일치로 등재 결정되었다.↵ Enter

 이번 한국 갯벌의 세계유산 등재는 현재 우리나라가 옵서버인 점, 온라인 회의로 현장 교섭이 불가한 점 등 여러 제약 조건 속에서도 외교부와 문화재청 등 관계 부처 간 전략적으로 긴밀히 협업하여 일구어낸 성과로 평가된다. 특히 화재청, 관련 지자체, 전문가들과 등재 추진 전략을 협의하고, 주 유네스코 대표부를 중심으로 21개 위원국 주재 공관들의 전방위 지지 교섭을 총괄하면서 성공적인 등재에 이바지하였다.↵

SpaceBar 두 번 클릭 후 입력

두 번째 문장의 시작은 SpaceBar 키를 두 번 누르거나 [서식] 탭-[문단 모양]을 클릭한 후 [문단 모양] 대화상자의 [기본] 탭에서 '첫 줄' 들여쓰기를 '10pt'로 설정해도 됩니다.

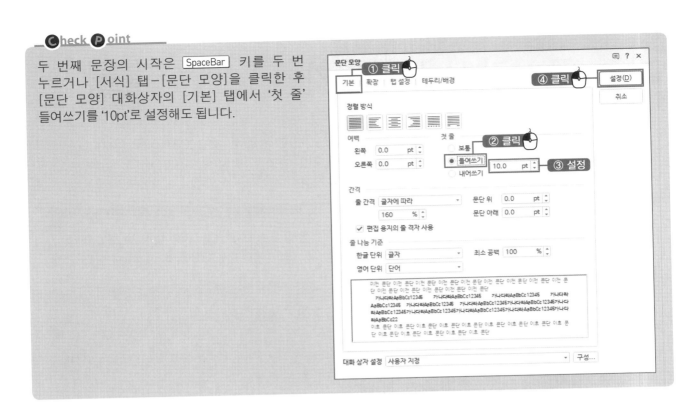

2 제목 문장(유네스코 세계유산 등재)을 범위 지정한 후 [서식] 도구 상자에서 '글꼴 : 궁서', '글자 크기 : 18pt', '진하게', '정렬 : 가운데 정렬'을 설정하고 [입력] 탭의 [덧말 넣기 덧말]를 클릭합니다.

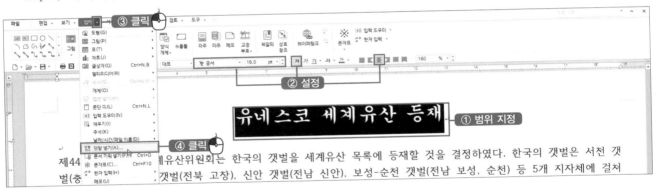

3 [덧말 넣기] 대화상자에서 덧말 란에 "한국의 갯벌"을 입력하고 덧말 위치에 '위'를 설정한 후 [넣기] 단추를 클릭합니다.

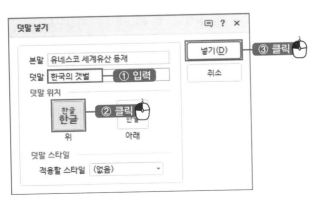

4 머리말을 추가하기 위해 [쪽] 탭의 [머리말 ▤]–[위쪽]–[양쪽]–[모양 없음]을 선택합니다.

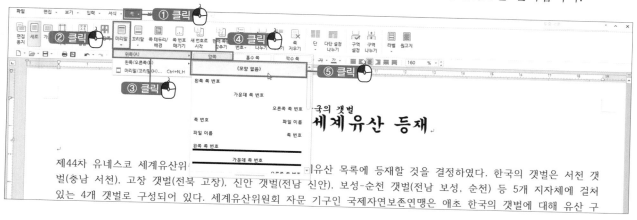

5 머리말(양쪽) 편집 화면에서 머리말에 "세계자연유산"을 입력하고 범위를 지정한 후, [서식] 도구 상자에서 '글꼴 : 굴림', '글자 크기 : 10pt', '정렬 : 오른쪽 정렬 ▤'을 설정하고 [닫기 ◀] 도구를 클릭합니다.

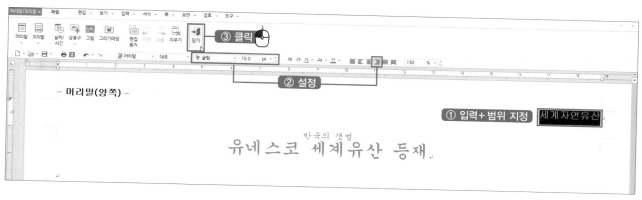

Check **P**oint

입력된 덧말, 머리말을 더블 클릭하여 해당 내용을 수정할 수 있습니다.

단계 2 문단 첫 글자 장식, 각주 설정, 한자 변환

1 첫째 문단 첫째 줄 맨 앞 글자 '제 ' 앞에 커서를 위치시키고 [서식] 탭에서 [문단 첫 글자 장식 ▤] 도구를 선택합니다.

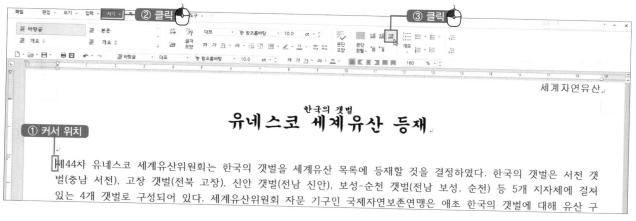

2 [문단 첫 글자 장식] 대화상자에서 '모양 : 2줄', '글꼴 : 돋움', '면색 : 노랑(RGB : 255,255,0)'을 지정하고 [설정] 단추를 클릭합니다.

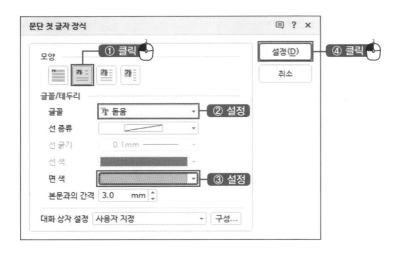

Check **P**oint

색 지정 시 색상표에서 노랑, 파랑, 빨강 등의 색이 없다면 [테마 색]에서 '오피스'를 지정합니다.

3 각주를 삽입할 단어(유네스코) 뒤에 커서를 위치시키고 [입력] 탭에서 [각주 ▤] 도구를 선택합니다.(또는 Ctrl + N , N)

4 각주 모양을 변경하기 위해 [주석] 탭의 [각주/미주 모양 ▤▨] 도구를 클릭합니다.

5 [주석 모양] 대화상자의 번호 모양에서 '②,⑧,ⓒ' 모양을 선택한 후 각주 구분선의 길이 '5cm'를 확인하고 [설정] 단추를 클릭합니다.

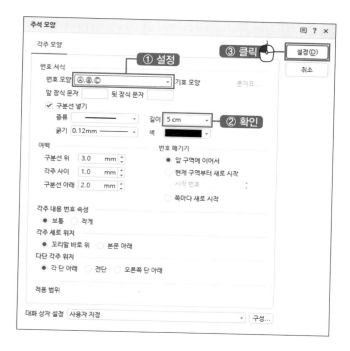

6 각주의 내용(교육, 과학, 문화를 통하여 국가 간의 협력을 촉진하기 위한 역할을 하는 국제연합기구)을 입력한 후 [주석] 탭에서 [닫기 →] 도구를 클릭하여 각주 편집을 종료합니다.

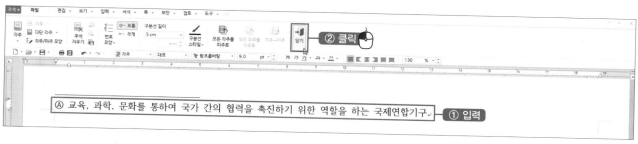

Check Point

각주 작성 시 문제상에 지시사항이 없으므로 기본 값으로 작성하면 됩니다. 각주는 각주의 존재 여부, 오타, 각주 구분선만 채점합니다.

7 한자로 변환할 단어인 '등재' 뒤에 커서를 클릭한 후 [입력] 탭에서 [한자 입력 ⟪⟫] 도구를 클릭합니다.

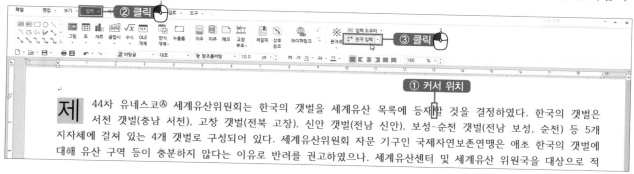

Check Point

한자로 변환할 단어의 뒤를 클릭한 후 F9 키를 누르거나 키보드의 한자 키를 눌러도 됩니다.

8 [한자로 바꾸기] 대화상자의 한자 목록에서 '한자 목록 : 登載', '입력 형식 : 한글(漢字)'를 선택한 후 [바꾸기] 단추를 클릭합니다.

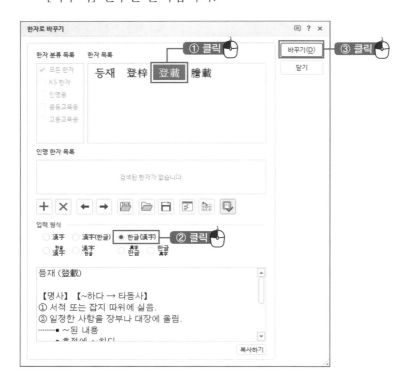

9 같은 방법으로 '한국(韓國)'도 한자 변환합니다.

제 44차 유네스코Ⓐ 세계유산위원회는 한국의 갯벌을 세계유산 목록에 등재(登載)할 것을 결정하였다. 한국의 갯벌은 서천 갯벌(충남 서천), 고창 갯벌(전북 고창), 신안 갯벌(전남 신안), 보성-순천 갯벌(전남 보성, 순천) 등 5개 지자체에 걸쳐 있는 4개 갯벌로 구성되어 있다. 세계유산위원회 자문 기구인 국제자연보존연맹은 애초 한국의 갯벌에 대해 유산 구역 등이 충분하지 않다는 이유로 반려를 권고하였으나, 세계유산센터 및 세계유산 위원국을 대상으로 적극적인 외교교섭 활동을 전개한 결과, 등재가 성공리에 이루어졌다. 당시 실시된 등재 논의에서 세계유산 위원국인 키르기스스탄이 제안한 등재 수정안에 대해 총 21개 위원국 중 13개국이 공동 서명하고, 17개국이 지지 발언하여 의견 일치로 등재 결정되었다.↵

이번 한국(韓國) 갯벌의 세계유산 등재는 현재 우리나라가 옵서버인 점, 온라인 회의로 현장 교섭이 불가한 점 등 여러 제약 조건 속에서도 외교부와 문화재청 등 관계 부처 간 전략적으로 긴밀히 협업하여 일구어낸 성과로 평가된다. 특히 외교부는 문화재청, 관련 지자체, 전문가들과 등재 추진 전략을 협의하고, 주 유네스코 대표부를 중심으로 21개 위원국 주재 공관들의 전방위 지지 교섭을 총괄하면서 성공적인 등재에 이바지하였다.↵

단계 3 그림 넣기

---

1 그림을 넣기 위해 [입력] 탭을 클릭한 후 [그림 🖼] 도구를 클릭합니다.

2 [그림 넣기] 대화상자에서 [라이브러리W문서WITQWPicture] 폴더에서 '그림4.jpg' 파일을 선택하고 '문서에 포함'에 체크한 후 [열기] 단추를 클릭하여 그림을 삽입합니다.

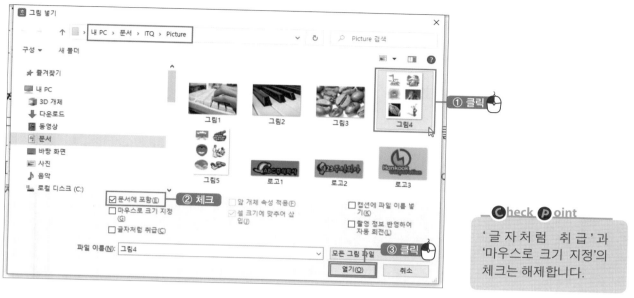

Check **P**oint

'글자처럼 취급'과 '마우스로 크기 지정'의 체크는 해제합니다.

3 그림이 문서에 삽입되면 [그림 💮] 탭에서 [자르기 🔠] 도구를 클릭합니다.

4 자르기 조절점(┐, ┗)을 드래그하여 원하는 그림 남깁니다.

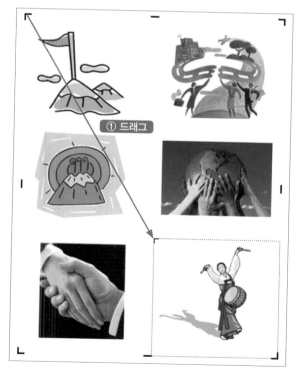

Check **P**oint

삽입된 그림을 선택한 후 Shift 키를 누르면 조절점이 자르기 조절점으로 변경되며, 이때 원하는 그림으로 잘라도 됩니다.

5 삽입된 그림을 더블 클릭하여 [개체 속성] 대화상자에서 아래와 같이 속성을 설정한 후 [설정] 단추를 클릭합니다.

- [기본] 탭 : '크기 : 35mm×40mm', '크기 고정'에 체크, '글자처럼 취급'에 체크 해제, '본문과의 배치 : 어울림'
- [여백/캡션] 탭 : '바깥 여백 왼쪽 : 2mm'

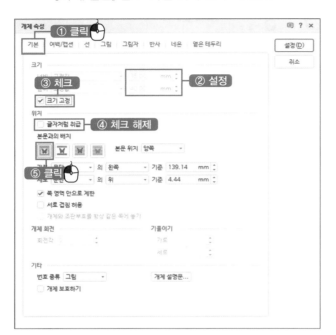 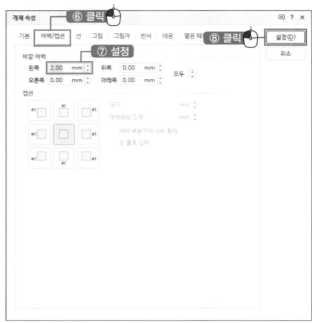

ⓒheck ⓟoint

삽입된 그림을 클릭한 후 바로가기 메뉴(마우스 오른쪽 클릭)에서 [개체 속성]을 클릭해도 됩니다.

6 속성이 변경된 그림을 ≪출력형태≫와 동일한 위치에 이동하여 배치시킵니다.

제 44차 유네스코ⓐ 세계유산위원회는 한국의 갯벌을 세계유산 목록에 등재(登載)할 것을 결정하였다. 한국의 갯벌은 서천 갯벌(충남 서천), 고창 갯벌(전북 고창), 신안 갯벌(전남 신안), 보성-순천 갯벌(전남 보성, 순천) 등 5개 지자체에 걸쳐 있는 4개 갯벌로 구성되어 있다. 세계유산위원회 자문 기구인 국제자연보존연맹은 애초 한국의 갯벌에 대해 유산 구역 등이 충분하지 않다는 이유로 반려를 권고하였으나, 세계유산센터 및 세계유산 위원국을 대상으로 적극적인 외교교섭 활동을 전개한 결과, 등재가 성공리에 이루어졌다. 당시 실시된 등재 논의에서 세계유산 위원국인 키르기스스탄이 제안한 등재 수정안에 대해 총 21개 위원국 중 13개국이 공동 서명하고, 17개국이 지지 발언하여 의견 일치로 등재 결정되었다.

이번 한국(韓國) 갯벌의 세계유산 등재는 현재 우리나라가 옵서버인 점, 온라인 회의로 현장 교섭이 불가한 점 등 여러 제약 조건 속에서도 외교부와 문화재청 등 관계 부처 간 전략적으로 긴밀히 협업하여 일구어낸 성과로 평가된다. 특히 외교부는 문화재청, 관련 지자체, 전문가들과 등재 추진 전략을 협의하고, 주 유네스코 대표부를 중심으로 21개 위원국 주재 공관들의 전방위 지지 교섭을 총괄하면서 성공적인 등재에 이바지하였다.

ⓒheck ⓟoint

본문 오른쪽 출력형태의 글자 위치는 같은 글꼴, 같은 크기로 작성해도 컴퓨터 환경 등에 의해 다를 수 있습니다. 이는 채점 대상이 아니며, 감점되지 않습니다. 다만, 출력형태와 다를 경우 띄어쓰기나 오타 등이 의심되므로 지시사항대로 입력 및 설정했는지 반드시 확인해야 합니다.

단계 4 **내용 입력-2(중간 제목)**

1 입력한 내용의 마지막 단어인 '이바지하였다.' 뒤쪽을 클릭한 후 Enter 키를 두 번 누르고 나머지 내용을 입력합니다. 표와 관련된 메뉴나 단축키는 Section 2의 표 작성을 참고하여 작성합니다.

2 특수문자를 입력할 글자인 '등재' 앞을 클릭한 후 [입력] 탭-[문자표]-[문자표]를 클릭합니다.

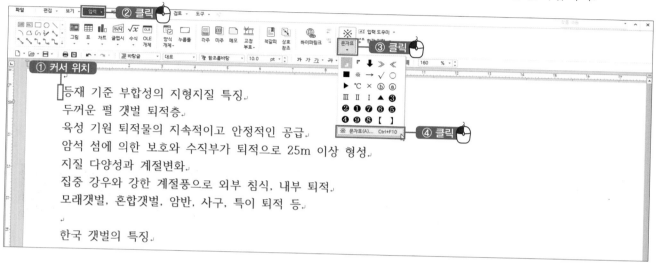

_C_heck _P_oint

문자표는 Ctrl + F10 키를 눌러도 됩니다.

3 [문자표 입력] 대화상자에서 [훈글(HNC) 문자표] 탭을 클릭한 후 문자 영역에서 '전각 기호(일반)'을 클릭하고 '♣' 기호를 선택한 후 [넣기] 단추를 클릭합니다.(또는 Ctrl + F10 키) '♣' 기호를 삽입한 후 SpaceBar 를 눌러 한 칸 띄웁니다.

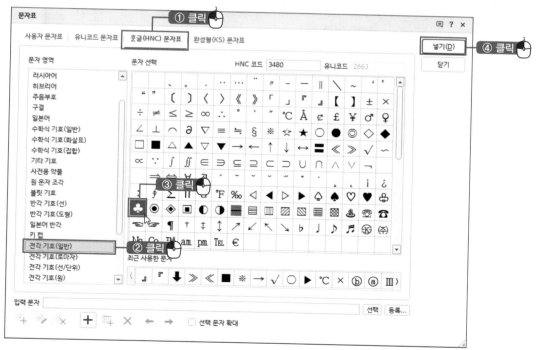

4 같은 방법으로 표 제목 앞에도 ♣ 기호를 삽입합니다.

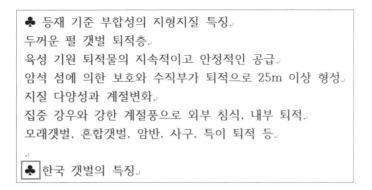

♣ 등재 기준 부합성의 지형지질 특징
두꺼운 펄 갯벌 퇴적층
육성 기원 퇴적물의 지속적이고 안정적인 공급
암석 섬에 의한 보호와 수직부가 퇴적으로 25m 이상 형성
지질 다양성과 계절변화
집중 강우와 강한 계절풍으로 외부 침식, 내부 퇴적
모래갯벌, 혼합갯벌, 암반, 사구, 특이 퇴적 등

♣ 한국 갯벌의 특징

5 제목 부분을 범위 지정한 후 [서식] 도구 상자에서 '글꼴 : 돋움', '글자 크기 : 18pt'를 설정합니다.

6 다시 '등재 기준 부합성의 지형지질 특징'만 범위 지정한 후 [편집] 탭에서 [글자 모양 ^가] 도구를 클릭합니다. (또는 Alt + L 키)

7 [글자 모양] 대화상자의 [기본] 탭에서 '글자 색 : 하양(RGB: 255,255,255)', '음영 색 : 빨강(RGB: 255,0,0)'을 설정하고 [설정] 단추를 클릭합니다. 작업이 완료되면 Esc 키를 눌러 범위를 해제합니다.

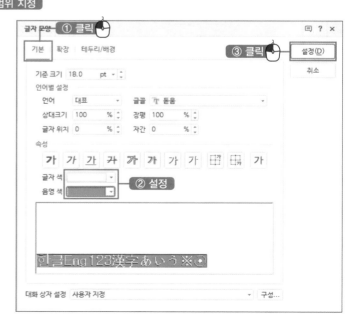

1 문단 번호를 지정할 내용을 범위 지정한 후 [서식] 탭에서 [문단 번호 ☷]의 목록 단추(▼)를 클릭하고 [문단 번호 모양(N)]을 클릭합니다.

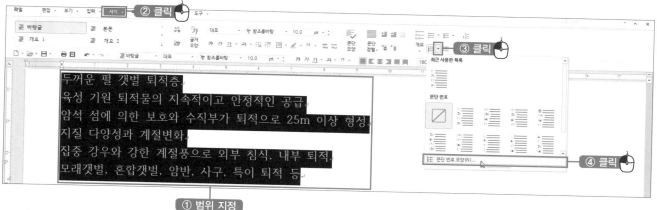

① 범위 지정
② 클릭
③ 클릭
④ 클릭

2 [글머리표 및 문단 번호] 대화상자에서 [문단 번호] 탭을 클릭한 후 첫 번째 문단 번호 모양을 선택하고 [사용자 정의] 단추를 클릭합니다.

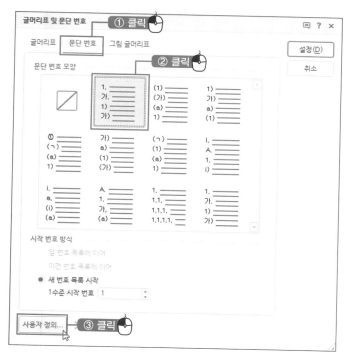

① 클릭
② 클릭
③ 클릭

3 [문단 번호 사용자 정의 모양] 대화상자에서 다음과 같이 설정합니다.
- '수준 : 1수준', '번호 모양 : 가,나,다'
- '너비 조정 : 20pt', '정렬 : 오른쪽'

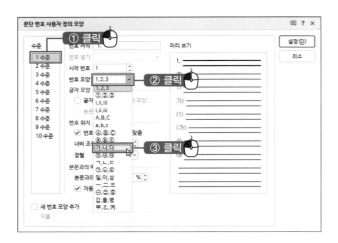 

4 [문단 번호 사용자 정의 모양] 대화상자에서 다음과 같이 설정한 후 [설정] 단추를 클릭합니다.
- '수준 : 2수준', '번호 서식 : ^2('^2.'에서 '.' 삭제), 번호 모양 : ㉮,㉯,㉰'
- '너비 조정 : 30pt', '정렬 : 오른쪽'

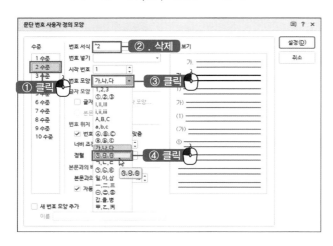 

5 [문단 번호/글머리표] 대화상자에서 새로운 문단 번호 모양이 추가된 것을 확인한 후 [설정] 단추를 클릭합니다.

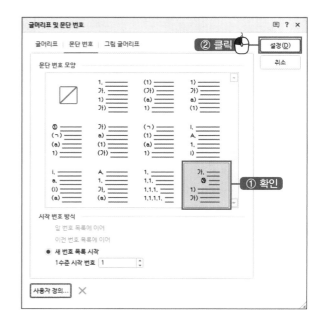

6 범위 지정한 모든 문단에 문단 번호 1수준이 적용되면 [서식] 도구 상자에서 '줄 간격 : 180%'를 설정합니다.

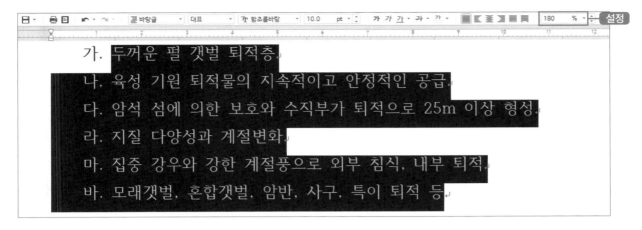

7 문단 번호를 2수준으로 지정할 부분을 범위 지정한 후 [서식] 탭에서 [한 수준 감소 🔻] 도구를 클릭합니다.(또는 Ctrl + 숫자 키패드 +)

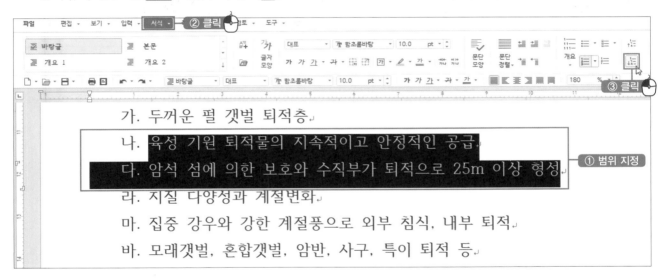

8 같은 방법으로 두 번째 2수준도 설정합니다. 작업이 완료되면 Esc 키를 눌러 범위를 해제합니다.

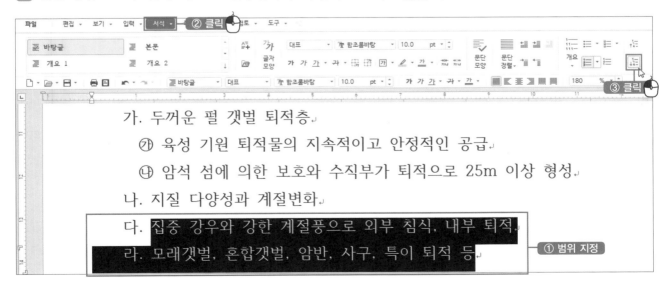

문단 번호를 지정한 후 다음 문장을 입력하려고 Enter 키를 누르면 2수준의 문단 번호가 자동적으로 설정되므로 문서작성 능력평가의 모든 문장을 입력한 후 문단 번호를 설정하는 것이 좋습니다. 문단 번호의 지정을 해제하려면 [서식] 도구 상자의 [바탕글]을 선택하면 됩니다.

단계 6 **내용 입력-3(표 제목), 표 작성**

1 '♣ 한국 갯벌의 특징'을 범위 지정한 후 [서식] 도구 상자에서 '글꼴 : 돋움', '글자 크기 : 18pt'을 설정합니다. 다시 '한국 갯벌의 특징'만 범위 지정한 후 [서식] 도구 상자에서 '기울임'을 설정합니다.

2 강조점을 설정하기 위해 '한국' 단어만 범위 지정한 후 [편집] 탭-[글자 모양 **갸**] 도구를 클릭하여 [글자 모양] 대화상자에서 강조점을 선택하고 [설정] 단추를 클릭합니다. 같은 방법으로 '특징' 단어에도 강조점을 설정합니다. 작업이 완료되면 Esc 키를 눌러 범위를 해제합니다.

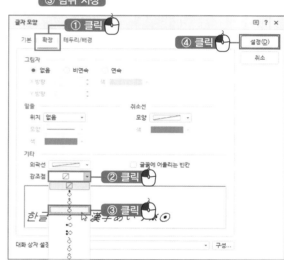

♣ 한국 갯벌의 특징

3 표 전체를 범위 지정한 후 [서식] 도구 상자에서 '글꼴 : 굴림', '글자 크기 : 10pt', '가운데 정렬'을 설정합니다.

♣ 한국 갯벌의 특징

구분	지역별 특징	유형	비고
서천 갯벌	펄, 모래, 혼합갯벌, 사구	하구형	사취 발달
고창 갯벌	뚜렷한 계절변화로 인한 특이 쉐니어 형성	개방형	점토, 진흙
신안 갯벌	해빈 사구, 사취 등 모래 자갈 선형체	다도해형	40m 퇴적층
보성, 순천 갯벌	펄 갯벌 및 넓은 염습지 보유	반폐쇄형	염분 변화
쉐니어 : 모래 크기의 입자들로 구성되며 점토나 진흙 위에 형성된 해빈 언덕			

Check Point

- [입력] 탭에서 [표 ▦] 도구를 클릭한 후 [표 만들기] 대화상자에서 '줄 개수 : 6', '칸 개수 : 4', 기타에 '글자처럼 취급'에 체크하고 [만들기] 단추를 클릭하여 표를 생성한 후 《출력형태》와 같이 입력합니다.

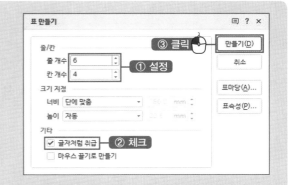

- 셀을 합칠 부분을 범위 지정한 후 M 키를 눌러 셀을 합칩니다(또는 [표] 탭-[셀 합치기 ⊞] 도구).

④ Esc 키를 눌러 범위를 해제한 후 《출력형태》처럼 칸의 너비를 조절하기 위해 칸 경계선에 마우스 포인트를 위치시키고 드래그하여 너비를 조절합니다.

구분	지역별 특징	유형	비고
서천 갯벌	펄, 모래, 혼합갯벌, 사구	하구형	사취 발달
고창 갯벌	뚜렷한 계절변화로 인한 특이 쉐니어 형성	개방형	점토, 진흙
신안 갯벌	해빈 사구, 사취 등 모래 자갈 선형체	다도해형	40m 퇴적층
보성, 순천 갯벌	펄 갯벌 및 넓은 염습지 보유	반폐쇄형	염분 변화
쉐니어 : 모래 크기의 입자들로 구성되며 점토나 진흙 위에 형성된 해빈 언덕			

Check Point

너비나 높이를 조절하는 방법

- Ctrl +방향키 : 너비나 높이를 조절하면 표의 크기도 그만큼 변합니다.

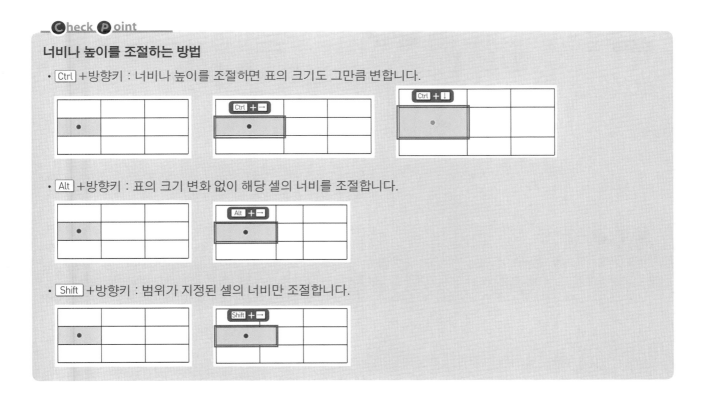

- Alt +방향키 : 표의 크기 변화 없이 해당 셀의 너비를 조절합니다.

- Shift +방향키 : 범위가 지정된 셀의 너비만 조절합니다.

5 같은 방법으로《출력형태》처럼 칸의 너비를 조절합니다.

구분	지역별 특징	유형	비고
서천 갯벌	펄, 모래, 혼합갯벌, 사구	하구형	사취 발달
고창 갯벌	뚜렷한 계절변화로 인한 특이 쉐니어 형성	개방형	점토, 진흙
신안 갯벌	해빈 사구, 사취 등 모래 자갈 선형체	다도해형	40m 퇴적층
보성, 순천 갯벌	펄 갯벌 및 넓은 염습지 보유	반폐쇄형	염분 변화
쉐니어 : 모래 크기의 입자들로 구성되며 점토나 진흙 위에 형성된 해빈 언덕			

6 표 전체를 범위 지정한 후 바로가기 메뉴에서 [셀 테두리/배경]-[각 셀마다 적용]을 선택하고 다음과 같이 설정합니다.(또는 ⎡L⎤ 키를 눌러 적용)

  - [테두리] 탭 : '선 모양 바로 적용' 해제, '종류 – 이중 실선', '위'와 '아래' 선택
  - [테두리] 탭 : '종류 – 선 없음', '왼쪽'과 '오른쪽' 선택

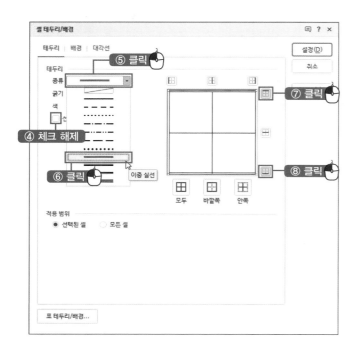

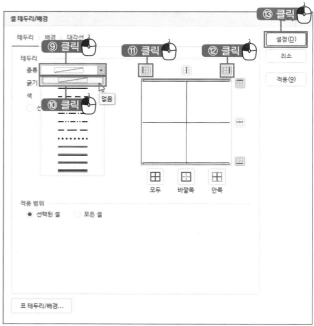

Check **P**oint

서로 다른 선 종류를 한번에 설정할 경우 '선 모양 바로 적용'에 체크 표시가 해제되어 있어야 하며, 한 가지 선만 설정할 경우 '선 모양 바로 적용' 체크 표시가 있어도 됩니다.

7 다시 표의 1행만 범위 지정한 후 바로가기 메뉴에서 [셀 테두리/배경] – [각 셀마다 적용]을 선택하고 다음과 같이 설정합니다.(또는 ⓛ 키를 눌러 적용)

– [테두리] 탭 : '종류 – 이중 실선', '아래' 선택
– [배경] 탭 : '그러데이션', '시작 색 – 하양', '끝 색 – 노랑', '유형 – 가운데에서'

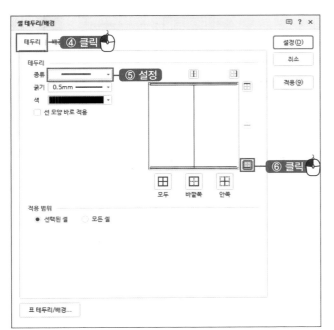
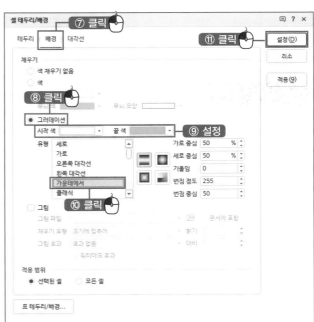

8 표 전체를 범위 지정한 후 Ctrl + ↓ 키로 줄의 높이를 적당히 벌려줍니다. 작업이 완료되면 Esc 키를 눌러 범위를 해제하고 ≪출력형태≫와 같은지 확인합니다.

구분	지역별 특징	유형	비고
서천 갯벌	펄, 모래, 혼합갯벌, 사구	하구형	사취 발달
고창 갯벌	뚜렷한 계절변화로 인한 특이 쉬니어 형성	개방형	점토, 진흙
신안 갯벌	해빈 사구, 사취 등 모래 자갈 선형체	다도해형	40m 퇴적층
보성, 순천 갯벌	펄 갯벌 및 넓은 염습지 보유	반폐쇄형	염분 변화
쉬니어 : 모래 크기의 입자들로 구성되며 점토나 진흙 위에 형성된 해빈 언덕			

1 기관명(세계유산위원회)을 범위 지정하고 바로가기 메뉴에서 [글자 모양 ^가] (또는 Alt + L 키) 메뉴를 선택한 후 [글자 모양] 대화상자의 [기본] 탭에서 '기준 크기 : 24pt', '글꼴 : 궁서', '장평 : 105%', '진하게'를 지정하고 [설정] 단추를 클릭합니다.

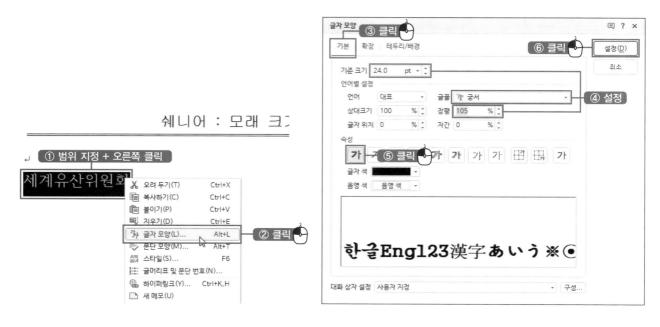

2 기관명(세계유산위원회)이 범위 설정된 상태에서 [서식] 도구 상자의 '오른쪽 정렬 ≣'을 지정한 후 Esc 키를 눌러 범위를 해제합니다.

쉐니어 : 모래 크기의 입자들로 구성되며 점토나 진흙 위에 형성된 해빈 언덕↵

세계유산위원회
① 범위 지정

3 쪽 번호를 설정하기 위해 [쪽] 탭에서 [쪽 번호 매기기 ⌐₁ᵧ] 도구(또는 Ctrl + N , P)를 클릭합니다.

4 [쪽 번호 매기기] 대화상자에서 '번호 위치 : 오른쪽 아래', '번호 모양 : ①,②,③', '줄표 넣기 : 체크 해제'한 후 [넣기] 단추를 클릭합니다.

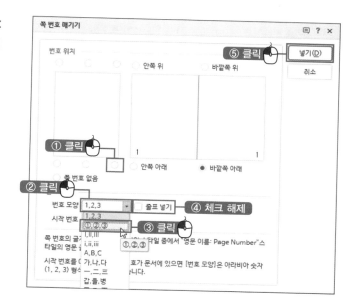

5 페이지 번호를 '⑦'로 시작하도록 하기 위해서 [쪽] 탭에서 [새 번호로 시작 🔲] 도구를 클릭합니다.

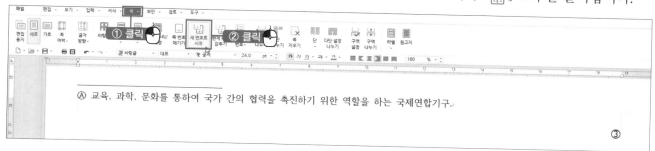

6 [새 번호로 시작] 대화상자에서 '시작 번호 : 7'을 지정하고 [넣기] 단추를 클릭합니다.

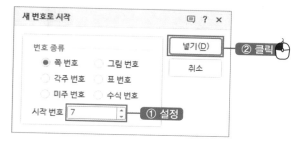

7 쪽 번호가《출력형태》와 맞는지 확인합니다.

세계유산위원회

Ⓐ 교육, 과학, 문화를 통하여 국가 간의 협력을 촉진하기 위한 역할을 하는 국제연합기구.

⑦

Check **P**oint

앞페이지의 쪽번호는 채점 대상이 아니므로 삭제하지 않아도 됩니다.

1 [파일]-[저장하기 🖫] 메뉴를 클릭하여 저장합니다.

2 저장 경로 [내 PCW문서WITQ]에 답안 파일이 있는지 확인한 후 답안작성 프로그램(KOAS 수험자용)의 [답안 전송] 단추를 클릭하여 답안을 전송합니다. 상태에 성공이라는 표시가 보이면 모든 시험이 마무리됩니다.

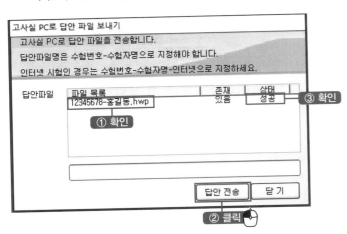

실력 향상을 위한 실전 연습문제

글꼴 : 돋움, 18pt, 진하게, 가운데 정렬
책갈피 이름 : 단종문화제, 덧말 넣기

머리말 기능
굴림, 10pt, 오른쪽 정렬 → 향토문화제

문단 첫 글자 장식 기능
글꼴 : 돋움, 면색 : 노랑

유교적 제례 의식
영월의 향기 단종문화제

그림위치(내 PC₩문서₩ITQ₩Picture
₩그림4.jpg, 문서에 포함),
자르기 기능 이용, 크기(40mmX30mm),
바깥 여백 왼쪽 : 2mm

장릉사적 제196호이자 세계문화유산인 단종문화제는 조선의 6대 임금인 단종의 고혼과 충신들의 넋을 축제로 승화시킨 강원도 영월군의 대표적인 향토문화제이다. 1967년에 단종제라는 이름으로 시작된 이 축제는 1990년 제24회 때부터 단종문화제로 명칭을 바꾸어 현재에 이르고 있다. 행사 시기는 원래 매년 4월 5일 한식을 전후하여 3일 동안 진행되었으나 한식 무렵이면 날씨가 고르지 않아 방문객(訪問客)의 편의를 위해 2007년부터 매년 4월 마지막 주 금요일부터 3일간 실시하고 있다.

단종문화제는 평창과 정선 주민들은 물론 인근의 경상북도와 충청북도 군수들까지 방문하여 참배(參拜)를 한다. 조선 시대의 국장을 재현하고 칡줄다리기, 가장행렬, 정순왕후 선발대회 등 다양한 체험 행사가 펼쳐진다. 대표적 행사인 단종제향은 영월군에 위치한 장릉에서 해마다 봉행되는 단종대왕께 올리는 유교적 제례 의식이다. 조선 시대 중종 11년에 우승지 신상을 파견하여 제문과 함께 치제했다는 기록으로 보아 497년간 지속적으로 이루어진 제향이다. 정조 15년에 시작된 배식단의 충신제향은 조선왕릉 중에서 유일한 것이며, 단종제례는 2011년 4월 22일에 강원도 무형문화재㉮로 지정되었다.

각주

♥ 단종문화제 대표 행사 ◄

글꼴 : 굴림, 18pt, 하양, 음영색 : 파랑

1. 칡줄다리기
   가. 주민의 화합과 안녕, 풍년 농사를 위한 전통 행사
   나. 동강을 중심으로 동서 양편이 칡줄을 잡고 줄다리기
2. 가장행렬
   가. 단종어가, 정순왕후, 사육신, 생육신 등의 모습 재현
   나. 관내 학생들과 주민들이 조선 복식을 입고 재현

문단 번호 기능 사용
1수준 : 20pt, 오른쪽 정렬
2수준 : 30pt, 오른쪽 정렬
줄 간격 : 180%

표 전체 글꼴 : 돋움, 10pt, 가운데 정렬,
셀 배경(그러데이션) : 유형(가로),
시작색(하양), 끝색(노랑)

♥ *장소별 주요 행사* ◄

글꼴 : 굴림, 18pt, 기울임, 강조점

구분		내용
장릉	1일차	도전 퀴즈 탐험, 봉심 순흥초군청농악
	2일차	단종제향, 헌다례, 제례악, 육일무, 대왕 신령굿
	3일차	국장 연출(천전의), 대왕 신령굿
동강 둔치	1일차	정순왕후 선발대회, 민속예술경연대회, 어르신 장기대회, 민생구휼잔치
	2일차	북청사자놀이, 전통 혼례 시연, 칡줄다리기, 유등 띄우기
	3일차	화합 행사, 전국 배드민턴대회, 국장 연출

글꼴 : 궁서, 25pt, 진하게,
장평 115%, 오른쪽 정렬
단종제위원회

각주 구분선 : 5cm

㉮ 연극, 무용 등 무형의 문화적 소산으로 역사적 또는 예술적으로 가치가 큰 것

쪽 번호 매기기
2로 시작 → B

글꼴 : 돋움, 21pt, 진하게, 가운데 정렬
책갈피 이름 : 스키, 덧말 넣기

머리말 기능
굴림, 10pt, 오른쪽 정렬

→ 겨울철 레포츠

생활체육 진흥을 통한

국민 건강 함양과 체력 증진

문단 첫 글자 장식 기능
글꼴 : 궁서, 면색 : 노랑

그림위치(내 PC\문서\ITQ\
Picture\그림4.jpg, 문서에 포함),
자르기 기능 이용, 크기(30mmX35mm),
바깥 여백 왼쪽 : 2mm

스키는 길고 평평한 활면에 신발을 붙인 도구를 신고 눈 위를 활주하는 스포츠이다. 스키의 유래는 기원전 3000년경으로 추측되며, 발생지는 러시아 동북부 알다이와 바이칼호 지방으로 알려져 있다. 우리나라 역시 정확한 기록은 없지만 2000-3000년 전부터 스키를 타 왔던 것으로 짐작된다. 함경도에서 발굴된 석기시대 유물에서 고대에 사용된 것으로 보이는 썰매가 나온 사례도 있다. 일제 강점기에는 제1회 조선스키대회가 열렸고, 1946년에는 조선스키협회가 창립되었다. 그리고 1948년 정부 수립(樹立)과 함께 그 명칭이 대한스키협회로 바뀌어 오늘에 이르고 있다.

스키는 원래 이동 수단이었던 만큼 지역마다 발전된 형태가 달랐다. 완만한 구릉 지대인 북유럽에서는 거리 경기 위주의 노르딕 스키가 발달했고, 산세가 험한 알프스 지역에서는 경사면을 빠르게 활강하는 알파인 스키가 발달했다. 노르딕 스키에는 크로스컨트리와 스키 점프, 그리고 두 가지를 합한 노르딕 복합 종목이 있다. 알파인 스키에는 경사면을 활주해 내려오는 활강과 회전 종목이 있다. 최근에는 고난도 묘기를 선보이는 익스트림게임ⓐ 형태의 프리스타일 스키가 큰 인기(人氣)를 끌고 있다.

각주

◆ **스키의 장비와 복장**

글꼴 : 궁서, 18pt, 진하게, 하양
음영색 : 파랑

(1) 스키 플레이트
　(가) 초심자는 스키가 짧을수록 안정성이 높다.
　(나) 상급자는 자신의 신장보다 20센티미터 정도 짧은 스키를 선택한다.
(2) 스키복 손질 및 보관법
　(가) 스키복은 곧바로 세탁하여 얼룩이 생기는 것을 예방한다.
　(나) 습기와 곰팡이 제거를 위해 방습제를 넣어 둔다.

문단 번호 기능 사용
1수준 : 20pt, 오른쪽 정렬
2수준 : 30pt, 오른쪽 정렬
줄 간격 : 180%

표 전체 글꼴 : 굴림, 10pt, 가운데 정렬,
셀 배경(그레이데이션) : 유형(세로),
시작색(노랑), 끝색(하양)

◆ <u>스키 경기의 종류</u>

글꼴 : 궁서, 18pt, 밑줄, 강조점

구분		내용
알파인	슈퍼대회전경기	활강경기의 속도 기술에 회전 기술을 복합하여 겨루는 경기
	활강경기	출발선부터 골인선까지 최대의 속도로 활주하는 속도 계통의 경기
노르딕	크로스컨트리	스키 장비를 갖추고 장거리를 이동하는 경기
	스키 점프	2회의 점프를 실시하여 점프 거리에 점수와 자세를 합하여 우열을 가리는 경기
프리스타일	에어리얼	점프 경기장에서 곡예 점프, 착지 동작 등으로 승부를 가리는 경기
	발레스키	교차, 연속 회전, 점프 등의 기술을 발휘하면서 음악에 맞추어 스키를 타는 것

글꼴 : 돋움, 25pt, 진하게,
장평 110%, 오른쪽 정렬

→ # 전국스키연합회

각주 구분선 : 5cm

ⓐ 갖가지 고난도 묘기를 행하는 모험 레포츠로서 X게임, 위험스포츠, 극한스포츠라고도 칭함

쪽 번호 매기기
4로 시작

→ 라

글꼴 : 돋움, 18pt, 진하게, 가운데 정렬
책갈피 이름 : 통영국제음악제, 덧말 넣기

작곡가 윤이상을 기리며

머리말 기능
돋움, 10pt, 오른쪽 정렬

항구 음악 도시

통영과 함께하는 음악의 향연

문단 첫 글자 장식 기능
글꼴 : 돋움, 면색 : 노랑

그림위치(내 PC₩문서₩ITQ₩Picture
₩그림5.jpg, 문서에 포함),
자르기 기능 이용, 크기(40mmX30mm),
바깥 여백 왼쪽 : 2mm

한 반도의 남쪽 끝자락에 자리하여 섬, 바다, 뭍의 아름다움이 어우러진 매력적인 도시 통영은 걸출한 예술인(藝術人)들을 배출한 문화적 전통성과 잠재력을 가진 문화 예술의 도시이다. 현존하는 현대 음악의 5대 거장 작곡가 중 한 사람으로 불리는 통영 출신의 윤이상은 동양의 정신을 독특한 선율로 표현하여 현대 음악의 새 지평을 열었으며 자신의 음악 세계를 통해 동양과 서양의 전통이 공존하고 자연과 인간에 대한 깊은 신뢰와 화합이 살아 숨 쉬는 평화의 장을 추구하였다.

각주

윤이상을 기리기 위해 2002년부터 시작된 통영국제음악제(TIMF)는 명실공히 세계적 수준의 음악제로 거듭나 동양의 작은 항구(港口) 도시 통영을 세계 속의 음악 도시로 발돋움시켰다. 현대 음악뿐만 아니라 고전 음악①, 재즈 등 다양한 장르를 포괄하는 국제 음악제로서 입지를 굳혀 명실상부한 아시아를 대표하는 세계적 수준의 음악제로 거듭난 것이다. 앞으로도 통영국제음악제는 수려한 자연과 역사를 품고 있는 아름다운 도시의 매력 아래 세계와 아시아 음악 문화의 중심축이 되는 축제를 확립하고 통영을 세계의 음악을 품는 문화 도시로 성장시켜 지구촌의 음악 교류에 일익을 담당할 것으로 기대를 모으고 있다.

★ TIMF 아카데미 개요

글꼴 : 굴림, 18pt, 하양, 음영색 : 파랑

(ㄱ) 장소 및 자격

(1) 장소 : 경상남도 통영시 통영시민문화회관

(2) 자격 : 30세 미만의 아시아 국적 소유자

문단 번호 기능 사용
1수준 : 20pt, 오른쪽 정렬
2수준 : 30pt, 오른쪽 정렬
줄 간격 : 180%

(ㄴ) 모집 부문

(1) 현악기 : 바이올린, 비올라, 첼로, 더블베이스

(2) 목관악기 : 플루트, 오보에, 클라리넷, 바순

표 전체 글꼴 : 돋움, 10pt, 가운데 정렬,
셀 배경(그러데이션) : 유형(왼쪽 대각선),
시작색(하양), 끝색(노랑)

★ *TIMF 자원봉사자 모집*

글꼴 : 굴림, 18pt,
기울임, 강조점

구분	내용	
모집 대상	만 18세 이상의 대한민국 국민, 해외 동포, 국내 거주 외국인	
	해외 동포나 국내 거주 외국인의 경우 한국어로 의사소통이 가능한 자	
모집 분야	공연장 운영	무대 공연 진행, 극장 질서 관리, 티켓 검표 등
	게스트 서비스	아티스트 및 행사 관계자 숙박 업무 지원, 숙소 내 부대 행사 진행 등
	의전 및 행사	아티스트 통역 및 공항 의전, 공식 행사 및 부대 행사 지원 등
활동 지역	통영시민문화회관, 윤이상기념공원, 통영국제음악제 사무국 등	

글꼴 : 궁서, 25pt, 진하게,
장평 110%, 오른쪽 정렬

통영국제음악제

각주 구분선 : 5cm

① 대중음악에 상대되는 뜻으로 쓰이는 서양의 전통적 작곡 기법이나 연주법에 의한 음악

쪽 번호 매기기
2로 시작

②

글꼴 : 돋움, 18pt, 진하게, 가운데 정렬
책갈피 이름 : 학점은행제, 덧말 넣기

머리말 기능
돋움, 10pt, 오른쪽 정렬 → 사이버 학습

문단 첫 글자 장식 기능
글꼴 : 돋움, 면색 : 노랑

열린 평생 학습 사회
사이버 학점은행제

각주

그림위치(내 PC\문서\ITQ\Picture\
그림4.jpg, 문서에 포함),
자르기 기능 이용, 크기(40mmX35mm),
바깥 여백 왼쪽 : 2mm

학점은행제는 학점인정 등에 관한 법률Ⓐ에 의거하여 학교뿐만 아니라 학교 밖에서 이루어지는 다양한 형태의 학습과 자격(資格)을 학점으로 인정하고 그 학점이 누적되어 일정 기준을 충족하면 학위 취득을 가능하게 함으로써 궁극적으로 열린 교육 사회와 평생 학습 사회를 구현하기 위한 제도이다. 대통령 직속 교육개혁위원회가 열린 평생 학습 사회의 발전을 조성하는 새로운 교육 체제에 대한 비전을 제시하면서 학점은행제를 제안하였으며 이를 위한 법령을 제정하고 1998년 3월부터 시행하였다. 고등학교 졸업자나 동등 이상의 학력을 가진 사람은 누구라도 학점은행제를 활용할 수 있다.

공교육 기관과 사교육 기관이 국민의 평생 학습을 위하여 권한과 책임을 분담한다는 원칙 아래 이 같은 사이버 학습 체제는 매우 중요한 의미를 지닌다. 동일한 과제의 학습을 위한 시간을 학교에서 충분히 충족시킬 수 없기 때문에 그 필요한 학습 시간을 어디에선가 확보해야 한다면 그 대안(對案)으로서 사이버 학습 체제는 매우 훌륭한 시스템으로 기능하기에 적합하다고 할 수 있다. 학교 교육의 보완 수단일 뿐만 아니라 학생의 특수한 필요를 충족하기 위한 유용한 시스템 중 하나가 될 것이다.

♣ **학점은행제의 활용**

글꼴 : 굴림, 18pt, 하양
음영색 : 파랑

　1) 학생의 경우
　　가) 대학원 진학 준비를 위한 학위 취득
　　나) 새로운 전공 분야를 공부하기 위한 학위 취득
　2) 기타의 경우
　　가) 뒤늦게 학업의 꿈을 펼치길 희망하는 만학도
　　나) 중도에 포기한 학업을 재개하고자 하는 중퇴자

문단 번호 기능 사용
1수준 : 20pt, 오른쪽 정렬
2수준 : 30pt, 오른쪽 정렬
줄 간격 : 180%

♣ *학점인정 신청 서류*

글꼴 : 굴림, 18pt, 기울임, 강조점

표 전체 글꼴 : 돋움, 10pt, 가운데 정렬
셀 배경(그러데이션) : 유형(가로),
시작색(하양), 끝색(노랑)

구분		서류
자격증		자격증 원본 및 사본 1부, 별지 제5호의5 서식
시간제 등록		성적증명서(이수한 대학교에서 발급), 별지 제5호의4 서식
독학학위제 시험 합격/ 시험 면제 교육 과정	시험 합격	제출 서류 없음(별지 서식에 독학학위제 학적 번호 기재)
	시험 면제 교육 과정 이수	해당 교육 기관에서 발급하는 과정이수확인서 및 성적증명서
중요무형문화재	보유자	중요무형문화재 보유자 인정서 사본(원본 지참)
	이수자	보유자가 문화재청에 보고한 이수증 사본(원본 지참)

글꼴 : 궁서, 24pt, 진하게,
장평 110%, 오른쪽 정렬 → **교육개혁위원회**

각주 구분선 : 5cm

Ⓐ 1997년 12월 교육부 타법 개정에 의하여 1998년 1월에 시행

쪽 번호 매기기
5로 시작 → E

PART 2

기출유형
모의고사

Part 1에서 배운 시험에 나오는 한글 기능을 토대로 시험에 출제되는
다양한 기능과 형태를 익혀 어떠한 문제가 출제되더라도
해결할 수 있도록 학습효과를 높입니다.

※정답 파일과 동영상 강의는 [자료실]에서 다운로드하세요.

기출유형 모의고사

1회

무료 동영상

과목	코드	문제유형	시험시간	수험번호	성 명
아래 한글	1111	A	60분	10681001	

수 험 자 유 의 사 항

- 수험자는 문제지를 받는 즉시 문제지와 **수험표상의 시험과목(프로그램)이 동일한지 반드시 확인**하여야 합니다.
- 파일명은 본인의 "수험번호-성명"으로 입력하여 답안폴더(내 PC₩문서₩ITQ)에 하나의 파일로 저장해야 하며, 답안문서 파일명이 "수험번호-성명"과 일치하지 않거나, 답안파일을 전송하지 않아 미제출로 처리될 경우 실격 처리합니다 (예 : 12345678-홍길동.hwp).
- 답안 작성을 마치면 파일을 저장하고, '답안 전송' 버튼을 선택하여 감독위원 PC로 답안을 전송하십시오. 수험생 정보와 저장한 파일명이 다를 경우 전송되지 않으므로 주의하시기 바랍니다.
- 답안 작성 중에도 **주기적으로 저장하고 '답안 전송'** 하여야 문제 발생을 줄일 수 있습니다. 작업한 내용을 저장하지 않고 전송할 경우 이전에 저장된 내용이 전송되오니 이점 유의하시기 바랍니다.
- 답안문서는 지정된 경로 외의 다른 보조기억장치에 저장하는 경우, 지정된 시험 시간 외에 작성된 파일을 활용할 경우, 기타 통신 수단(이메일, 메신저, 네트워크 등)을 이용하여 타인에게 전달 또는 외부 반출하는 경우는 부정 처리합니다.
- 시험 중 부주의 또는 고의로 시스템을 파손한 경우는 수험자가 변상해야 하며, <수험자 유의사항>에 기재된 방법대로 이행하지 않아 생기는 불이익은 수험생 당사자의 책임임을 알려 드립니다.
- 문제의 조건은 한컴오피스 2022 버전으로 설정되어 있으니 유의하시기 바랍니다.
- 시험을 완료한 수험자는 답안파일이 전송되었는지 확인한 후 감독위원의 지시에 따라 문제지를 제출하고 퇴실합니다.

답 안 작 성 요 령

- **온라인 답안 작성 절차**
  수험자 등록 ⇒ 시험 시작 ⇒ 답안파일 저장 ⇒ 답안 전송 ⇒ 시험 종료

- **공통 부문**
- 글꼴에 대한 기본설정은 함초롬바탕, 10포인트, 검정, 줄간격 160%, 양쪽정렬로 합니다.
- 색상은 조건의 색을 적용하고 색의 구분이 안될 경우에는 RGB 값을 적용합니다(빨강 255,0,0 / 파랑 0,0,255 / 노랑 255,255,0).
- 각 문항에 주어진 ≪조건≫에 따라 작성하고 언급하지 않은 조건은 ≪출력형태≫와 같이 작성합니다.
- 용지여백은 왼쪽 · 오른쪽 11㎜, 위쪽 · 아래쪽 · 머리말 · 꼬리말 10㎜, 제본 0㎜로 합니다.
- 그림 삽입 문제의 경우 「내 PC₩문서₩ITQ₩Picture」 폴더에서 지정된 파일을 선택하여 삽입하십시오.
- 삽입한 그림은 반드시 문서에 포함하여 저장해야 합니다(미포함 시 감점 처리).
- 각 항목은 지정된 페이지에 출력형태와 같이 정확히 작성하시기 바라며, 그렇지 않을 경우에 해당 항목은 0점 처리됩니다.
- ※ 페이지 구분 : 1페이지 – 기능평가 I (문제번호 표시 : 1. 2.),
  2페이지 – 기능평가 II (문제번호 표시 : 3. 4.),
  3페이지 – 문서작성 능력평가

- **기능평가**
- 문제와 ≪조건≫은 입력하지 않으며 문제번호와 답(≪출력형태≫)만 작성합니다.
- 4번 문제는 묶기를 했을 경우 0점 처리됩니다.

- **문서작성 능력평가**
- A4 용지(210㎜×297㎜) 1매 크기, 세로 서식 문서로 작성합니다.
- [   ] 표시는 문서작성에 대한 지시사항이므로 작성하지 않습니다.

1. 다음의 ≪조건≫에 따라 스타일 기능을 적용하여 ≪출력형태≫와 같이 작성하시오. (50점)

【조건】 (1) 스타일 이름 – museum
(2) 문단 모양 – 왼쪽 여백 : 15pt, 문단 아래 간격 : 10pt
(3) 글자 모양 – 글꼴 : 한글(돋움)/영문(굴림), 크기 : 10pt, 장평 : 95%, 자간 : 5%

【출력형태】

Located in Majang-dong, Seongdong-gu, the Museum is in a six-level building on land of 1,728 square meters, showing the past, present and future of the stream as well as the whole restoration process.

청계천박물관은 복원되기 이전의 청계천의 모습부터 복원 이후 도시 변화의 모습을 전시하고 있으며 청계천 문화와 관련된 다양한 주제의 전시가 열리고 시민들이 참여하는 문화 소통의 장이 되고 있다.

2. 다음의 ≪조건≫에 따라 ≪출력형태≫와 같이 표와 차트를 작성하시오. (100점)

【표조건】 (1) 표 전체(표, 캡션) – 돋움, 10pt
(2) 정렬 – 문자 : 가운데 정렬, 숫자 : 오른쪽 정렬
(3) 셀 배경(면색) : 노랑
(4) 한글의 계산 기능을 이용하여 빈칸에 합계를 구하고, 캡션 기능 사용할 것
(5) 선 모양은 ≪출력형태≫와 동일하게 처리할 것

【출력형태】

청계천 유지관리비 내역(단위 : 십만 원)

구분	2019년	2020년	2021년	2022년	합계
시설 수리 및 점검	8,130	9,490	9,480	9,240	
위탁관리비	1,010	1,440	1,420	1,390	
전기료	6,920	6,890	6,940	6,870	
기타경비	3,210	2,170	2,650	2,340	

【차트조건】 (1) 차트 데이터는 표 내용에서 연도별 시설 수리 및 점검, 위탁관리비, 전기료의 값만 이용할 것
(2) 종류 – <묶은 세로 막대형>으로 작업할 것
(3) 제목 – 굴림, 진하게, 12pt, 속성 – 채우기(하양), 테두리, 그림자(대각선 오른쪽 아래)
(4) 제목 이외의 전체 글꼴 – 굴림, 보통, 10pt
(5) 축제목과 범례는 ≪출력형태≫와 동일하게 처리할 것

【출력형태】

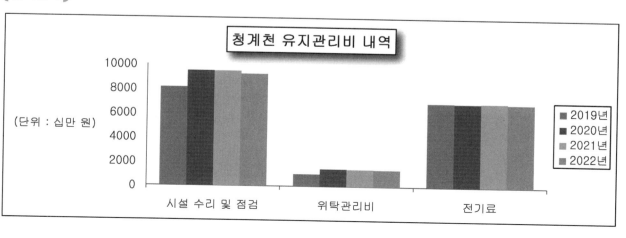

3. 다음 (1), (2)의 수식을 수식 편집기로 각각 입력하시오. (40점)

【출력형태】

(1) $\dfrac{k_x}{2h} \times (-2mk_x) = -\dfrac{mk^2}{h}$

(2) $m = \dfrac{\Delta P}{K_a} = \dfrac{\Delta t_b}{K_b} = \dfrac{\Delta t_f}{K_f}$

4. 다음의 ≪조건≫에 따라 ≪출력형태≫와 같이 문서를 작성하시오. (110점)

【조건】 (1) 그리기 도구를 이용하여 작성하고, 모든 도형(글맵시, 지정된 그림 포함)을 ≪출력형태≫와 같이
작성하시오.
(2) 도형의 면색은 지시사항이 없으면 색 없음을 제외하고 서로 다르게 임의로 지정하시오.

【출력형태】

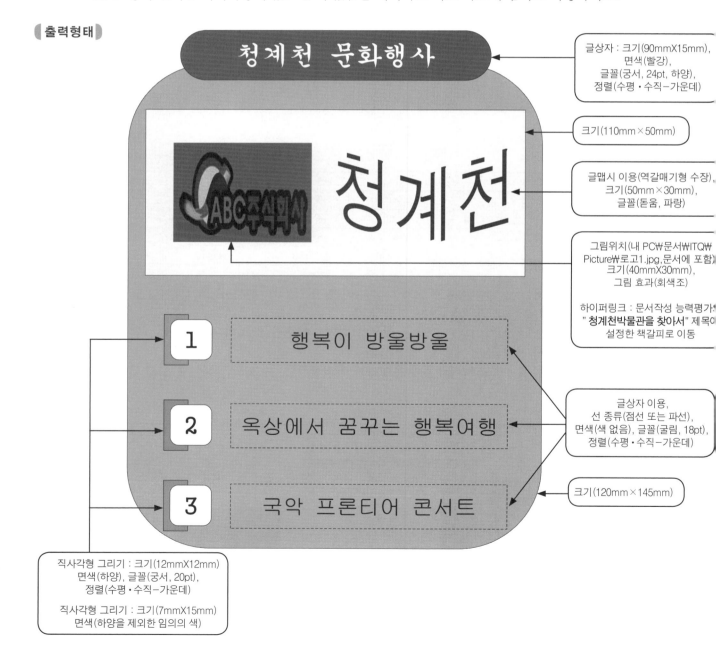

글꼴 : 굴림, 18pt, 진하게, 가운데 정렬,
책갈피 이름 : 청계천, 덧말 넣기

머리말 기능
돋움, 10pt, 오른쪽 정렬 ➔ 청계천박물관

문단 첫 글자 장식 기능
글꼴 : 궁서, 면색 : 노랑

문화가 흐르는 청계천
청계천박물관을 찾아서

각주

그림위치(내 PC₩문서₩ITQ₩Picture₩
그림4.jpg,문서에 포함),
자르기 기능 이용, 크기(40mmX40mm),
바깥 여백 왼쪽 : 2mm

청계천박물관㉠은 청계천의 역사와 문화(文化)가 살아 숨 쉬는 문화 복합공간으로 2005년 9월 26일에 문을 열었습니다. 문화관 건물 정면의 긴 유리 튜브 형태는 청계천의 물길을 상징하며 지상 4층, 지하 2층의 1,728평 규모로 상설 전시실과 기획 전시실, 교육실과 강당 등을 갖추고 있습니다.

청계천의 역사적 여정이 주제별로 전시된 상설 전시실은 조선 시대부터 현재에 이르기까지 청계천의 역사를 다양한 관점에서 다루고 있으며, 위에서 아래로 흐르는 물의 속성을 따라 4층에서부터 1층으로 내려오며 관람하는 것이 특징입니다. 전시 내용은 '서울, 청계천', '개천시대', '청계천, 청계로', '청계천 복원 사업', '복원 후 10년' 등 크게 5개의 주제로 구성되어 지난 10년간 축적(蓄積)된 청계천 관련 자료들이 총망라되어 있으며, 기획 전시실은 청계천 문화와 관련하여 다양한 주제의 기획 전시와 흥미로운 문화 행사를 선보이면서 청계천의 문화 공간으로 자리 잡게 되었습니다. 또한 문화가 흐르는 청계천의 밤을 비롯하여 다양한 문화 이벤트를 강당, 옥상, 청계천, 동대문역사문화공원 야외무대 등 다양한 공간을 활용하여 연극, 영화, 음악 등 매월 다채로운 프로그램을 선보이고 있습니다.

♥ 청계천 교육프로그램

글꼴 : 궁서, 18pt, 하양, 음영색 : 파랑

① 졸졸졸 개천, 콸콸콸 준천
  (ㄱ) 교육 기간 : 3월~11월(격주 수)
  (ㄴ) 접수 대상 : 초등학교 4~6학년 학급단체
② 씽씽 보드게임! 청계천 시간여행
  (ㄱ) 교육 기간 : 11월~12월(매주 수, 목, 금)
  (ㄴ) 접수 대상 : 초등학교 1~3학년 학급단체

문단 번호 기능 사용
1수준 : 20pt, 오른쪽 정렬
2수준 : 30pt, 오른쪽 정렬
줄간격 : 180%

♥ 청계천아카데미 세부내용

글꼴 : 궁서, 18pt
기울임, 강조점

표 전체 글꼴 : 굴림, 10pt,
가운데 정렬
셀 배경(그러데이션) : 유형(가로),
시작색(하양), 끝색(노랑)

구분	일반 강좌	전문 강좌	현장 투어
프로그램	사업 안내 및 홍보 영상물 상영	비기술(사업조직, 사업홍보, 갈등관리)	청계광장–삼일교, 황학교–두물다리
		기술 분야(하천복원, 도시계획)	
소요 시간	20분	각 60분	60분
대상	방문객	벤치마킹 목적의 국내외 전문가 및 단체	방문객
연락처	청계천박물관, 청계천아카데미		서울시 청계천 도보 관광

글꼴 : 돋움, 24pt, 진하게,
장평 105%, 오른쪽 정렬 ➔ 청계천박물관

각주 구분선 : 5cm

㉠ 서울시 성동구 청계천로 530에 위치하며, 청계천 순환 2층 시티투어버스가 경유

쪽 번호 매기기
4로 시작 ➔ ④

2_회 기출유형 모의고사

과목	코드	문제유형	시험시간	수험번호	성 명
아래 한글	1111	A	60분	41931002	

수 험 자 유 의 사 항

- 수험자는 문제지를 받는 즉시 문제지와 **수험표상의 시험과목(프로그램)이 동일한지 반드시 확인**하여야 합니다.
- 파일명은 본인의 "수험번호-성명"으로 입력하여 답안폴더(내 PC₩문서₩ITQ)에 하나의 파일로 저장해야 하며, 답안문서 파일명이 "수험번호-성명"과 일치하지 않거나, 답안파일을 전송하지 않아 미제출로 처리될 경우 실격 처리합니다 (예 : 12345678-홍길동.hwp).
- 답안 작성을 마치면 파일을 저장하고, '답안 전송' 버튼을 선택하여 감독위원 PC로 답안을 전송하십시오. 수험생 정보와 저장한 파일명이 다를 경우 전송되지 않으므로 주의하시기 바랍니다.
- 답안 작성 중에도 **주기적으로 저장하고 '답안 전송'** 하여야 문제 발생을 줄일 수 있습니다. 작업한 내용을 저장하지 않고 전송할 경우 이전에 저장된 내용이 전송되오니 이점 유의하시기 바랍니다.
- 답안문서는 지정된 경로 외의 다른 보조기억장치에 저장하는 경우, 지정된 시험 시간 외에 작성된 파일을 활용할 경우, 기타 통신 수단(이메일, 메신저, 네트워크 등)을 이용하여 타인에게 전달 또는 외부 반출하는 경우는 부정 처리합니다.
- 시험 중 부주의 또는 고의로 시스템을 파손한 경우는 수험자가 변상해야 하며, 〈수험자 유의사항〉에 기재된 방법대로 이행하지 않아 생기는 불이익은 수험생 당사자의 책임임을 알려 드립니다.
- 문제의 조건은 한컴오피스 2022 버전으로 설정되어 있으니 유의하시기 바랍니다.
- 시험을 완료한 수험자는 답안파일이 전송되었는지 확인한 후 감독위원의 지시에 따라 문제지를 제출하고 퇴실합니다.

답 안 작 성 요 령

- **온라인 답안 작성 절차**
  수험자 등록 ⇒ 시험 시작 ⇒ 답안파일 저장 ⇒ 답안 전송 ⇒ 시험 종료
- **공통 부문**
- 글꼴에 대한 기본설정은 함초롬바탕, 10포인트, 검정, 줄간격 160%, 양쪽정렬로 합니다.
- 색상은 조건의 색을 적용하고 색의 구분이 안될 경우에는 RGB 값을 적용합니다(빨강 255,0,0 / 파랑 0,0,255 / 노랑 255,255,0).
- 각 문항에 주어진 ≪조건≫에 따라 작성하고 언급하지 않은 조건은 ≪출력형태≫와 같이 작성합니다.
- 용지여백은 왼쪽 · 오른쪽 11㎜, 위쪽 · 아래쪽 · 머리말 · 꼬리말 10㎜, 제본 0㎜로 합니다.
- 그림 삽입 문제의 경우 「내 PC₩문서₩ITQ₩Picture」 폴더에서 지정된 파일을 선택하여 삽입하십시오.
- 삽입한 그림은 반드시 문서에 포함하여 저장해야 합니다(미포함 시 감점 처리).
- 각 항목은 지정된 페이지에 출력형태와 같이 정확히 작성하시기 바라며, 그렇지 않을 경우에 해당 항목은 0점 처리됩니다.
- ※ 페이지 구분 : 1페이지 - 기능평가 I (문제번호 표시 : 1. 2.),
  2페이지 - 기능평가 II (문제번호 표시 : 3. 4.),
  3페이지 - 문서작성 능력평가

기능평가
- 문제와 ≪조건≫은 입력하지 않으며 문제번호와 답(≪출력형태≫)만 작성합니다.
- 4번 문제는 묶기를 했을 경우 0점 처리됩니다.

문서작성 능력평가
- A4 용지(210㎜×297㎜) 1매 크기, 세로 서식 문서로 작성합니다.
- ⌐ ⌐ 표시는 문서작성에 대한 지시사항이므로 작성하지 않습니다.

kpc The Insight KPC
한국생산성본부

1. 다음의 ≪조건≫에 따라 스타일 기능을 적용하여 ≪출력형태≫와 같이 작성하시오. (50점)

조건　(1) 스타일 이름 – apprentice
　　　　(2) 문단모양 – 왼쪽 여백 : 15pt, 문단 아래 간격 : 10pt
　　　　(3) 글자모양 – 글꼴 : 한글(돋움)/영문(굴림), 크기 : 10pt, 장평 : 95%, 자간 : 5%

출력형태

An apprentice is a program in which someone learns a trade by working under a certified expert. The course provides students with a good base for securing apprenticeships in all of industries.

도제는 인증된 전문가의 도움을 받아 훈련을 통해 배우는 프로그램 또는 직위이다. 이 과정은 산업에서는 견습생을 확보하고 학생에게는 장인으로 성장할 수 있는 좋은 기반을 제공한다.

2. 다음의 ≪조건≫에 따라 ≪출력형태≫와 같이 표와 차트를 작성하시오. (100점)

표조건　(1) 표 전체(표, 캡션) – 돋움, 10pt
　　　　(2) 정렬 – 문자 : 가운데 정렬, 숫자 : 오른쪽 정렬
　　　　(3) 셀 배경(면색) : 노랑
　　　　(4) 한글의 계산 기능을 이용하여 빈칸에 합계를 구하고, 캡션 기능 사용할 것
　　　　(5) 선 모양은 ≪출력형태≫와 동일하게 처리할 것

출력형태

산학일체형도제학교 참여 학생 현황(단위 : 명)

구분	서울	대전	부산	기타	합계
2016년	968	204	298	2,184	
2018년	2,007	873	977	1,721	
2020년	4,963	2,639	3,308	2,916	
2022년	8,926	4,320	5,347	3,301	

차트조건　(1) 차트 데이터는 표 내용에서 지역별 2016년, 2018년, 2020년의 값만 이용할 것
　　　　(2) 종류 – <묶은 세로 막대형>으로 작업할 것
　　　　(3) 제목 – 굴림, 진하게, 12pt, 속성 – 채우기(하양), 테두리, 그림자(대각선 오른쪽 아래)
　　　　(4) 제목 이외의 전체 글꼴 – 굴림, 보통, 10pt
　　　　(5) 축제목과 범례는 ≪출력형태≫와 동일하게 처리할 것

출력형태

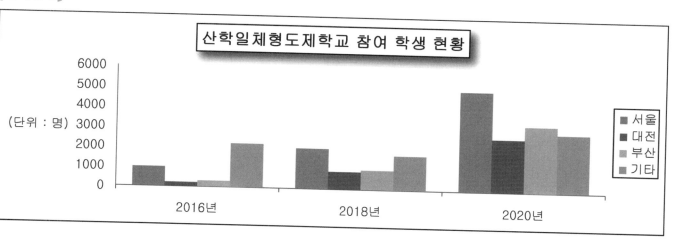

3. 다음 (1), (2)의 수식을 수식 편집기로 각각 입력하시오. (40점)

【 출력형태 】

(1) $\dfrac{t_A}{t_B} = \sqrt{\dfrac{d_B}{d_A}} = \sqrt{\dfrac{M_B}{M_A}}$

(2) $\dfrac{a^4}{T^2} - 1 = \dfrac{G}{4\pi^2}(M+m)$

4. 다음의 ≪조건≫에 따라 ≪출력형태≫와 같이 문서를 작성하시오. (110점)

【 조건 】 (1) 그리기 도구를 이용하여 작성하고 모든 도형(글맵시, 지정된 그림 포함)을 ≪출력형태≫와 같이 작성하시오.

(2) 도형의 면색은 지시사항이 없으면 색 없음을 제외하고 서로 다르게 임의로 지정하시오.

【 출력형태 】

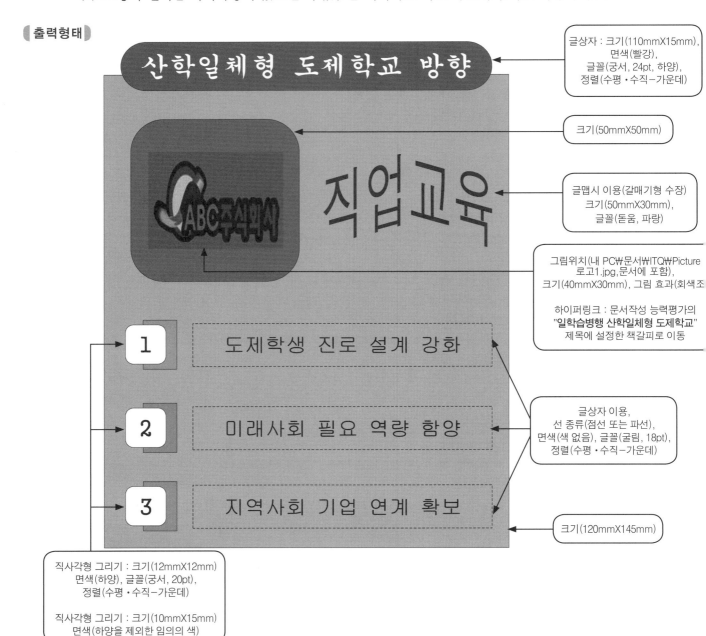

글상자 : 크기(110mmX15mm), 면색(빨강), 글꼴(궁서, 24pt, 하양), 정렬(수평·수직-가운데)

크기(50mmX50mm)

글맵시 이용(갈매기형 수장) 크기(50mmX30mm), 글꼴(돋움, 파랑)

그림위치(내 PC₩문서₩ITQ₩Picture 로고1.jpg,문서에 포함), 크기(40mmX30mm), 그림 효과(회색조)

하이퍼링크 : 문서작성 능력평가의 **"일학습병행 산학일체형 도제학교"** 제목에 설정한 책갈피로 이동

글상자 이용, 선 종류(점선 또는 파선), 면색(색 없음), 글꼴(굴림, 18pt), 정렬(수평·수직-가운데)

크기(120mmX145mm)

직사각형 그리기 : 크기(12mmX12mm) 면색(하양), 글꼴(궁서, 20pt), 정렬(수평·수직-가운데)

직사각형 그리기 : 크기(10mmX15mm) 면색(하양을 제외한 임의의 색)

글꼴 : 굴림, 18pt, 진하게, 가운데 정렬,
책갈피 이름 : 도제, 덧말 넣기

머리말 기능
돋움, 10pt, 오른쪽 정렬 → 산학일체형 도제학교

문단 첫 글자 장식 기능
글꼴 : 궁서, 면색 : 노랑

도제교육
일학습병행 산학일체형 도제학교

각주

그림위치(내 PC₩문서₩ITQ₩Picture₩
그림4.jpg,문서에 포함),
자르기 기능 이용, 크기(40mm×40mm),
바깥 여백 왼쪽 : 2mm

교 육부와 고용노동부는 12월 전국 산학일체형 도제학교 관계자가 참석하는 전체 성과 워크숍을 실시한다. 이 워크숍은 고교학점제⊙ 시행 등 학교 여건 변화에 따른 도제 학교의 발전방안을 모색(摸索)하고 학교 간 도제학교 운영 노하우를 공유하기 위해 열린다. 이번 워크숍은 한국직업능력개발원 도제교육지원센터에서 2021학년도 주요 사업계획을 소 개하고 인적자원개발위원회가 기업 발굴 계획에 대해 안내한다.

또 노무법인 대표가 도제학교 경쟁력 강화를 위한 노동법 특강을 실시하고 우수 운영 학 교 및 우수 교사에 대한 표창을 실시한다. 이어 분임별로 유관기관 지원방안과 신규기업 발 굴 활성화 방안, 투명한 예산 집행에 대해 의견을 나누고, 도제교육 홍보 및 신입생 모집 등을 주제로 직업교육 발전방안을 논의한다. 산학일체형 도제학교는 독일과 스위스의 도제교육을 우리 현실에 맞게 직업교육 훈련의 현장성을 제고(提高)하기 위해 도입한 것으로 지난 2015년 전국의 특성화고를 대상으로 시작했다. 도제학교는 학교와 기업에서 1년 또는 2년 동안 NCS(국가직무능력표준)기반 공동 교육과정을 통해 기업별 맞춤형 도 제교육을 실시하고, 기업에 필요한 전문기능인력을 양성하는 취업과 연계된 일학습 병행 직업교육 훈련 모델이다.

◆ **산학일체형 도제학교 현황과 방향**

글꼴 : 궁서, 18pt, 하양
음영색 : 파랑

가. 산학일체형 도제학교 현황

　　㉠ 학습과 일의 병행에 대한 학생 만족도 증가

　　㉡ 코로나19의 영향으로 취업생 감소

나. 산학일체형 도제학교 운영 방향

　　㉠ 기업의 요구와 학생의 요구에 기반을 둔 교육과정 편성

　　㉡ 미래 산업사회 예측을 통한 미래형 교육 운영

문단 번호 기능 사용
1수준 : 20pt, 오른쪽 정렬
2수준 : 30pt, 오른쪽 정렬
줄간격 : 180%

◆ *지역별 산학일체형 도제학교 현황*

글꼴 : 궁서, 18pt,
기울임, 강조점

표 전체 글꼴 : 굴림, 10pt,
가운데 정렬
셀 배경(그러데이션) :
유형(가로),
시작색(하양), 끝색(노랑)

지역	주요 운영 학교	참여 분야	비고
서울	용산공업고, 성동공업고	절삭 가공	총 33개 과정
경기	부천공업고, 경기자동차과학교, 평촌경영고	금형, 자동차정비, 회계	지역사회 연계형
전남	목포공업고, 영암전자과학교	용접, 전자응용개발	산업계주도형 과정
경북	경주공고, 금호공고	절삭 가공	공동실습소형
기타 지역 현황		인천, 대전, 세종 등 전기공사, 화학물질, 바이오 분야	

글꼴 : 돋움, 24pt, 진하게
장평 105%, 오른쪽 정렬

도제학교운영협의회

각주 구분선 : 5cm

⊙ 목표한 성취 수준에 도달했을 때 과목을 이수하는 제도

쪽 번호 매기기
5로 시작 → ⑤

3회 기출유형 모의고사

과목	코드	문제유형	시험시간	수험번호	성 명
아래 한글	1111	A	60분	77401003	

수 험 자 유 의 사 항

- 수험자는 문제지를 받는 즉시 문제지와 **수험표상의 시험과목(프로그램)이 동일한지 반드시 확인**하여야 합니다.
- 파일명은 본인의 "수험번호-성명"으로 입력하여 답안폴더(내 PC₩문서₩ITQ)에 하나의 파일로 저장해야 하며, 답안문서 파일명이 "수험번호-성명"과 일치하지 않거나, 답안파일을 전송하지 않아 미제출로 처리될 경우 실격 처리합니다 (예 : 12345678-홍길동.hwp).
- 답안 작성을 마치면 파일을 저장하고, '답안 전송' 버튼을 선택하여 감독위원 PC로 답안을 전송하십시오. 수험생 정보와 저장한 파일명이 다를 경우 전송되지 않으므로 주의하시기 바랍니다.
- 답안 작성 중에도 **주기적으로 저장하고 '답안 전송'** 하여야 문제 발생을 줄일 수 있습니다. 작업한 내용을 저장하지 않고 전송할 경우 이전에 저장된 내용이 전송되오니 이점 유의하시기 바랍니다.
- 답안문서는 지정된 경로 외의 다른 보조기억장치에 저장하는 경우, 지정된 시험 시간 외에 작성된 파일을 활용할 경우, 기타 통신 수단(이메일, 메신저, 네트워크 등)을 이용하여 타인에게 전달 또는 외부 반출하는 경우는 부정 처리합니다.
- 시험 중 부주의 또는 고의로 시스템을 파손한 경우는 수험자가 변상해야 하며, <수험자 유의사항>에 기재된 방법대로 이행하지 않아 생기는 불이익은 수험생 당사자의 책임임을 알려 드립니다.
- 문제의 조건은 한컴오피스 2022 버전으로 설정되어 있으니 유의하시기 바랍니다.
- 시험을 완료한 수험자는 답안파일이 전송되었는지 확인한 후 감독위원의 지시에 따라 문제지를 제출하고 퇴실합니다.

답 안 작 성 요 령

- 온라인 답안 작성 절차
  수험자 등록 ⇒ 시험 시작 ⇒ 답안파일 저장 ⇒ 답안 전송 ⇒ 시험 종료
- 공통 부문
  · 글꼴에 대한 기본설정은 함초롬바탕, 10포인트, 검정, 줄간격 160%, 양쪽정렬로 합니다.
  · 색상은 조건의 색을 적용하고 색의 구분이 안될 경우에는 RGB 값을 적용합니다(빨강 255,0,0 / 파랑 0,0,255 / 노랑 255,255,0).
  · 각 문항에 주어진 ≪조건≫에 따라 작성하고 언급하지 않은 조건은 ≪출력형태≫와 같이 작성합니다.
  · 용지여백은 왼쪽 · 오른쪽 11㎜, 위쪽 · 아래쪽 · 머리말 · 꼬리말 10㎜, 제본 0㎜로 합니다.
  · 그림 삽입 문제의 경우「내 PC₩문서₩ITQ₩Picture」폴더에서 지정된 파일을 선택하여 삽입하십시오.
  · 삽입한 그림은 반드시 문서에 포함하여 저장해야 합니다(미포함 시 감점 처리).
  · 각 항목은 지정된 페이지에 출력형태와 같이 정확히 작성하시기 바라며, 그렇지 않을 경우에 해당 항목은 0점 처리됩니다.
  ※ 페이지 구분 : 1페이지 – 기능평가 I (문제번호 표시 : 1. 2.),
  　　　　　　　　 2페이지 – 기능평가 II (문제번호 표시 : 3. 4.),
  　　　　　　　　 3페이지 – 문서작성 능력평가
- 기능평가
  · 문제와 ≪조건≫은 입력하지 않으며 문제번호와 답(≪출력형태≫)만 작성합니다.
  · 4번 문제는 묶기를 했을 경우 0점 처리됩니다.
- 문서작성 능력평가
  · A4 용지(210㎜×297㎜) 1매 크기, 세로 서식 문서로 작성합니다.
  · ┌┄┄┐ 표시는 문서작성에 대한 지시사항이므로 작성하지 않습니다.

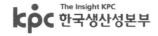

The Insight KPC
kpc 한국생산성본부

1. 다음의 ≪조건≫에 따라 스타일 기능을 적용하여 ≪출력형태≫와 같이 작성하시오. (50점)

조건
(1) 스타일 이름 – festival
(2) 문단 모양 – 첫 줄 들여쓰기 : 15pt, 문단 아래 간격 : 10pt
(3) 글자 모양 – 글꼴 : 한글(굴림)/영문(돋움), 크기 : 10pt, 장평 : 95%, 자간 : –5%

출력형태

The 2021 Korea brand-name goods festival will be held for four days from September 30, 2021, the festival that brings together the taste, style and food of specialty products representing Korea.

대한민국을 대표하는 명품 특산물의 맛과 멋 그리고 먹거리가 함께 어우러지는 축제의 장인 2021 대한민국 명품 특산물 페스티벌이 2021년 9월 30일부터 4일간 개최된다.

2. 다음의 ≪조건≫에 따라 ≪출력형태≫와 같이 표와 차트를 작성하시오. (100점)

표조건
(1) 표 전체(표, 캡션) – 돋움, 10pt
(2) 정렬 – 문자 : 가운데 정렬, 숫자 : 오른쪽 정렬
(3) 셀 배경(면색) : 노랑
(4) 한글의 계산 기능을 이용하여 빈칸에 합계를 구하고, 캡션 기능 사용할 것
(5) 선 모양은 ≪출력형태≫와 동일하게 처리할 것

출력형태

대한민국 명품 특산물 페스티벌 참관객 현황(단위 : 명)

구분	2018년	2019년	2020년	2021년	합계
20대	6,850	7,084	7,120	7,423	
30대	8,105	8,215	8,880	8,908	
40대	7,005	7,154	7,290	7,361	
50대	6,323	6,108	6,505	6,782	

차트조건
(1) 차트 데이터는 표 내용에서 연도별 20대, 30대, 40대의 값만 이용할 것
(2) 종류 – <묶은 가로 막대형>으로 작업할 것
(3) 제목 – 궁서, 진하게, 12pt, 속성 – 채우기(하양), 테두리, 그림자(아래쪽)
(4) 제목 이외의 전체 글꼴 – 궁서, 보통, 10pt
(5) 축제목과 범례는 ≪출력형태≫와 동일하게 처리할 것

출력형태

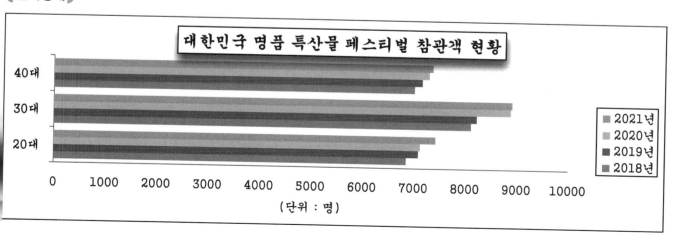

3. 다음 (1), (2)의 수식을 수식 편집기로 각각 입력하시오. (40점)

【출력형태】

(1) $\dfrac{x}{\sqrt{a}-\sqrt{b}} = \dfrac{x(\sqrt{a}+\sqrt{b})}{a-b}$

(2) $\displaystyle\sum_{k=1}^{10}(k^3+6k^2+4k+3)=256$

4. 다음의 ≪조건≫에 따라 ≪출력형태≫와 같이 문서를 작성하시오. (110점)

【조건】　(1) 그리기 도구를 이용하여 작성하고, 모든 도형(글맵시, 지정된 그림 포함)을 ≪출력형태≫와 같이
　　　　　　　작성하시오.
　　　　　(2) 도형의 면색은 지시사항이 없으면 색 없음을 제외하고 서로 다르게 임의로 지정하시오.

【출력형태】

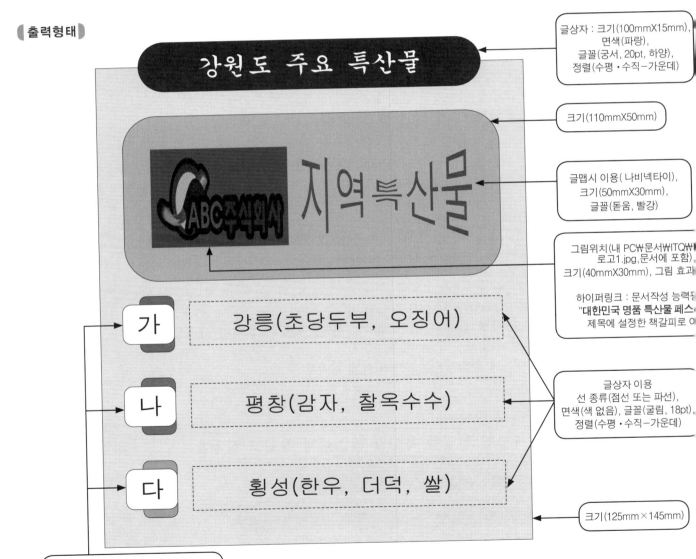

글상자 : 크기(100mmX15mm),
면색(파랑),
글꼴(궁서, 20pt, 하양),
정렬(수평·수직-가운데)

크기(110mmX50mm)

글맵시 이용(나비넥타이),
크기(50mmX30mm),
글꼴(돋움, 빨강)

그림위치(내 PC₩문서₩ITQ₩
로고1.jpg,문서에 포함),
크기(40mmX30mm), 그림 효과

하이퍼링크 : 문서작성 능력평
"대한민국 명품 특산물 페스
제목에 설정한 책갈피로 이

글상자 이용
선 종류(점선 또는 파선),
면색(색 없음), 글꼴(굴림, 18pt),
정렬(수평·수직-가운데)

크기(125mm×145mm)

직사각형 그리기 : 크기(15mmX12mm)
면색(하양), 글꼴(돋움, 20pt),
정렬(수평·수직-가운데)

직사각형 그리기 : 크기(10mm×17mm),
면색(하양을 제외한 임의의 색)

글꼴 : 돋움, 18pt, 진하게, 가운데 정렬,
책갈피 이름 : 특산물, 덧말 넣기

머리말 기능
굴림, 10pt, 오른쪽 정렬

지역 특산물

문단 첫 글자 장식 기능
글꼴 : 궁서, 면색 : 노랑

그림위치(내 PC₩문서₩ITQ₩Picture₩
그림4.jpg, 문서에 포함),
자르기 기능 이용, 크기(40mm×40mm),
바깥 여백 왼쪽 : 2mm

우수한 향토 자원
대한민국 명품 특산물 페스티벌

전국 대표 지역 특산물에 대한 관심과 선호도가 높아짐에 따라 생산자와 소비자, 유통 사업자 간의 활발한 교류(交流)가 필요한 시점에서 대한민국을 대표하는 최상의 지역 특산물이 한자리에 모여 축제로 즐기는 대한민국 명품 특산물 페스티벌이 국내 최대 규모의 종합 전시장인 킨텍스에서 9월 30일부터 4일간 장마당으로 열린다. 대한민국 명품 특산물 페스티벌은 명품 특산물관을 비롯하여 지자체 비즈니스관, 대한민국을 대표하는 명품 특산물 향토기업관, 이벤트 전시관 등으로 구성되어 일반 소비자를 대상으로 하는 현장판매 뿐만 아니라 지역 상품의 세일즈 마케팅을 위한 비즈니스 박람회로서 기업과 기업 간의 가교 역할(役割)을 하는 교류의 장을 펼치게 된다.

  대한민국 명품 특산물 페스티벌은 우수한 향토자원을 기반으로 한 각 지역의 대표 농축 수산 특산물 발굴은 물론 전문 마케팅 플랫폼 제공을 통해 명품 특산물의 소비 촉진 및 판로 개척에 크게 기여할 것으로 기대된다. 지난해에 이어 두 번째로 개최되는 이번 페스티벌은 참가업체의 판매 활성화를 위한 프로그램과 부대 행사㉮를 다양하게 마련하여 더욱 많은 참관객이 행사장을 방문할 수 있도록 차별화할 예정이다.

각주

글꼴 : 굴림, 18pt, 하양
음영색 : 빨강

★ 대한민국 명품 특산물 페스티벌 개요

  A. 기간 및 장소
    i. 기간 : 2021. 9. 30.(목) - 2021. 10. 3.(일)
    ii. 장소 : 킨텍스 제2전시장 10홀
  B. 주최 및 주관
    i. 주최 : 대한민국지방신문협의회
    ii. 주관 : 킨텍스, 메쎄 이상

문단 번호 기능 사용
1수준 : 20pt, 오른쪽 정렬
2수준 : 30pt, 오른쪽 정렬
줄 간격 : 180%

표 전체 글꼴 : 돋움, 10pt, 가운데 정렬
셀 배경(그러데이션) : 유형(왼쪽 대각선),
시작색(하양), 끝색(노랑)

★ 페스티벌 관련 주요 행사

글꼴 : 굴림, 18pt, 밑줄, 강조점

구분	전시회	세미나	부대행사 및 이벤트
일정	1일 - 4일차	2일차	1일 - 4일차
주제	전국 지역별 공산품 전시	식품 및 유통 관련 내용으로 진행	참관객 참여 행사
내용	농식품 6차 산업	국내 유통시장의 이해와 판로 개척	TV프로그램 생방송 방영
	지자체 인증 제품 전시	식품유통을 위한 온라인 시장 이해	온라인 슈퍼특가 이벤트
	지역별 우수 향토 제품 전시	소셜커머스 판매 촉진 방법	현장 경품 이벤트

글꼴 : 궁서, 24pt, 진하게
장평 105%, 오른쪽 정렬

명품특산물사무국

각주 구분선 : 5cm

㉮ 지자체 대표문화 공연, 어린이 그림대회, 국민대통합 아리랑 등으로 구성됨

쪽 번호 매기기
2로 시작   →   B

기출유형 모의고사

과목	코드	문제유형	시험시간	수험번호	성 명
아래 한글	1111	A	60분	87041004	

수 험 자 유 의 사 항

- 수험자는 문제지를 받는 즉시 문제지와 **수험표상의 시험과목(프로그램)이 동일한지 반드시 확인**하여야 합니다.
- 파일명은 본인의 "수험번호-성명"으로 입력하여 답안폴더(내 PC\문서\ITQ)에 하나의 파일로 저장해야 하며, 답안문서 파일명이 "수험번호-성명"과 일치하지 않거나, 답안파일을 전송하지 않아 미제출로 처리될 경우 실격 처리합니다 (예 : 12345678-홍길동.hwp).
- 답안 작성을 마치면 파일을 저장하고, '답안 전송' 버튼을 선택하여 감독위원 PC로 답안을 전송하십시오. 수험생 정보와 저장한 파일명이 다를 경우 전송되지 않으므로 주의하시기 바랍니다.
- 답안 작성 중에도 **주기적으로 저장하고 '답안 전송'** 하여야 문제 발생을 줄일 수 있습니다. 작업한 내용을 저장하지 않고 전송할 경우 이전에 저장된 내용이 전송되오니 이점 유의하시기 바랍니다.
- 답안문서는 지정된 경로 외의 다른 보조기억장치에 저장하는 경우, 지정된 시험 시간 외에 작성된 파일을 활용할 경우, 기타 통신 수단(이메일, 메신저, 네트워크 등)을 이용하여 타인에게 전달 또는 외부 반출하는 경우는 부정 처리합니다.
- 시험 중 부주의 또는 고의로 시스템을 파손한 경우는 수험자가 변상해야 하며, <수험자 유의사항>에 기재된 방법대로 이행하지 않아 생기는 불이익은 수험생 당사자의 책임임을 알려 드립니다.
- 문제의 조건은 한컴오피스 2022 버전으로 설정되어 있으니 유의하시기 바랍니다.
- 시험을 완료한 수험자는 답안파일이 전송되었는지 확인한 후 감독위원의 지시에 따라 문제지를 제출하고 퇴실합니다.

답 안 작 성 요 령

- **온라인 답안 작성 절차**
  수험자 등록 ⇒ 시험 시작 ⇒ 답안파일 저장 ⇒ 답안 전송 ⇒ 시험 종료
- **공통 부문**
- 글꼴에 대한 기본설정은 함초롬바탕, 10포인트, 검정, 줄간격 160%, 양쪽정렬로 합니다.
- 색상은 조건의 색을 적용하고 색의 구분이 안될 경우에는 RGB 값을 적용합니다(빨강 255,0,0 / 파랑 0,0,255 / 노랑 255,255,0).
- 각 문항에 주어진 ≪조건≫에 따라 작성하고 언급하지 않은 조건은 ≪출력형태≫와 같이 작성합니다.
- 용지여백은 왼쪽·오른쪽 11㎜, 위쪽·아래쪽·머리말·꼬리말 10㎜, 제본 0㎜로 합니다.
- 그림 삽입 문제의 경우「내 PC\문서\ITQ\Picture」폴더에서 지정된 파일을 선택하여 삽입하십시오.
- 삽입한 그림은 반드시 문서에 포함하여 저장해야 합니다(미포함 시 감점 처리).
- 각 항목은 지정된 페이지에 출력형태와 같이 정확히 작성하시기 바라며, 그렇지 않을 경우에 해당 항목은 0점 처리됩니다.
- ※ 페이지 구분 : 1페이지 – 기능평가 I (문제번호 표시 : 1. 2.),
  　　　　　　　 2페이지 – 기능평가 II (문제번호 표시 : 3. 4.),
  　　　　　　　 3페이지 – 문서작성 능력평가

기능평가
- 문제와 ≪조건≫은 입력하지 않으며 문제번호와 답(≪출력형태≫)만 작성합니다.
- 4번 문제는 묶기를 했을 경우 0점 처리됩니다.

문서작성 능력평가
- A4 용지(210㎜×297㎜) 1매 크기, 세로 서식 문서로 작성합니다.
- ⌐⌐⌐⌐ 표시는 문서작성에 대한 지시사항이므로 작성하지 않습니다.

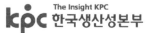

1. 다음의 ≪조건≫에 따라 스타일 기능을 적용하여 ≪출력형태≫와 같이 작성하시오. (50점)

【조건】 (1) 스타일 이름 – Kangchi
        (2) 문단 모양 – 왼쪽 여백 : 10pt, 문단 아래 간격 : 10pt
        (3) 글자 모양 – 글꼴 : 한글(돋움)/영문(궁서), 크기 : 10pt, 장평 : 110%, 자간 : −5%

【출력형태】

Based on Kang-chi, which belongs to meat-eating Mammalia, lives nearby Dok-do. The overall image is designed for cute. And the color of this character is pastel blue that matches with sea color.

육식 포유류에 속하는 강치는 독도에서 서식하며 생활합니다. 강치의 이미지는 귀업습니다. 그리고 특성은 바다색깔과 일치하는 파스텔 블루입니다.

2. 다음의 ≪조건≫에 따라 ≪출력형태≫와 같이 표와 차트를 작성하시오. (100점)

【표조건】 (1) 표 전체(표, 캡션) – 굴림, 10pt
        (2) 정렬 – 문자 : 가운데 정렬, 숫자 : 오른쪽 정렬
        (3) 셀 배경 : 노랑
        (4) 한글의 계산 기능을 이용하여 빈칸에 합계를 구하고, 캡션 기능 사용할 것
        (5) 선 모양은 ≪출력형태≫와 동일하게 처리할 것

【출력형태】

독도 이용을 위한 분야별 투자계획(단위 : 백만 원)

투자분야	2022년	2021년	2020년	2019년	2018년	총사업비
자연환경보전	1,326	1,210	1,320	2,710	1,234	7,800
해양수산자원	1,800	1,800	1,800	800	670	6,870
시설관리	150	300	2,100	4,560	2,825	9,935
지식정보	630	805	680	755	670	3,540
합계						

【차트조건】 (1) 차트 데이터는 표 내용에서 년도별 자연환경보전, 해양수산자원, 시설관리, 지식정보의 값만 이용할 것
        (2) 종류 – <묶은 세로 막대형>으로 작업할 것
        (3) 제목 – 궁서, 진하게, 12pt, 속성 – 채우기(하양), 테두리, 그림자(대각선 오른쪽 아래)
        (4) 제목 이외의 전체 글꼴 – 굴림, 보통, 10pt
        (5) 축제목과 범례는 ≪출력형태≫와 동일하게 처리할 것

【출력형태】

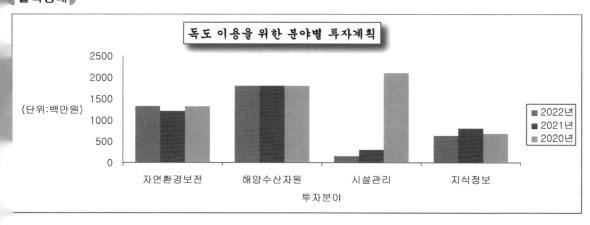

3. 다음 (1), (2)의 수식을 수식 편집기로 각각 입력하시오. (40점)

〖출력형태〗

(1) $f^{'}(x) = \lim_{\triangle x \to 0} \dfrac{f(x + \triangle x) + f(x)}{\triangle x}$ 　　　　　(2) $\cos C = \dfrac{a^2 + b^2 - c^2}{2ab}$

4. 다음의 ≪조건≫에 따라 ≪출력형태≫와 같이 문서를 작성하시오. (110점)

〖조건〗　(1) 그리기 도구를 이용하여 작성하고, 모든 도형(글맵시, 지정된 그림 포함)을 ≪출력형태≫와 같이
　　　　　　　작성하시오.
　　　　　(1) 도형의 면색은 지시사항이 없으면 색 없음을 제외하고 서로 다르게 임의로 지정하시오.

〖출력형태〗

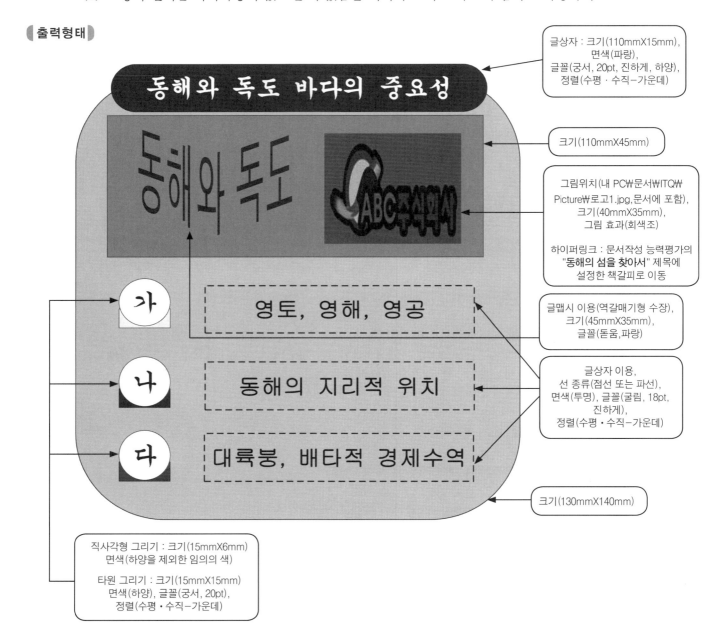

글상자 : 크기(110mmX15mm),
면색(파랑),
글꼴(궁서, 20pt, 진하게, 하양),
정렬(수평 · 수직−가운데)

크기(110mmX45mm)

그림위치(내 PC₩문서₩ITQ₩
Picture₩로고1.jpg,문서에 포함),
크기(40mmX35mm),
그림 효과(회색조)

하이퍼링크 : 문서작성 능력평가의
"동해의 섬을 찾아서" 제목에
설정한 책갈피로 이동

글맵시 이용(역갈매기형 수장),
크기(45mmX35mm),
글꼴(돋움,파랑)

글상자 이용,
선 종류(점선 또는 파선),
면색(투명), 글꼴(굴림, 18pt,
진하게),
정렬(수평 · 수직−가운데)

크기(130mmX140mm)

직사각형 그리기 : 크기(15mmX6mm)
면색(하양을 제외한 임의의 색)

타원 그리기 : 크기(15mmX15mm)
면색(하양), 글꼴(궁서, 20pt),
정렬(수평 · 수직−가운데)

글꼴 : 돋움, 18pt, 진하게, 가운데 정렬,
책갈피 이름 : 동해의 섬, 덧말 넣기

머리말 기능
굴림, 10pt, 오른쪽 정렬 → 독도의 역사

무릉도원
동해의 섬을 찾아서

문단 첫 글자 장식 기능
글꼴 : 굴림, 면색 : 노랑

그림위치(내 PC₩문서₩ITQ₩Picture₩
그림4.jpg,문서에 포함),
자르기 기능 이용, 크기(40mm×40mm),
바깥 여백 왼쪽 : 2mm

고려시대 김부식이 편찬한 삼국사기(1145년)의 지증왕 13년 '신라본기'와 '이사부 열전'에 오늘날 우리가 독도로 인정하는 우산도에 대한 기록이 실려 있다. 지금과 마찬가지로 독도는 예로부터 울릉도와 함께 문헌에 수록되어 있다. 삼국시대 이전에는 울릉도가 독립적으로 우산국(于山國)이라는 고대부족읍락국가를 이루고 살았는데, 그 영역은 가시거리 내에 위치한 독도를 포함해 울릉도 주변의 작은 섬들을 포함하는 것이었다. 우산국 사람들은 본토에 귀속되는 것을 거부하며 살아 왔지만 신라의 이사부가 우산국을 신라에 귀속시켰다.

현재까지 울릉도에서 발굴되고 있는 유적과 유물들은 우산국이 신라에 정복되기 이전에 이미 상당한 문화수준에 도달했음을 보여주는 동시에 정복 이후에는 한반도(韓半島) 본토 문화를 적극적으로 수용했음을 보여주고 있다. 과거의 독도는 동해 끝자락에 위치한 작은 외딴섬으로 크게 주목받지 못했지만 해양에 대한 의존도가 점차 높아지고 있는 오늘날에는 정치, 경제, 군사, 학술 등 다방면에서 매우 중요한 위치를 차지하게 되었다. 이러한 이유로 현재 일본과 그 영유권을 두고 민족의 자존심이 걸린 첨예한 갈등Ⓐ이 빚어지고 있다.

각주

● **독도관련 일반현황 자료** ◀

글꼴 : 궁서, 18pt, 진하게, 하양
음영색 : 파랑

가) 위치 및 면적

　　a) 행정구역상 대한민국 울릉군 울릉읍 독도리

　　b) 89개 부속도서로 구성, 총면적은 187,453제곱미터

나) 법적인 지위

　　a) 국유재산법 제 6조의 규정에 의거 해양수산부의 재산으로 등재

　　b) 1982년 11월 16일 독도를 천연기념물 제 336호로 지정

문단 번호 기능 사용
1수준 : 15pt, 오른쪽 정렬
2수준 : 25pt, 오른쪽 정렬
줄 간격 : 180%

표 전체 글꼴 : 굴림, 10pt, 가운데 정렬,
셀 배경색(그라데이션) : 유형(세로),
시작색(하양), 끝색(노랑)

● **울릉도와 독도 옛 지도자료** ◀

글꼴 : 궁서, 18pt
진하게, 강조점

자료번호	유물명	크기	시대구분	소장처	비고
자료1	울릉도 내도	65*110	1882	서울대학교규장각	나리동 면적표기
자료2	동여	290*520	19세기중기	국립중앙박물관	대동여지도
자료3	동여-울릉도	41*26	19세기중기	국립중앙박물관	주토굴 표시
자료4	지나조선고지도	31.9*41.4	1600~1767	국립중앙도서관	우산국(독도) 표기
자료5	천하지도-조선도	38.8*31	1767~1776	서울역사박물관	우마도 표기
자료6	여지도-전국도	34.5*36.5	1736~1776	국립중앙도서관	우산도, 울릉도 표시

글꼴 : 돋움, 25pt, 진하게,
장평 130%, 가운데 정렬

독도바다 지킴이

각주 구분선 : 5cm

Ⓐ 독도가 역사적으로나 국제법상으로 대한민국의 영토라는 정부의 입장

쪽 번호 매기기
5로 시작

5회 기출유형 모의고사

과목	코드	문제유형	시험시간	수험번호	성 명
아래 한글	1111	A	60분	53011005	

수 험 자 유 의 사 항

- 수험자는 문제지를 받는 즉시 문제지와 **수험표상의 시험과목(프로그램)이 동일한지 반드시 확인**하여야 합니다.
- 파일명은 본인의 "수험번호-성명"으로 입력하여 답안폴더(내 PC₩문서₩ITQ)에 하나의 파일로 저장해야 하며, 답안문서 파일명이 "수험번호-성명"과 일치하지 않거나, 답안파일을 전송하지 않아 미제출로 처리될 경우 실격 처리합니다 (예 : 12345678-홍길동.hwp).
- 답안 작성을 마치면 파일을 저장하고, '답안 전송' 버튼을 선택하여 감독위원 PC로 답안을 전송하십시오. 수험생 정보와 저장한 파일명이 다를 경우 전송되지 않으므로 주의하시기 바랍니다.
- 답안 작성 중에도 **주기적으로 저장하고 '답안 전송'**하여야 문제 발생을 줄일 수 있습니다. 작업한 내용을 저장하지 않고 전송할 경우 이전에 저장된 내용이 전송되니 이점 유의하시기 바랍니다.
- 답안문서는 지정된 경로 외의 다른 보조기억장치에 저장하는 경우, 지정된 시험 시간 외에 작성된 파일을 활용할 경우, 기타 통신 수단(이메일, 메신저, 네트워크 등)을 이용하여 타인에게 전달 또는 외부 반출하는 경우는 부정 처리합니다.
- 시험 중 부주의 또는 고의로 시스템을 파손한 경우는 수험자가 변상해야 하며, <수험자 유의사항>에 기재된 방법대로 이행하지 않아 생기는 불이익은 수험생 당사자의 책임임을 알려 드립니다.
- 문제의 조건은 한컴오피스 2022 버전으로 설정되어 있으니 유의하시기 바랍니다.
- 시험을 완료한 수험자는 답안파일이 전송되었는지 확인한 후 감독위원의 지시에 따라 문제지를 제출하고 퇴실합니다.

답 안 작 성 요 령

- **온라인 답안 작성 절차**
  수험자 등록 ⇒ 시험 시작 ⇒ 답안파일 저장 ⇒ 답안 전송 ⇒ 시험 종료
- **공통 부문**
  - 글꼴에 대한 기본설정은 함초롬바탕, 10포인트, 검정, 줄간격 160%, 양쪽정렬로 합니다.
  - 색상은 조건의 색을 적용하고 색의 구분이 안될 경우에는 RGB 값을 적용합니다(빨강 255,0,0 / 파랑 0,0,255 / 노랑 255,255,0).
  - 각 문항에 주어진 ≪조건≫에 따라 작성하고 언급하지 않은 조건은 ≪출력형태≫와 같이 작성합니다.
  - 용지여백은 왼쪽 · 오른쪽 11㎜, 위쪽 · 아래쪽 · 머리말 · 꼬리말 10㎜, 제본 0㎜로 합니다.
  - 그림 삽입 문제의 경우 「내 PC₩문서₩ITQ₩Picture」 폴더에서 지정된 파일을 선택하여 삽입하십시오.
  - 삽입한 그림은 반드시 문서에 포함하여 저장해야 합니다(미포함 시 감점 처리).
  - 각 항목은 지정된 페이지에 출력형태와 같이 정확히 작성하시기 바라며, 그렇지 않을 경우에 해당 항목은 0점 처리됩니다.
  - ※ 페이지 구분 : 1페이지 - 기능평가 I (문제번호 표시 : 1. 2.),
                    2페이지 - 기능평가 II (문제번호 표시 : 3. 4.),
                    3페이지 - 문서작성 능력평가
- **기능평가**
  - 문제와 ≪조건≫은 입력하지 않으며 문제번호와 답(≪출력형태≫)만 작성합니다.
  - 4번 문제는 묶기를 했을 경우 0점 처리됩니다.
- **문서작성 능력평가**
  - A4 용지(210㎜×297㎜) 1매 크기, 세로 서식 문서로 작성합니다.
  - ┆┄┄┆ 표시는 문서작성에 대한 지시사항이므로 작성하지 않습니다.

kpc The Insight KPC 한국생산성본부

1. 다음의 ≪조건≫에 따라 스타일 기능을 적용하여 ≪출력형태≫와 같이 작성하시오. (50점)

조건　(1) 스타일 이름 – robot
　　　(2) 문단모양 – 왼쪽 여백 : 15pt, 문단 아래 간격 : 10pt
　　　(3) 글자모양 – 글꼴 : 한글(돋움)/영문(굴림), 크기 : 10pt, 장평 : 95%, 자간 : 5%

출력형태

We are to hold this contest to breed talented individuals in science technologies and make it easy and convenient for everybody to use and handle them in everyday lives.

인간 생활의 새로운 패러다임을 열어갈 로봇 경연대회는 창의력을 개발하고 참가자 상호 간에 정보를 교환하며 지능 로봇의 시연과 전시회에 일반인이 직접 체험할 수 있는 기회를 제공합니다.

2. 다음의 ≪조건≫에 따라 ≪출력형태≫와 같이 표와 차트를 작성하시오. (100점)

표조건　(1) 표 전체(표, 캡션) – 돋움, 10pt
　　　(2) 정렬 – 문자 : 가운데 정렬, 숫자 : 오른쪽 정렬
　　　(3) 셀 배경색 : 노랑
　　　(4) 한글의 계산 기능을 이용하여 빈칸에 평균(소수점 두 자리)을 구하고, 캡션 기능 사용할 것
　　　(5) 선 모양은 ≪출력형태≫와 동일하게 처리할 것

출력형태

로봇 퍼포먼스 경연대회 참가자 현황(단위 : 명)

지역	2019년	2020년	2021년	2022년	평균
초등학교	929	834	692	981	
중학교	869	854	881	923	
고등학교	315	429	421	488	
일반인	967	1,205	1,235	1,211	✕

차트조건　(1) 차트 데이터는 표 내용에서 연도별 초등학교, 중학교, 고등학교의 값만 이용할 것
　　　(2) 종류 – <묶은 세로 막대형>으로 작업할 것
　　　(3) 제목 – 굴림, 진하게, 12pt, 속성 – 채우기(하양), 테두리, 그림자(대각선 오른쪽 아래)
　　　(4) 제목 이외의 전체 글꼴 – 굴림, 보통, 10pt
　　　(5) 기타 나머지 사항은 ≪출력형태≫와 동일하게 처리할 것

출력형태

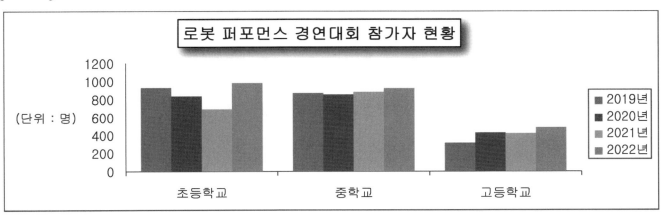

3. 다음 (1), (2)의 수식을 수식 편집기로 각각 입력하시오. (40점)

【 출력형태 】

(1) $\sum_{k=1}^{10} (k^3 + 6k^2 + 4k + 3) = 256$

(2) $\dfrac{b}{\sqrt{a^2 + b^2}} = \dfrac{2\tan\theta}{1 + \tan^2\theta}$

4. 다음의 ≪조건≫에 따라 ≪출력형태≫와 같이 문서를 작성하시오. (110점)

【 조건 】 (1) 그리기 도구를 이용하여 작성하고, 모든 도형(글맵시, 지정된 그림 포함)을 ≪출력형태≫와 같이 작성하시오.
(2) 도형의 면색은 지시사항이 없으면 색 없음을 제외하고 서로 다르게 임의로 지정하시오.

【 출력형태 】

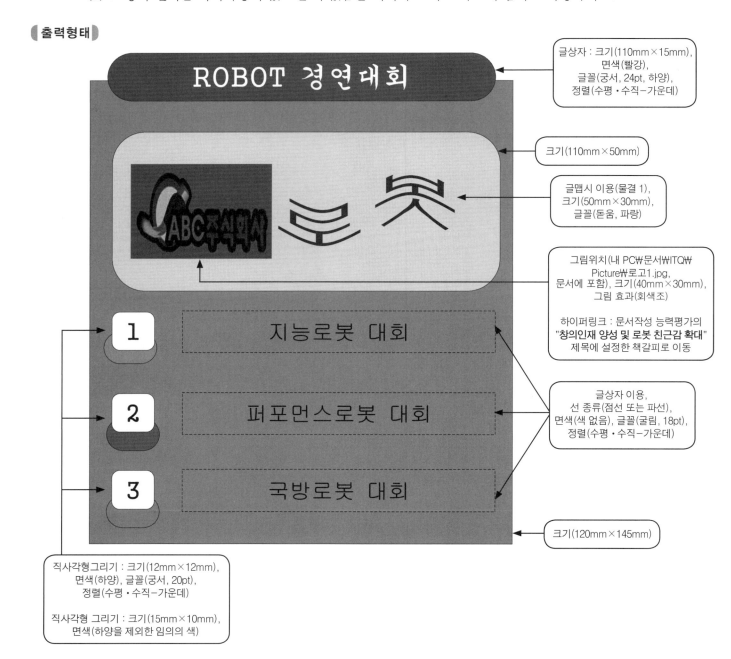

글상자 : 크기(110mm×15mm), 면색(빨강), 글꼴(궁서, 24pt, 하양), 정렬(수평·수직-가운데)

크기(110mm×50mm)

글맵시 이용(물결 1), 크기(50mm×30mm), 글꼴(돋움, 파랑)

그림위치(내 PC₩문서₩ITQ₩Picture₩로고1.jpg, 문서에 포함), 크기(40mm×30mm), 그림 효과(회색조)

하이퍼링크 : 문서작성 능력평가의 **"창의인재 양성 및 로봇 친근감 확대"** 제목에 설정한 책갈피로 이동

글상자 이용, 선 종류(점선 또는 파선), 면색(색 없음), 글꼴(굴림, 18pt), 정렬(수평·수직-가운데)

크기(120mm×145mm)

직사각형그리기 : 크기(12mm×12mm), 면색(하양), 글꼴(궁서, 20pt), 정렬(수평·수직-가운데)

직사각형 그리기 : 크기(15mm×10mm), 면색(하양을 제외한 임의의 색)

글꼴 : 굴림, 18pt, 진하게, 가운데 정렬
책갈피 이름 : 로봇, 덧말 넣기

문단 첫 글자 장식 기능
글꼴 : 궁서, 면색 : 노랑

머리말 기능
돋움, 10pt, 오른쪽 정렬 → 경연대회

그림위치(내 PC\문서\ITQ\Picture\그림4.jpg, 문서에 포함)
자르기 기능 이용,
크기(40mm×40mm), 바깥 여백
왼쪽 : 2mm

로봇 퍼포먼스 경연대회
창의인재 양성 및 로봇 친근감 확대

로봇을 통하여 국민들에게 과학기술에 대한 관심과 흥미를 부여하고 창의적 아이디어 발굴 및 우수 로봇 인재 양성에 기여하고자 국립과천과학관㉠이 2월 12일 제10회 로봇 퍼포먼스 경연대회를 개최합니다.

각주

현대사회는 공장에서의 대량생산을 기반으로 한 산업사회를 거쳐 사람의 두뇌 자체가 생산 공장인 지식사회로 빠르게 변화(變化)하고 있습니다. 미래는 지금보다도 더 창의적이고 복합적인 과학기술 능력을 요구하는 사회가 될 것입니다. 국립과천과학관은 청소년들이 이러한 미래사회에 대비하여 무한한 호기심과 상상력을 바탕으로 뛰어난 창의력을 갖춘 과학 인재로 자라나길 바라며 끊임없이 노력하고 있습니다. 또 어른들에게는 과학기술의 중요성을 널리 홍보하여 그 대중화(大衆化)에 앞장서고 있습니다. 이와 함께 우리나라 국민 모두가 과학기술을 이해하고 활용하여 경제적 풍요를 이룰 수 있도록 최선을 다하고 있습니다. 초등학생부터 중학생, 고등학생, 대학생, 일반인까지 로봇을 사랑하는 사람이면 누구나 참가할 수 있는 이번 경연대회를 통하여 그동안 갈고 닦은 기량을 맘껏 펼치시기 바랍니다.

★ 경연대회 개최 개요

글꼴 : 궁서, 18pt, 하양
음영색 : 파랑

I. 일시 및 장소
　A. 일시 : 2019. 2. 12(화) 10:00 - 17:00
　B. 장소 : 국립과천과학관 첨단 기술관 1층
II. 참가대상 및 참가종목
　A. 참가대상 : 초등학생 이상 나이 제한 없음(1팀당 3명 이하)
　B. 참가종목 : 학생부(초/중/고), 일반부(대학생/일반인)

문단 번호 기능 사용
1수준 : 20pt, 오른쪽정렬,
2수준 : 30pt, 오른쪽정렬
줄 간격 : 180%

★ 로봇 퍼포먼스 경연대회 시상

글꼴 : 궁서, 18pt, 밑줄, 강조점

표 전체 글꼴 : 굴림, 10pt, 가운데 정렬
셀 배경(그러데이션) : 유형(가로),
시작색(하양), 끝색(노랑)

구분	순위	훈격	상금(단위 : 만 원)
지능로봇	대상	산업통상자원부장관상	3,000
	최우수상/우수상	경상북도지사상/포항시장상	각 1,000/각 500
	장려상/특별상	한국로봇융합연구원장상/유엘산업안전상	각 300
퍼포먼스 로봇	금상/은상	경상북도지사상/포항시장상	500/각 300
	동상/인기상	한국로봇융합연구원장상	각 200/100

글꼴 : 돋움, 24pt, 진하게
장평 105%, 오른쪽 정렬 → # 국립과천과학관

각주 구분선 : 5cm

㉠ 사이버 과학관, 생태체험 학습관, 과학교육 체험장, 천문시설 등을 갖춘 과학 기관

쪽 번호 매기기
4로 시작 → ④

6^회 기출유형 모의고사

과목	코드	문제유형	시험시간	수험번호	성 명
아래 한글	1111	A	60분	51571006	

수 험 자 유 의 사 항

● 수험자는 문제지를 받는 즉시 문제지와 **수험표상의 시험과목(프로그램)이 동일한지 반드시 확인**하여야 합니다.
● 파일명은 본인의 "수험번호-성명"으로 입력하여 답안폴더(내 PC₩문서₩ITQ)에 하나의 파일로 저장해야 하며, 답안문서 파일명이 "수험번호-성명"과 일치하지 않거나, 답안파일을 전송하지 않아 미제출로 처리될 경우 실격 처리합니다 (예 : 12345678-홍길동.hwp).
● 답안 작성을 마치면 파일을 저장하고, '답안 전송' 버튼을 선택하여 감독위원 PC로 답안을 전송하십시오. 수험생 정보와 저장한 파일명이 다를 경우 전송되지 않으므로 주의하시기 바랍니다.
● 답안 작성 중에도 **주기적으로 저장하고 '답안 전송'** 하여야 문제 발생을 줄일 수 있습니다. 작업한 내용을 저장하지 않고 전송할 경우 이전에 저장된 내용이 전송되오니 이점 유의하시기 바랍니다.
● 답안문서는 지정된 경로 외의 다른 보조기억장치에 저장하는 경우, 지정된 시험 시간 외에 작성된 파일을 활용할 경우, 기타 통신 수단(이메일, 메신저, 네트워크 등)을 이용하여 타인에게 전달 또는 외부 반출하는 경우는 부정 처리합니다.
● 시험 중 부주의 또는 고의로 시스템을 파손한 경우는 수험자가 변상해야 하며, <수험자 유의사항>에 기재된 방법대로 이행하지 않아 생기는 불이익은 수험생 당사자의 책임임을 알려 드립니다.
● 문제의 조건은 한컴오피스 2022 버전으로 설정되어 있으니 유의하시기 바랍니다.
● 시험을 완료한 수험자는 답안파일이 전송되었는지 확인한 후 감독위원의 지시에 따라 문제지를 제출하고 퇴실합니다.

답 안 작 성 요 령

● **온라인 답안 작성 절차**
  수험자 등록 ⇒ 시험 시작 ⇒ 답안파일 저장 ⇒ 답안 전송 ⇒ 시험 종료
● **공통 부문**
· 글꼴에 대한 기본설정은 함초롬바탕, 10포인트, 검정, 줄간격 160%, 양쪽정렬로 합니다.
· 색상은 조건의 색을 적용하고 색의 구분이 안될 경우에는 RGB 값을 적용합니다(빨강 255,0,0 / 파랑 0,0,255 / 노랑 255,255,0).
· 각 문항에 주어진 ≪조건≫에 따라 작성하고 언급하지 않은 조건은 ≪출력형태≫와 같이 작성합니다.
· 용지여백은 왼쪽 · 오른쪽 11㎜, 위쪽 · 아래쪽 · 머리말 · 꼬리말 10㎜, 제본 0㎜로 합니다.
· 그림 삽입 문제의 경우 「내 PC₩문서₩ITQ₩Picture」폴더에서 지정된 파일을 선택하여 삽입하십시오.
· 삽입한 그림은 반드시 문서에 포함하여 저장해야 합니다(미포함 시 감점 처리).
· 각 항목은 지정된 페이지에 출력형태와 같이 정확히 작성하시기 바라며, 그렇지 않을 경우에 해당 항목은 0점 처리됩니다.
※ 페이지 구분 : 1페이지 – 기능평가 I (문제번호 표시 : 1. 2.),
　　　　　　　2페이지 – 기능평가 II (문제번호 표시 : 3. 4.),
　　　　　　　3페이지 – 문서작성 능력평가

기능평가
· 문제와 ≪조건≫은 입력하지 않으며 문제번호와 답(≪출력형태≫)만 작성합니다.
· 4번 문제는 묶기를 했을 경우 0점 처리됩니다.

문서작성 능력평가
· A4 용지(210㎜×297㎜) 1매 크기, 세로 서식 문서로 작성합니다.
· [□□□] 표시는 문서작성에 대한 지시사항이므로 작성하지 않습니다.

The Insight KPC
kpc 한국생산성본부

1. 다음의 ≪조건≫에 따라 스타일 기능을 적용하여 ≪출력형태≫와 같이 작성하시오. (50점)

조건　(1) 스타일 이름 – leisure
　　　　(2) 문단 모양 – 왼쪽 여백 : 15pt, 문단 아래 간격 : 10pt
　　　　(3) 글자 모양 – 글꼴 : 한글(돋움)/영문(궁서), 크기 : 10pt, 장평 :105%, 자간 : 5%

출력형태

Whenever I become time, I haunt climbing. Because is fairly good in health in physical strength administration dimension.

풍요롭지 않지만 쫓기는 삶을 살지 않는 여유로운 여가생활을 즐기는 삶이야말로 현대인이 궁극적으로 바라고 지향하는 목표일 것입니다.

2. 다음의 ≪조건≫에 따라 ≪출력형태≫와 같이 표와 차트를 작성하시오. (100점)

표조건　(1) 표 전체(표, 캡션) – 돋움, 10pt
　　　　(2) 정렬 – 문자 : 가운데 정렬, 숫자 : 오른쪽 정렬
　　　　(3) 셀 배경(면색) : 노랑
　　　　(4) 한글의 계산 기능을 이용하여 빈칸에 합계를 구하고, 캡션 기능 사용할 것
　　　　(5) 선 모양은 ≪출력형태≫와 동일하게 처리할 것

출력형태

체육국 예산현황(단위 : 백만 원)

구분	2018년	2019년	2020년	2021년	합계
생활체육	30,764	31,047	35,882	42,904	
생활체육 진흥	74,108	88,201	103,335	123,845	
국가대표 양성	24,654	33,360	33,949	123,845	
국제교류 협력	2,987	3,655	3,658	3,794	

차트조건　(1) 차트 데이터는 표 내용에서 연도별 생활체육, 생활체육 진흥, 국가대표 양성의 값만 이용할 것
　　　　(2) 종류 – <묶은 세로 막대형>으로 작업할 것
　　　　(3) 제목 – 돋움, 진하게, 12pt, 속성 – 채우기(하양), 테두리, 그림자(아래쪽)
　　　　(4) 제목 이외의 전체 글꼴 – 돋움, 보통, 10pt
　　　　(5) 축제목과 범례는 ≪출력형태≫와 동일하게 처리할 것

출력형태

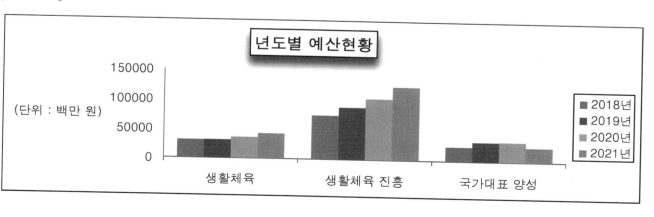

3. 다음 (1), (2)의 수식을 수식 편집기로 각각 입력하시오. (40점)

【출력형태】

(1) $h = \sqrt{k^2 - r^2}, S = \frac{1}{3}\pi r^2 h$

(2) $m = \frac{\triangle P}{K_a} = \frac{\triangle t_b}{K_b} = \frac{\triangle t_f}{K_f}$

4. 다음의 ≪조건≫에 따라 ≪출력형태≫와 같이 문서를 작성하시오. (110점)

【조건】 (1) 그리기 도구를 이용하여 작성하고, 모든 도형(글맵시, 지정된 그림 포함)을 ≪출력형태≫와 같이 작성하시오.
(2) 도형의 면색은 지시사항이 없으면 색 없음을 제외하고 서로 다르게 임의로 지정하시오.

【출력형태】

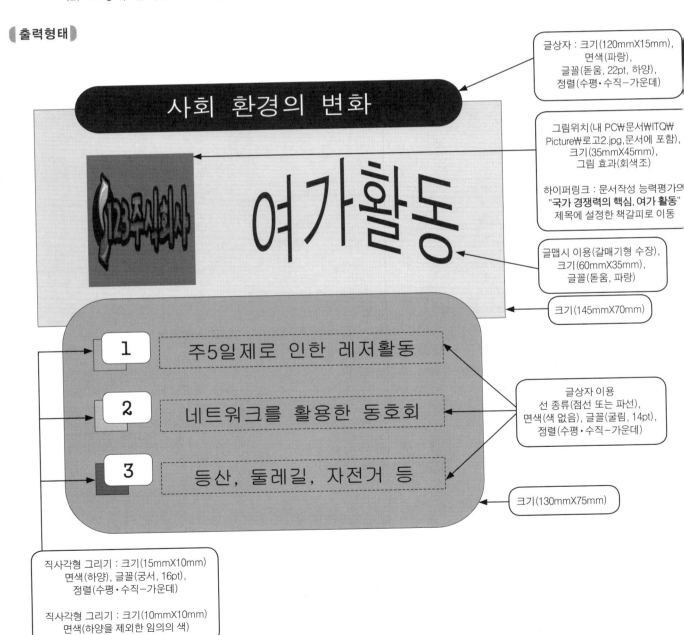

글상자 : 크기(120mmX15mm), 면색(파랑), 글꼴(돋움, 22pt, 하양), 정렬(수평·수직-가운데)

그림위치(내 PC₩문서₩ITQ₩Picture₩로고2.jpg,문서에 포함), 크기(35mmX45mm), 그림 효과(회색조)

하이퍼링크 : 문서작성 능력평가의 **"국가 경쟁력의 핵심, 여가 활동"** 제목에 설정한 책갈피로 이동

글맵시 이용(갈매기형 수장), 크기(60mmX35mm), 글꼴(돋움, 파랑)

크기(145mmX70mm)

글상자 이용 선 종류(점선 또는 파선), 면색(색 없음), 글꼴(굴림, 14pt), 정렬(수평·수직-가운데)

크기(130mmX75mm)

직사각형 그리기 : 크기(15mmX10mm) 면색(하양), 글꼴(궁서, 16pt), 정렬(수평·수직-가운데)

직사각형 그리기 : 크기(10mmX10mm) 면색(하양을 제외한 임의의 색)

사회 환경의 변화

여가활동

1 주5일제로 인한 레저활동

2 네트워크를 활용한 동호회

3 등산, 둘레길, 자전거 등

글꼴 : 돋움, 18pt, 진하게, 가운데 정렬,
책갈피 이름 : 관광자원, 덧말 넣기

머리말 기능
돋움, 10pt, 오른쪽 정렬

관광자원 개발사업

삶의 질
국가 경쟁력의 핵심, 여가활동

문단 첫 글자 장식 기능
글꼴 : 돋움, 면색 : 노랑

그림위치(내 PC₩문서₩ITQ₩Picture₩
그림4.jpg, 문서에 포함),
자르기 기능 이용, 크기(40mm×30mm),
바깥 여백 왼쪽 : 2mm

경제 성장만이 국가의 주된 목표가 되던 시절을 지나 이제는 여가가 21세기 국가 경쟁력의 핵심이 되고 있다. 우리나라는 선진국 진입의 발판이라는 1인당 국민소득 2만 달러 시대에 접어들면서 여가에 대한 인식 및 가치관이 변화하고 있으며, 다양한 매체의 등장 및 컴퓨터의 대중화로 새로운 형태의 여가활동이 등장하면서 국민들의 다양한 여가생활 수요를 증대시키고 있다. 변화하는 사회, 경제, 정책적 환경은 새로운 여가의 흐름으로 나타나고 있으며, 국민의 삶의 질 향상과 국가경쟁력 증진 차원에서 여가의 중요성은 더욱 커지고 있다.

국민들의 행복에 대한 인식도 변화하면서 생존권, 재산권 보장 외에 삶의 질을 높이려는 행복추구권(幸福追求權)의 요구가 증대되고 있다. 단순 노동 중심에서 삶의 질 향상을 위한 생활 중심, 여가 중심 사회로의 변화가 확산되면서 전 세계 국정의 핵심 코드가 행복이 되고 있다. 과거 국내총생산 중심 시대에서 국민총행복의 시대로 전환되고 있으며, 이러한 흐름은 전 세계적으로 확대되어 프랑스는 행복경제를 주장하고 캐나다는 웰빙지수①를, 영국은 행복지수를 개발하는 등 적극적인 움직임을 보이고 있다.

각주

◆ 국내 여가 환경의 변화 요인

글꼴 : 굴림, 18pt, 하양
음영색 : 파랑

1. 경제 환경의 변화
　가. 경제적 위기에 따른 소비 부진, 창조산업의 성장
　나. 생계형에서 가치형으로의 소비 패턴 변화
2. 정책 환경의 변화
　가. 국민행복시대를 위한 생활공감 정책
　나. 새로운 국가발전 패러다임으로서의 녹색 성장

문단 번호 기능 사용
1수준 : 20pt, 오른쪽 정렬
2수준 : 30pt, 오른쪽 정렬
줄 간격 : 180%

◆ *문화센터 프로그램*

글꼴 : 굴림, 18pt,
기울임, 강조점

표 전체 글꼴 : 돋움, 10pt, 가운데 정렬,
셀 배경(그러데이션) : 유형(가로),
시작색(하양), 끝색(노랑)

구분	작품명	공연 프로그램	공연장소
연극	제페토할아버지의 꿈	피노키오를 만든 할아버지의 이야기	
전시회	야생화 전시회	한국꽃꽂이협회 다원회 주관	
음악회	우리동네 음악회	베를리오즈, 로마의 사육제 서곡	양천문화회관 대극장
	양천 아리랑	한국의 무반주 합창, 한국의 선율, 한국의 얼	해누리타운 해누리홀
뮤지컬	고흐즈	그림과 뮤지컬의 만남	
	인어공주	가족이 함께 즐기는 가족 뮤지컬	

글꼴 : 궁서, 25pt, 진하게,
장평 97%, 오른쪽 정렬

양천문화회관

각주 구분선 : 5cm

쪽 번호 매기기
2로 시작

① 웰빙 체감 수준을 건강성, 환경성, 안전성, 충족성, 사회성으로 정량화하여 나타낸 웰빙 만족도 측정 지표

2

7회 기출유형 모의고사

과목	코드	문제유형	시험시간	수험번호	성 명
아래 한글	1111	A	60분	67081007	

수 험 자 유 의 사 항

- 수험자는 문제지를 받는 즉시 문제지와 **수험표상의 시험과목(프로그램)이 동일한지 반드시 확인**하여야 합니다.
- 파일명은 본인의 "수험번호-성명"으로 입력하여 답안폴더(내 PC₩문서₩ITQ)에 하나의 파일로 저장해야 하며, 답안문서 파일명이 "수험번호-성명"과 일치하지 않거나, 답안파일을 전송하지 않아 미제출로 처리될 경우 실격 처리합니다 (예 : 12345678-홍길동.hwp).
- 답안 작성을 마치면 파일을 저장하고, '답안 전송' 버튼을 선택하여 감독위원 PC로 답안을 전송하십시오. 수험생 정보와 저장한 파일명이 다를 경우 전송되지 않으므로 주의하시기 바랍니다.
- 답안 작성 중에도 **주기적으로 저장하고 '답안 전송'** 하여야 문제 발생을 줄일 수 있습니다. 작업한 내용을 저장하지 않고 전송할 경우 이전에 저장된 내용이 전송되오니 이점 유의하시기 바랍니다.
- 답안문서는 지정된 경로 외의 다른 보조기억장치에 저장하는 경우, 지정된 시험 시간 외에 작성된 파일을 활용할 경우, 기타 통신 수단(이메일, 메신저, 네트워크 등)을 이용하여 타인에게 전달 또는 외부 반출하는 경우는 부정 처리합니다.
- 시험 중 부주의 또는 고의로 시스템을 파손한 경우는 수험자가 변상해야 하며, <수험자 유의사항>에 기재된 방법대로 이행하지 않아 생기는 불이익은 수험생 당사자의 책임임을 알려 드립니다.
- 문제의 조건은 한컴오피스 2022 버전으로 설정되어 있으니 유의하시기 바랍니다.
- 시험을 완료한 수험자는 답안파일이 전송되었는지 확인한 후 감독위원의 지시에 따라 문제지를 제출하고 퇴실합니다.

답 안 작 성 요 령

- **온라인 답안 작성 절차**
  수험자 등록 ⇒ 시험 시작 ⇒ 답안파일 저장 ⇒ 답안 전송 ⇒ 시험 종료
- **공통 부문**
  · 글꼴에 대한 기본설정은 함초롬바탕, 10포인트, 검정, 줄간격 160%, 양쪽정렬로 합니다.
  · 색상은 조건의 색을 적용하고 색의 구분이 안될 경우에는 RGB 값을 적용합니다(빨강 255,0,0 / 파랑 0,0,255 / 노랑 255,255,0).
  · 각 문항에 주어진 ≪조건≫에 따라 작성하고 언급하지 않은 조건은 ≪출력형태≫와 같이 작성합니다.
  · 용지여백은 왼쪽 · 오른쪽 11㎜, 위쪽 · 아래쪽 · 머리말 · 꼬리말 10㎜, 제본 0㎜로 합니다.
  · 그림 삽입 문제의 경우 「내 PC₩문서₩ITQ₩Picture」 폴더에서 지정된 파일을 선택하여 삽입하십시오.
  · 삽입한 그림은 반드시 문서에 포함하여 저장해야 합니다(미포함 시 감점 처리).
  · 각 항목은 지정된 페이지에 출력형태와 같이 정확히 작성하시기 바라며, 그렇지 않을 경우에 해당 항목은 0점 처리됩니다.
  ※ 페이지 구분 : 1페이지 – 기능평가 I (문제번호 표시 : 1. 2.),
  　　　　　　　　　2페이지 – 기능평가 II (문제번호 표시 : 3. 4.),
  　　　　　　　　　3페이지 – 문서작성 능력평가

- **기능평가**
  · 문제와 ≪조건≫은 입력하지 않으며 문제번호와 답(≪출력형태≫)만 작성합니다.
  · 4번 문제는 묶기를 했을 경우 0점 처리됩니다.

- **문서작성 능력평가**
  · A4 용지(210㎜×297㎜) 1매 크기, 세로 서식 문서로 작성합니다.
  · ┆┄┄┆ 표시는 문서작성에 대한 지시사항이므로 작성하지 않습니다.

The Insight KPC
kpc 한국생산성본부

1. 다음의 《조건》에 따라 스타일 기능을 적용하여 《출력형태》와 같이 작성하시오. (50점)

조건 (1) 스타일 이름 – paragliding
(2) 문단 모양 – 왼쪽 여백 : 10pt, 문단 아래 간격 : 10pt
(3) 글자 모양 – 글꼴 : 한글(굴림)/영문(돋움), 크기 : 10pt, 장평 : 103%, 자간 : −8%

출력형태

Hot Air Balloon Festival will be held in Daejeon, Applications of "2019 Daejeon Powered Paragliding Competition" will be accepted till September 9th.

2019년 9월 가을 하늘을 화려하게 수놓을 오색 열기구의 향연이 펼쳐집니다. 평생 잊지 못할 추억과 낭만의 세계로 여러분을 초대합니다. "2019 대전 동력 패러글라이딩대회"의 신청은 9월 9일까지 접수합니다.

2. 다음의 《조건》에 따라 《출력형태》와 같이 표와 차트를 작성하시오. (100점)

표조건 (1) 표 전체(표, 캡션) – 굴림, 10pt
(2) 정렬 – 문자 : 가운데 정렬, 숫자 : 오른쪽 정렬
(3) 셀 배경(면색) : 노랑
(4) 한글의 계산 기능을 이용하여 빈칸에 합계를 구하고, 캡션 기능 사용할 것
(5) 선 모양은 《출력형태》와 동일하게 처리할 것

출력형태

2019 열기구 및 패러글라이딩 상위권 점수 현황

참가자명	1차 시도	2차 시도	3차 시도	4차 시도	5차 시도	합계
김성안	500	600	800	950	600	
한정수	500	700	487	800	600	
박윤정	500	500	900	600	500	
김종철	500	500	800	600	500	
최우식	500	450	1,000	800	600	

차트조건 (1) 차트 데이터는 표 내용에서 참가자명별 1차 시도, 2차 시도, 3차 시도 값만 이용할 것
(2) 종류 – <꺾은선형>으로 작업할 것
(3) 제목 – 굴림, 진하게, 12pt, 속성 – 채우기(하양), 테두리, 그림자(대각선 오른쪽 아래)
(4) 제목 이외의 전체 글꼴 – 돋움, 보통, 10pt
(5) 축제목과 범례는 《출력형태》와 동일하게 처리할 것

출력형태

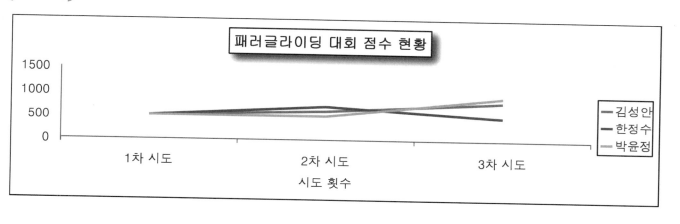

3. 다음 (1), (2)의 수식을 수식 편집기로 각각 입력하시오. (40점)

【출력형태】

(1) $R_n = \dfrac{(b-a)^n}{n!} f^{(n)}a + \theta(b-a), 0 < \theta \le 1$

(2) $\left\| \dfrac{\overline{z_2}}{z_4} - \dfrac{\overline{z_2}}{z_4} \right\| = \dfrac{\overline{z_2}}{z_4} \Leftrightarrow |\alpha + \beta| \le |\alpha| + |\beta| (\alpha\beta \ge 0)$

4. 다음의 《조건》에 따라 《출력형태》와 같이 문서를 작성하시오. (110점)

【조건】　(1) 그리기 도구를 이용하여 작성하고, 모든 도형(글맵시, 지정된 그림 포함)을 《출력형태》와 같이
　　　　　　　작성하시오.
　　　　　(2) 도형의 면색은 지시사항이 없으면 색 없음을 제외하고 서로 다르게 임의로 지정하시오.

【출력형태】

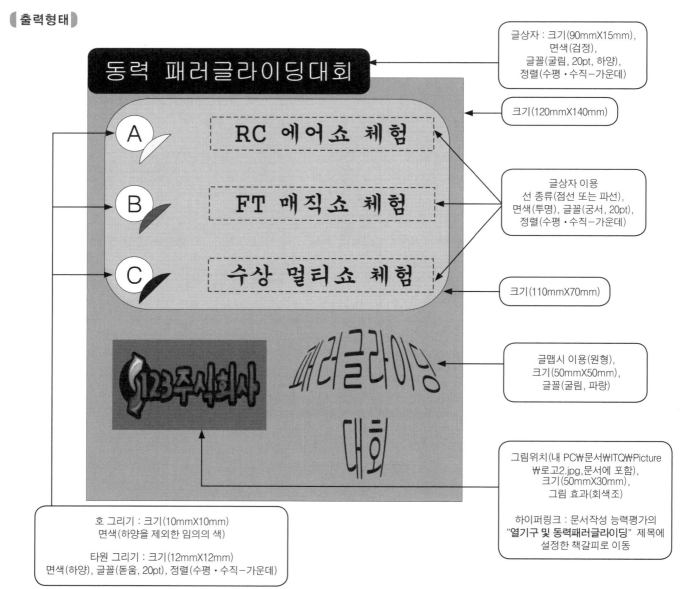

글상자 : 크기(90mmX15mm),
면색(검정),
글꼴(굴림, 20pt, 하양),
정렬(수평·수직-가운데)

크기(120mmX140mm)

글상자 이용
선 종류(점선 또는 파선),
면색(투명), 글꼴(궁서, 20pt),
정렬(수평·수직-가운데)

크기(110mmX70mm)

글맵시 이용(원형),
크기(50mmX50mm),
글꼴(굴림, 파랑)

그림위치(내 PC₩문서₩ITQ₩Picture
₩로고2.jpg,문서에 포함),
크기(50mmX30mm),
그림 효과(회색조)

하이퍼링크 : 문서작성 능력평가의
"열기구 및 동력패러글라이딩" 제목에
설정한 책갈피로 이동

호 그리기 : 크기(10mmX10mm)
면색(하양을 제외한 임의의 색)

타원 그리기 : 크기(12mmX12mm)
면색(하양), 글꼴(돋움, 20pt), 정렬(수평·수직-가운데)

글꼴 : 돋움, 20pt, 진하게, 오른쪽 정렬,
책갈피 이름 : 국제대회, 덧말 넣기

머리말 기능
돋움, 10pt, 오른쪽 정렬 → 패러글라이딩

대전광역시협회장배
열기구 및 패러글라이딩

문단 첫 글자 장식 기능
글꼴 : 굴림, 면색 : 색 없음

그림위치(내 PC\문서\ITQ\Picture\
그림4.jpg,문서에 포함),
자르기 기능 이용, 크기(40mmX30mm)
바깥 여백 왼쪽 : 2mm

열기구는 220여 년 전 프랑스의 죠셉 몽골피에와 그의 동생 에띠앙 몽골피에 형제에 의해 탄생되었다. 더운 공기는 일반 공기보다 가벼워 상승한다는 원리를 적용하여 실크를 소재로 한 체적 $1m^3$의 원형 기구의 내부에 나무와 젖은 밀집을 태워 발생한 뜨거운 공기를 채운 후 지상으로부터 30여 미터 상승시키는데 성공한 것이 최초의 열기구(熱器具)이다. 이에 반해 패러글라이더(Para-glider)는 낙하산과 행글라이더(hang-glider)의 특성이 조합된 우수한 비행체이다. 낙하산의 안정성과 행글라이더의 활공 성능이 결합된 것으로 스카이다이빙처럼 비행기에서 뛰어내리는 것이 아니라 기체를 언덕에 미리 펼쳐 놓고 파일럿이 하네스라고 하는 비행장구를 착용한 다음 기체와 연결한 후 바람을 맞받으며 내리막길을 약 10미터 정도 달려 양력이 발생되면 이륙하는 원리이다.

각주

올해로 21년째 접어든 대전광역시협회장배㉮대회는 자연(自然)과 열기구의 조화 그리고 아름다운 가을 하늘의 청명함과 패러글라이더가 어우러지는 멋진 쇼를 직접 즐길 수 있는 기회가 될 것이다. 또한 열기구대회를 통해 보다 역동적이고 활기찬 선진 과학도시로 발돋움하는 계기가 될 것이다.

◆ 동력 패러글라이딩대회

글꼴 : 궁서, 18pt, 하양
음영색 : 빨강

1. 열기구 대회 주요 경기 방식

  가. 지정된 장소로 날아 들어오는 경기 방식

  나. 두 장소 중의 한 곳을 조종사가 선정하여 날아가는 방식

2. 동력 패러글라이딩대회 주요 경기 방식

  가. 정해진 곳에 착륙한 후 다시 이륙하는 경기 방식

  나. 정해진 깃발 사이를 2m 고도로 통과하는 경기 방식

문단 번호 기능 사용
1수준 : 20pt, 오른쪽 정렬
2수준 : 30pt, 오른쪽 정렬
줄 간격 : 180%

글꼴 : 궁서 , 18pt,
기울임, 강조점

◆ 대전 패러글라이딩대회 개막식 일정

표 전체 글꼴 : 굴림, 10pt, 가운데 정렬,
셀 배경색(그라데이션) : 유형(세로),
시작색(하양), 끝색(노랑)

구분	항목	시간	내용
식전행사	식전축하공연	18:00 – 18:30	해군의장대의 시범공연
공식행사	개식고지	18:30 – 19:00	사회자 환영 및 축하인사, 행사소개
	개회사	19:00 – 19:30	조직위원장 등단, 개회사
	축사	19:30 – 20:30	대전시장 등단, 환영사
	나이트글로우 쇼	20:30 – 21:00	나이트글로우 쇼 연출 및 불꽃놀이
식후행사	축하공연		직장인밴드 Rock Festival
	기원행사		소원성취 풍등 날리기

대전광역시패러글라이딩협회

각주 구분선 : 5cm

글꼴 : 궁서, 20pt, 진하게,
장평 110%, 가운데 정렬

㉮ 참가대상 : 전국패러글라이딩 동호인 및 자격증 보유자

쪽 번호 매기기
4로 시작 → ④

8회 기출유형 모의고사

과목	코드	문제유형	시험시간	수험번호	성 명
아래 한글	1111	A	60분	80151008	

수 험 자 유 의 사 항

- 수험자는 문제지를 받는 즉시 문제지와 **수험표상의 시험과목(프로그램)이 동일한지 반드시 확인**하여야 합니다.
- 파일명은 본인의 "수험번호-성명"으로 입력하여 답안폴더(내 PC₩문서₩ITQ)에 하나의 파일로 저장해야 하며, 답안문서 파일명이 "수험번호-성명"과 일치하지 않거나, 답안파일을 전송하지 않아 미제출로 처리될 경우 실격 처리합니다 (예 : 12345678-홍길동.hwp).
- 답안 작성을 마치면 파일을 저장하고, '답안 전송' 버튼을 선택하여 감독위원 PC로 답안을 전송하십시오. 수험생 정보와 저장한 파일명이 다를 경우 전송되지 않으므로 주의하시기 바랍니다.
- 답안 작성 중에도 **주기적으로 저장하고 '답안 전송'** 하여야 문제 발생을 줄일 수 있습니다. 작업한 내용을 저장하지 않고 전송할 경우 이전에 저장된 내용이 전송되오니 이점 유의하시기 바랍니다.
- 답안문서는 지정된 경로 외의 다른 보조기억장치에 저장하는 경우, 지정된 시험 시간 외에 작성된 파일을 활용할 경우, 기타 통신 수단(이메일, 메신저, 네트워크 등)을 이용하여 타인에게 전달 또는 외부 반출하는 경우는 부정 처리합니다.
- 시험 중 부주의 또는 고의로 시스템을 파손한 경우는 수험자가 변상해야 하며, <수험자 유의사항>에 기재된 방법대로 이행하지 않아 생기는 불이익은 수험생 당사자의 책임임을 알려 드립니다.
- 문제의 조건은 한컴오피스 2022 버전으로 설정되어 있으니 유의하시기 바랍니다.
- 시험을 완료한 수험자는 답안파일이 전송되었는지 확인한 후 감독위원의 지시에 따라 문제지를 제출하고 퇴실합니다.

답 안 작 성 요 령

- **온라인 답안 작성 절차**
  수험자 등록 ⇒ 시험 시작 ⇒ 답안파일 저장 ⇒ 답안 전송 ⇒ 시험 종료
- **공통 부문**
- 글꼴에 대한 기본설정은 함초롬바탕, 10포인트, 검정, 줄간격 160%, 양쪽정렬로 합니다.
- 색상은 조건의 색을 적용하고 색의 구분이 안될 경우에는 RGB 값을 적용합니다(빨강 255,0,0 / 파랑 0,0,255 / 노랑 255,255,0).
- 각 문항에 주어진 ≪조건≫에 따라 작성하고 언급하지 않은 조건은 ≪출력형태≫와 같이 작성합니다.
- 용지여백은 왼쪽 · 오른쪽 11mm, 위쪽 · 아래쪽 · 머리말 · 꼬리말 10mm, 제본 0mm로 합니다.
- 그림 삽입 문제의 경우 「내 PC₩문서₩ITQ₩Picture」 폴더에서 지정된 파일을 선택하여 삽입하십시오.
- 삽입한 그림은 반드시 문서에 포함하여 저장해야 합니다(미포함 시 감점 처리).
- 각 항목은 지정된 페이지에 출력형태와 같이 정확히 작성하시기 바라며, 그렇지 않을 경우에 해당 항목은 0점 처리됩니다.
- ※ 페이지 구분 : 1페이지 - 기능평가 I (문제번호 표시 : 1. 2.),
  2페이지 - 기능평가 II (문제번호 표시 : 3. 4.),
  3페이지 - 문서작성 능력평가

기능평가
- 문제와 ≪조건≫은 입력하지 않으며 문제번호와 답(≪출력형태≫)만 작성합니다.
- 4번 문제는 묶기를 했을 경우 0점 처리됩니다.

문서작성 능력평가
- A4 용지(210mm×297mm) 1매 크기, 세로 서식 문서로 작성합니다.
- ┌┄┄┐ 표시는 문서작성에 대한 지시사항이므로 작성하지 않습니다.

The Insight KPC
kpc 한국생산성본부

1. 다음의 ≪조건≫에 따라 스타일 기능을 적용하여 ≪출력형태≫와 같이 작성하시오. (50점)

【조건】 (1) 스타일 이름 – subway
(2) 문단 모양 – 왼쪽 여백 : 10pt, 문단 아래 간격 : 10pt
(3) 글자 모양 – 글꼴 : 한글(돋움)/영문(궁서), 크기 : 10pt, 장평 : 105%, 자간 : −5%

【출력형태】

서울메트로는 안전한 지하철 기반 위에 행복하고 즐거운 생활 공간을 만들기 위해 시민 여러분의 생각을 담고, 시민 편의를 위한 효율적인 공간으로 재구성하고 있습니다.

Seoul Metro was the first local public enterprise to be established under Article 49 of the Local Public Enterprises and the Seoul Metropolitan Rapid Transit Corporation Establishment Regulation.

2. 다음의 ≪조건≫에 따라 ≪출력형태≫와 같이 표와 차트를 작성하시오. (100점)

【표조건】 (1) 표 전체(표, 캡션) – 돋움, 10pt
(2) 정렬 – 문자 : 가운데 정렬, 숫자 : 오른쪽 정렬
(3) 셀 배경(면색) : 노랑
(4) 한글의 계산 기능을 이용하여 빈칸에 평균(소수점 두 자리)을 구하고, 캡션 기능 사용할 것
(5) 선 모양은 ≪출력형태≫와 동일하게 처리할 것

【출력형태】

수송현황(단위 : 명/일)

구분	09:00~10:00	10:00~11:00	11:00~12:00	12:00~13:00	평균
서울역	2,577	3,143	3,971	4,743	
시청역	1,073	1,233	1,426	1,563	
종각역	1,597	1,605	1,900	2,395	
종로3가역	948	1,238	1,651	2,110	

【차트조건】 (1) 차트 데이터는 표 내용에서 시간별 서울역, 시청역의 값만 이용할 것
(2) 종류 – <묶은 세로 막대형>으로 작업할 것
(3) 제목 – 돋움, 진하게, 12pt, 속성 – 채우기(하양), 테두리, 그림자(대각선 오른쪽 아래)
(4) 제목 이외의 전체 글꼴 – 돋움, 보통, 10pt
(5) 축제목과 범례는 ≪출력형태≫와 동일하게 처리할 것

【출력형태】

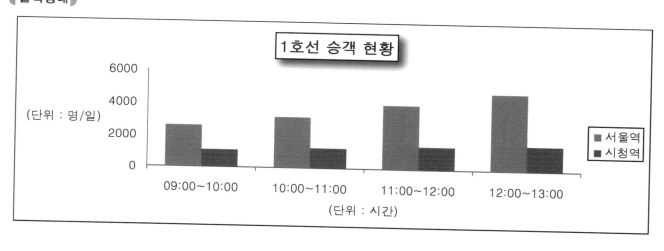

3. 다음 (1), (2)의 수식을 수식 편집기로 각각 입력하시오. (40점)

출력형태

(1) $T = 2\pi \sqrt{\dfrac{r^3}{GM}} = 5.9 \times 10^5$

(2) $\displaystyle\sum_{k=1}^{n} k^2 = \dfrac{1}{6} n(n+1)(2n+1)$

4. 다음의 ≪조건≫에 따라 ≪출력형태≫와 같이 문서를 작성하시오. (110점)

조건 (1) 그리기 도구를 이용하여 작성하고, 모든 도형(글맵시, 지정된 그림 포함)을 ≪출력형태≫와 같이
작성하시오.
(2) 도형의 면색은 지시사항이 없으면 색 없음을 제외하고 서로 다르게 임의로 지정하시오.

출력형태

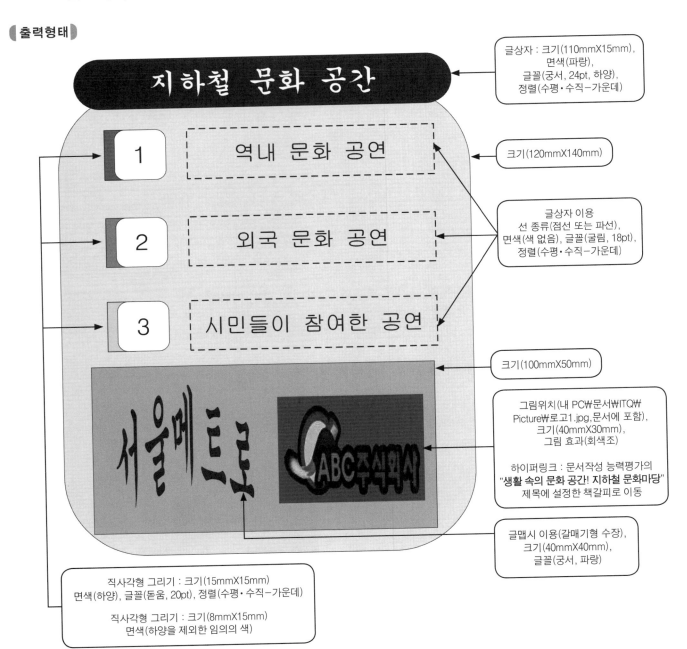

글꼴 : 궁서, 22pt, 진하게, 가운데 정렬, 책갈피 이름 : 지하철, 덧말 넣기

머리말 기능 굴림, 10pt, 오른쪽 정렬 → 문화마당

문단 첫 글자 장식 기능 글꼴 : 돋움, 면색 : 노랑

지하철 문화공연
생활 속의 문화 공간! 지하철 문화마당

그림위치(내 PC₩문서₩ITQ₩Picture₩그림5.jpg, 문서에 포함), 자르기 기능 이용, 크기(40mm×30mm), 바깥 여백 왼쪽 : 2mm

서 울 메트로는 천만 시민의 교통기관으로서의 역할뿐만 아니라 쾌적한 쉼터와 함께하는 생활 속의 문화 공간을 제공하고자 다양한 노력을 하고 있습니다. 1986년 지하철 3호선 개통과 함께 지난 20년간 역사적 문화시설인 경복궁을 중심으로 한 문화예술 지역의 초입에서 대중적인 문화 공간으로 자리하고 있는 미술관의 시설을 개선하여 더욱 편리하게 관람(觀覽)할 수 있는 예술 공간이 되도록 하였습니다. 공공미술관㉠으로서 공공성과 대중성의 결합을 통하여 문화생산성을 높이고 시민에게 휴식과 사색의 재충전 공간으로 거듭나기 위해 더욱 노력할 것입니다.

각주

또한, 공연전문기관이 레일아트 및 이일공과 역사 내 공연문화 활동에 관한 약정을 체결하고 지하철 예술무대를 공동운영하고 있습니다. 이일공과 레일아트에 참가신청을 하시면 소정의 오디션을 거쳐 공연하실 수 있습니다. 신청 자격은 프로, 아마추어 불문(不問)이며 공연에 필요한 현장지원을 받으실 수 있습니다.

특히, 올해부터는 2호선 사당역과 선릉역, 4호선 동대문역사문화공원역 등 3개 역에서 역별로 특화된 장르의 공연을 실시한다. 젊은이들이 좋아하는 인디음악과 분위기 있는 클래식이 가장 많으며, 국악, 댄스, K-POP부터 팝페라, 아카펠라까지 다양하고 이색적인 공연들이 펼쳐진다.

♣ 지하철 상설 공연 무대 현황

글꼴 : 돋움, 18pt, 하양 음영색 : 파랑

(1) 사당역 지하1층 대합실

   (가) 음향장비 : 메인스피커, 서브스피커, 오디오믹서

   (나) 조명장치 : 다운라이트-92개, 스포트라이트-22개

(2) 을지로입구역 지하1층 대합실

문단 번호 기능 사용 1수준 : 10pt, 오른쪽 정렬 2수준 : 20pt, 오른쪽 정렬 줄 간격 : 180%

   (가) 음향장비 : 메인스피커, CD플레이어, 케이블 및 자재

   (나) 조명장치 : 다운라이트-92개

표 전체 글꼴 : 굴림, 10pt, 가운데 정렬, 셀 배경(그러데이션) : 유형(가로), 시작색(하양), 끝색(노랑)

♣ 공연 일정 안내

글꼴 : 돋움, 18pt, 기울임, 강조점

일자	시간	역	공연자	공연내용	비고
24(월)	18:00~19:00	선릉역	레트루아	인디밴드	
25(화)	17:00~19:00	사당역	라파엘	라틴팝	2호선 공연 일정은 바뀔 수 있습니다.
	18:00~20:00		공소야	통기타 라이브	
26(수)	15:00~17:00		Soleil	재즈밴드	
	19:00~21:00	선릉역	기호밴드	인디밴드	

글꼴 : 돋움, 20pt, 진하게, 장평 110%, 오른쪽 정렬

→ 서울 메트로 경영지원본부

각주 구분선 : 5cm

㉠ 서울 메트로 미술관은 2005년 11월 구 경복궁 미술관의 시설을 개선하여 개관하였습니다.

쪽 번호 매기기 1로 시작 → A

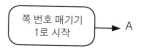

| 무료 동영상 |

9회 기출유형 모의고사

과목	코드	문제유형	시험시간	수험번호	성 명
아래 한글	1111	A	60분	19831009	

수 험 자 유 의 사 항

● 수험자는 문제지를 받는 즉시 문제지와 **수험표상의 시험과목(프로그램)이 동일한지 반드시 확인**하여야 합니다.

● 파일명은 본인의 "수험번호-성명"으로 입력하여 답안폴더(내 PC₩문서₩ITQ)에 하나의 파일로 저장해야 하며, 답안문서 파일명이 "수험번호-성명"과 일치하지 않거나, 답안파일을 전송하지 않아 미제출로 처리될 경우 실격 처리합니다 (예 : 12345678-홍길동.hwp).

● 답안 작성을 마치면 파일을 저장하고, '답안 전송' 버튼을 선택하여 감독위원 PC로 답안을 전송하십시오. 수험생 정보와 저장한 파일명이 다를 경우 전송되지 않으므로 주의하시기 바랍니다.

● 답안 작성 중에도 **주기적으로 저장하고 '답안 전송'** 하여야 문제 발생을 줄일 수 있습니다. 작업한 내용을 저장하지 않고 전송할 경우 이전에 저장된 내용이 전송되오니 이점 유의하시기 바랍니다.

● 답안문서는 지정된 경로 외의 다른 보조기억장치에 저장하는 경우, 지정된 시험 시간 외에 작성된 파일을 활용할 경우, 기타 통신 수단(이메일, 메신저, 네트워크 등)을 이용하여 타인에게 전달 또는 외부 반출하는 경우는 부정 처리합니다.

● 시험 중 부주의 또는 고의로 시스템을 파손한 경우는 수험자가 변상해야 하며, <수험자 유의사항>에 기재된 방법대로 이행하지 않아 생기는 불이익은 수험생 당사자의 책임임을 알려 드립니다.

● 문제의 조건은 한컴오피스 2022 버전으로 설정되어 있으니 유의하시기 바랍니다.

● 시험을 완료한 수험자는 답안파일이 전송되었는지 확인한 후 감독위원의 지시에 따라 문제지를 제출하고 퇴실합니다.

답 안 작 성 요 령

● 온라인 답안 작성 절차
   수험자 등록 ⇒ 시험 시작 ⇒ 답안파일 저장 ⇒ 답안 전송 ⇒ 시험 종료

● 공통 부문
· 글꼴에 대한 기본설정은 함초롬바탕, 10포인트, 검정, 줄간격 160%, 양쪽정렬로 합니다.
· 색상은 조건의 색을 적용하고 색의 구분이 안될 경우에는 RGB 값을 적용합니다(빨강 255,0,0 / 파랑 0,0,255 / 노랑 255,255,0).
· 각 문항에 주어진 《조건》에 따라 작성하고 언급하지 않은 조건은 《출력형태》와 같이 작성합니다.
· 용지여백은 왼쪽 · 오른쪽 11㎜, 위쪽 · 아래쪽 · 머리말 · 꼬리말 10㎜, 제본 0㎜로 합니다.
· 그림 삽입 문제의 경우 「내 PC₩문서₩ITQ₩Picture」 폴더에서 지정된 파일을 선택하여 삽입하십시오.
· 삽입한 그림은 반드시 문서에 포함하여 저장해야 합니다(미포함 시 감점 처리).
· 각 항목은 지정된 페이지에 출력형태와 같이 정확히 작성하시기 바라며, 그렇지 않을 경우에 해당 항목은 0점 처리됩니다.
※ 페이지 구분 : 1페이지 – 기능평가Ⅰ (문제번호 표시 : 1. 2.),
              2페이지 – 기능평가Ⅱ (문제번호 표시 : 3. 4.),
              3페이지 – 문서작성 능력평가

기능평가
· 문제와 《조건》은 입력하지 않으며 문제번호와 답(《출력형태》)만 작성합니다.
· 4번 문제는 묶기를 했을 경우 0점 처리됩니다.

문서작성 능력평가
· A4 용지(210㎜×297㎜) 1매 크기, 세로 서식 문서로 작성합니다.
· 표시는 문서작성에 대한 지시사항이므로 작성하지 않습니다.

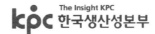
The Insight KPC
kpc 한국생산성본부

1. 다음의 ≪조건≫에 따라 스타일 기능을 적용하여 ≪출력형태≫와 같이 작성하시오. (50점)

【조건】 (1) 스타일 이름 – internet
(2) 문단모양 – 왼쪽 여백 : 15pt, 문단 아래 간격 : 10pt
(3) 글자모양 – 글꼴 : 한글(굴림)/영문(궁서), 크기 : 10pt, 장평 : 115%, 자간 : −5%

【출력형태】

The object of the CTRC's investigation includes, but not limited to, cyber attacks against the Republic of Korea and its people.

인터넷이 보편화됨에 따라 자기의 의견을 다른 사람에게 쉽게 표출할 수 있게 되었고, 다른 사람에게 피해를 주지 않고 자유롭게 의견을 표출하는 인터넷 예의에 대한 조기교육이 시행되고 있다.

2. 다음의 ≪조건≫에 따라 ≪출력형태≫와 같이 표와 차트를 작성하시오. (100점)

【표조건】 (1) 표 전체(표, 캡션) – 돋움, 10pt
(2) 정렬 – 문자 : 가운데 정렬, 숫자 : 오른쪽 정렬
(3) 셀 배경색 : 노랑
(4) 한글의 계산 기능을 이용하여 빈칸에 합계를 구하고, 캡션 기능 사용할 것
(5) 선 모양은 ≪출력형태≫와 동일하게 처리할 것

【출력형태】

사이버테러/일반사이버 범죄(단위 : 건)

년도	사이버테러 발생	사이버테러 검거	일반사이버 발생	일반사이버 검거	합계
2019년	84,265	33,159	24,392	87,449	
2020년	35,334	19,437	18,221	64,024	
2021년	19,295	16,574	19,345	73,846	
2022년	17,685	15,362	105,089	120,218	

【차트조건】 (1) 차트 데이터는 표 내용에서 구분별 2019년, 2020년, 2021년의 값만 이용할 것
(2) 종류 – <묶은 세로 막대형>으로 작업할 것
(3) 제목 – 굴림, 진하게, 12pt, 속성 – 채우기(하양), 테두리, 그림자(대각선 오른쪽 아래)
(4) 제목 이외의 전체 글꼴 – 굴림, 보통, 10pt
(5) 기타 나머지 사항은 ≪출력형태≫와 동일하게 처리할 것

【출력형태】

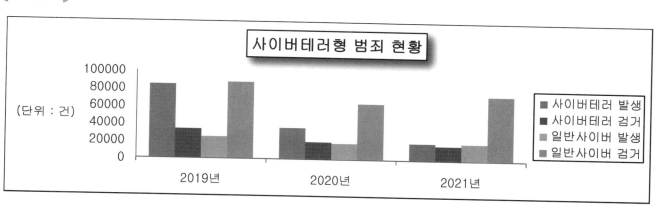

3. 다음 (1), (2)의 수식을 수식 편집기로 각각 입력하시오. (40점)

《출력형태》

(1) $\displaystyle\sum_{k=1}^{n} k^3 = \frac{n(n+1)}{2} = \sum_{k=1}^{n} k$

(2) $\displaystyle\int_{\alpha}^{\beta} A(x-\alpha)(x-\beta)dx = -\frac{A}{6}(\beta-\alpha)^3$

4. 다음의 《조건》에 따라 《출력형태》와 같이 문서를 작성하시오. (110점)

《조건》 (1) 그리기 도구를 이용하여 작성하고, 모든 도형(글맵시, 지정된 그림 포함)을 《출력형태》와 같이
작성하시오.
(2) 도형의 면색은 지시사항이 없으면 색 없음을 제외하고 서로 다르게 임의로 지정하시오.

《출력형태》

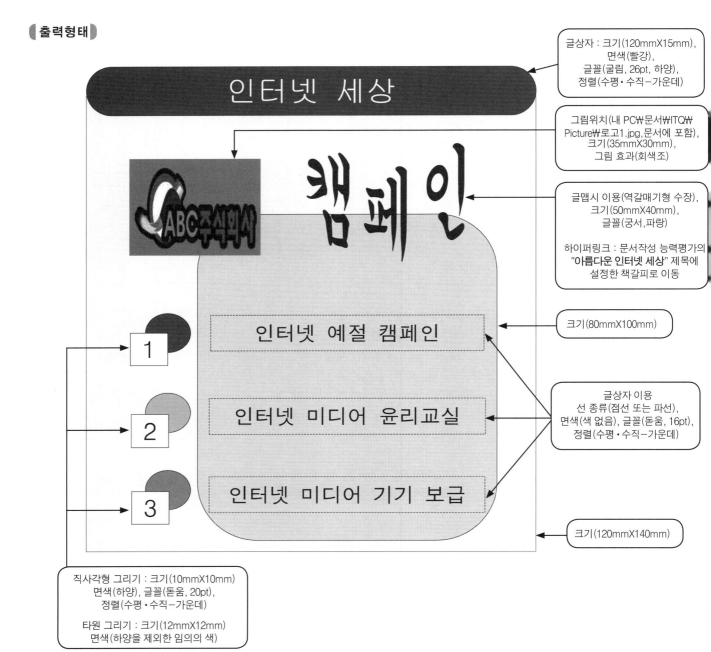

글상자 : 크기(120mmX15mm),
면색(빨강),
글꼴(굴림, 26pt, 하양),
정렬(수평·수직-가운데)

그림위치(내 PC₩문서₩ITQ₩
Picture₩로고1.jpg,문서에 포함),
크기(35mmX30mm),
그림 효과(회색조)

글맵시 이용(역갈매기형 수장),
크기(50mmX40mm),
글꼴(궁서,파랑)

하이퍼링크 : 문서작성 능력평가의
"아름다운 인터넷 세상" 제목에
설정한 책갈피로 이동

크기(80mmX100mm)

글상자 이용
선 종류(점선 또는 파선),
면색(색 없음), 글꼴(돋움, 16pt),
정렬(수평·수직-가운데)

크기(120mmX140mm)

직사각형 그리기 : 크기(10mmX10mm)
면색(하양), 글꼴(돋움, 20pt),
정렬(수평·수직-가운데)

타원 그리기 : 크기(12mmX12mm)
면색(하양을 제외한 임의의 색)

글꼴 : 돋움, 18pt, 진하게, 가운데 정렬,
책갈피 이름 : 인터넷, 덧말 넣기

머리말 기능
돋움, 10pt, 오른쪽 정렬 → 아름누리

인터넷 교육
아름다운 인터넷 세상

그림위치(내 PC\문서\ITQ\Picture\
그림5.jpg, 문서에 포함),
자르기 기능 이용, 크기(40mmX30mm),
바깥 여백 왼쪽 : 2mm

문단 첫 글자 장식 기능
글꼴 : 돋움, 면색 : 노랑

청 소년들이 인터넷 윤리를 쉽게 배우고 체험할 수 있는 행사가 서울 시청 앞 광장에서 성대하게 열린다. 이 캠페인은 우리 청소년들이 정보화 역기능의 심각성을 인식하고, 정보윤리를 배우고 또 알리기 위해 자율적으로 만든 '아름누리 지킴이' 동아리에서 펼치는 실천 활동의 하나로 우리나라의 미래를 짊어질 청소년들이 스스로 인터넷 윤리를 실천하는 사회적 분위기를 조성한다는 점에서 그 의미가 매우 크며, 이 날 행사에서는 전국 '아름누리 지킴이'가 결성된 130개 학교 중 56개 초.중.고등학교에서 1,200여 명의 청소년과 지도교사가 모여 정보화 역기능을 방지하고 행복한 인터넷 환경을 만들어 나가겠다는 '아름누리 지킴이' 다짐의식을 거행한다. (각주)

행정안전부㉮는 이번 캠페인을 통해 청소년과 시민이 '아름다운 인터넷 세상 만들기'에 함께 참여(參與)하여 생활 속 인터넷 윤리를 실천하고 선진적인 정보문화를 구현하는 계기가 마련될 것으로 기대하고 있다.

★ **아름누리 행사 내용** ◀ 글꼴 : 굴림, 18pt, 하양, 음영색 : 파랑

1) '아름누리 지킴이' 발대식

　가) 아름누리 지킴이 단기 및 어깨띠 수여

　나) 홍보대사 위촉패 전달 및 선플 실천 서약식

2) 아름누리 캠페인 부대 행사

　가) 홍보대사 축하공연

　나) 시민과 함께하는 다양한 이벤트 행사

문단 번호 기능 사용
1수준 : 20pt, 오른쪽 정렬
2수준 : 30pt, 오른쪽 정렬
줄 간격 : 180%

글꼴 : 굴림, 18pt,
기울임, 강조점

표 전체 글꼴 : 돋움, 10pt, 가운데 정렬
셀 배경(그러데이션) : 유형(왼쪽 대각선)
시작색(하양), 끝색(노랑)

★ *시민과 함께 하는 체험행사 공연*

시간	참여 대상	진행 내용	공통
14:00~16:00	아름누리 단원	인터넷 중독 예방 교육 인터넷 중독 카운셀링	교육자료 배포 시청각 교육
16:00~17:00		게임 중독 예방 교육 게임 중독 카운셀링	
17:00~18:00		인터넷 예절 교육	
19:00~21:30	시민, 아름누리 단원	밴드 공연 및 인기가수 초청 공연	

글꼴 : 궁서, 25pt, 진하게,
장평 120%, 오른쪽 정렬 → **아름누리 지킴이**

각주 구분선 : 5cm

㉮ 중앙정부의 행정관리 및 지방정부에 대한 관리 및 조정 기능 등을 담당하는 중앙행정기관

쪽 번호 매기기
1로 시작 → 가

과목	코드	문제유형	시험시간	수험번호	성 명
아래 한글	1111	A	60분	60411010	

수 험 자 유 의 사 항

● 수험자는 문제지를 받는 즉시 문제지와 **수험표상의 시험과목(프로그램)이 동일한지 반드시 확인**하여야 합니다.
● 파일명은 본인의 "수험번호-성명"으로 입력하여 답안폴더(내 PC₩문서₩ITQ)에 하나의 파일로 저장해야 하며, 답안문서 파일명이 "수험번호-성명"과 일치하지 않거나, 답안파일을 전송하지 않아 미제출로 처리될 경우 실격 처리합니다 (예 : 12345678-홍길동.hwp).
● 답안 작성을 마치면 파일을 저장하고, '답안 전송' 버튼을 선택하여 감독위원 PC로 답안을 전송하십시오. 수험생 정보와 저장한 파일명이 다를 경우 전송되지 않으므로 주의하시기 바랍니다.
● 답안 작성 중에도 **주기적으로 저장하고 '답안 전송'** 하여야 문제 발생을 줄일 수 있습니다. 작업한 내용을 저장하지 않고 전송할 경우 이전에 저장된 내용이 전송되오니 이점 유의하시기 바랍니다.
● 답안문서는 지정된 경로 외의 다른 보조기억장치에 저장하는 경우, 지정된 시험 시간 외에 작성된 파일을 활용할 경우, 기타 통신 수단(이메일, 메신저, 네트워크 등)을 이용하여 타인에게 전달 또는 외부 반출하는 경우는 부정 처리합니다.
● 시험 중 부주의 또는 고의로 시스템을 파손한 경우는 수험자가 변상해야 하며, <수험자 유의사항>에 기재된 방법대로 이행하지 않아 생기는 불이익은 수험생 당사자의 책임임을 알려 드립니다.
● 문제의 조건은 한컴오피스 2022 버전으로 설정되어 있으니 유의하시기 바랍니다.
● 시험을 완료한 수험자는 답안파일이 전송되었는지 확인한 후 감독위원의 지시에 따라 문제지를 제출하고 퇴실합니다.

답 안 작 성 요 령

● 온라인 답안 작성 절차
　　수험자 등록 ⇒ 시험 시작 ⇒ 답안파일 저장 ⇒ 답안 전송 ⇒ 시험 종료
● 공통 부문
· 글꼴에 대한 기본설정은 함초롬바탕, 10포인트, 검정, 줄간격 160%, 양쪽정렬로 합니다.
· 색상은 조건의 색을 적용하고 색의 구분이 안될 경우에는 RGB 값을 적용합니다(빨강 255,0,0 / 파랑 0,0,255 / 노랑 255,255,0).
· 각 문항에 주어진 ≪조건≫에 따라 작성하고 언급하지 않은 조건은 ≪출력형태≫와 같이 작성합니다.
· 용지여백은 왼쪽 · 오른쪽 11㎜, 위쪽 · 아래쪽 · 머리말 · 꼬리말 10㎜, 제본 0㎜로 합니다.
· 그림 삽입 문제의 경우 「내 PC₩문서₩ITQ₩Picture」 폴더에서 지정된 파일을 선택하여 삽입하십시오.
· 삽입한 그림은 반드시 문서에 포함하여 저장해야 합니다(미포함 시 감점 처리).
· 각 항목은 지정된 페이지에 출력형태와 같이 정확히 작성하시기 바라며, 그렇지 않을 경우에 해당 항목은 0점 처리됩니다.
※ 페이지 구분 : 1페이지 – 기능평가Ⅰ (문제번호 표시 : 1. 2.),
　　　　　　　　2페이지 – 기능평가Ⅱ (문제번호 표시 : 3. 4.),
　　　　　　　　3페이지 – 문서작성 능력평가

기능평가
· 문제와 ≪조건≫은 입력하지 않으며 문제번호와 답(≪출력형태≫)만 작성합니다.
· 4번 문제는 묶기를 했을 경우 0점 처리됩니다.

문서작성 능력평가
· A4 용지(210㎜×297㎜) 1매 크기, 세로 서식 문서로 작성합니다.
· ┌┄┄┐ 표시는 문서작성에 대한 지시사항이므로 작성하지 않습니다.

The Insight KPC
kpc 한국생산성본부

1. 다음의 ≪조건≫에 따라 스타일 기능을 적용하여 ≪출력형태≫와 같이 작성하시오. (50점)

조건
(1) 스타일 이름 – commander
(2) 문단모양 – 왼쪽 여백 : 15pt, 문단 아래 간격 : 10pt
(3) 글자모양 – 글꼴 : 한글(돋움)/영문(궁서), 크기 : 10pt, 장평 : 95%, 자간 : -5%

출력형태

Yi Sun-sin was a Korean naval commander, famed for his victories against the Japanese navy during the Imjin war in the Joseon Dynasty, and is well-respected for his exemplary conduct.

이순신은 한국인들이 존경하는 영웅으로 **23**전 이상의 전투에서 한 번도 패하지 않은 장수였다. 어떤 어려움 속에서도 굴복하지 않고 끝까지 백성과 나라를 사랑한 진정한 리더였다.

2. 다음의 ≪조건≫에 따라 ≪출력형태≫와 같이 표와 차트를 작성하시오. (100점)

표조건
(1) 표 전체(표, 캡션) – 돋움, 10pt
(2) 정렬 – 문자 : 가운데 정렬, 숫자 : 오른쪽 정렬
(3) 셀 배경(면색) : 노랑
(4) 한글의 계산 기능을 이용하여 빈칸에 합계를 구하고, 캡션 기능 사용할 것
(5) 선 모양은 ≪출력형태≫와 동일하게 처리할 것

출력형태

이순신축제 관람객 현황(단위 : 천 명)

구분	주제행사	체험행사	불꽃쇼	부대행사	합계
2016년	105	103	12	99	
2017년	99	98	10	86	
2018년	96	99	94	82	
2019년	98	82	79	79	

차트조건
(1) 차트 데이터는 표 내용에서 구분별 2016년, 2017년, 2018년의 값만 이용할 것
(2) 종류 – <묶은 세로 막대형>으로 작업할 것
(3) 제목 – 굴림, 진하게, 12pt, 속성 – 채우기(하양), 테두리, 그림자(대각선 오른쪽 아래)
(4) 제목 이외의 전체 글꼴 – 굴림 보통 10pt
(5) 축제목과 범례는 ≪출력형태≫와 동일하게 처리할 것

출력형태

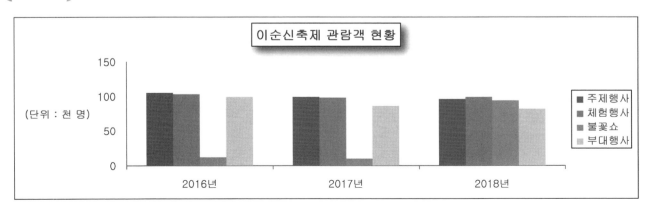

3. 다음 (1), (2)의 수식을 수식 편집기로 각각 입력하시오. (40점)

【출력형태】

(1) $m_2 - m_1 = \dfrac{5}{2} \log \dfrac{h_1}{h_2}$

(2) $\displaystyle\sum_{k=1}^{n} k^3 = \frac{n(n+1)}{2} = \sum_{k=1}^{n} k$

4. 다음의 ≪조건≫에 따라 ≪출력형태≫와 같이 문서를 작성하시오. (110점)

【조건】 (1) 그리기 도구를 이용하여 작성하고, 모든 도형(글맵시, 지정된 그림 포함)을 ≪출력형태≫와 같이 작성하시오.
(2) 도형의 면색은 지시사항이 없으면 색 없음을 제외하고 서로 다르게 임의로 지정하시오.

【출력형태】

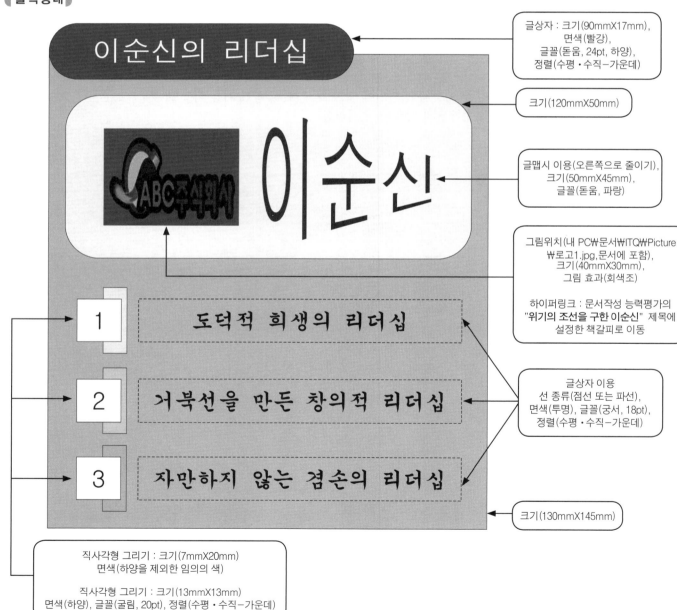

글상자 : 크기(90mmX17mm),
면색(빨강),
글꼴(돋움, 24pt, 하양),
정렬(수평·수직-가운데)

크기(120mmX50mm)

글맵시 이용(오른쪽으로 줄이기),
크기(50mmX45mm),
글꼴(돋움, 파랑)

그림위치(내 PC₩문서₩ITQ₩Picture
₩로고1.jpg,문서에 포함),
크기(40mmX30mm),
그림 효과(회색조)

하이퍼링크 : 문서작성 능력평가의
"위기의 조선을 구한 이순신" 제목에
설정한 책갈피로 이동

글상자 이용
선 종류(점선 또는 파선),
면색(투명), 글꼴(궁서, 18pt),
정렬(수평·수직-가운데)

크기(130mmX145mm)

직사각형 그리기 : 크기(7mmX20mm)
면색(하양을 제외한 임의의 색)

직사각형 그리기 : 크기(13mmX13mm)
면색(하양), 글꼴(굴림, 20pt), 정렬(수평·수직-가운데)

글꼴 : 돋움, 18pt, 진하게, 가운데 정렬,
책갈피 이름 : 충무공, 덧말 넣기

머리말 기능
굴림, 10pt, 오른쪽 정렬 → 성웅 이순신

문단 첫 글자 장식 기능
글꼴 : 궁서, 면색 : 노랑

애국애족정신
위기의 조선을 구한 이순신

그림위치(내 PC\문서\ITQ\Picture\
그림4.jpg,문서에 포함),
자르기 기능 이용, 크기(40mmX40mm),
바깥 여백 왼쪽 : 2mm

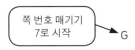

이　순신 장군은 조선 선조 때의 무신으로 일평생 정의를 실천(實踐)하면서 조금도 불의
　　와 타협하지 않는 모습을 보여주었다. 옳다고 생각되는 일에는 상관이나 권력자에게
도 서슴없이 오류를 지적하는 직언을 하였으며 늘 정의를 삶의 핵심 가치로 삼았다. 32세
에 식년 무과의 병과에 급제한 뒤 권지훈련원봉사로 첫 관직에 올랐다. 이후 선전관과 정읍
현감 등을 거쳐 절충장군과 진도군수 등을 지냈다. 같은 해 전라좌도수군절도사로 승진한
뒤 좌수영에 부임하여 군비 확충에 힘썼다.

이듬해 임진왜란이 일어나자 옥포에서 일본 수군과 첫 해전을 벌여 30여 척을 격파하였
으며, 사천에서는 거북선을 처음 사용하여 적선 13척을 무찔렀다. 이어 1593년 남해안 일
대의 일본 수군을 완전히 일소한 뒤 한산도로 진영을 옮겨 최초의 삼도수군통제사가 되었다. 이순신 장군은 시문에도
능하여 난중일기⊙와 한시 등 여러 뛰어난 작품을 남겼으며, 그의 삶 자체가 후세에 귀감이 되어 오늘날에도 이순신
장군과 그의 삶은 문학과 영화 등 예술 작품의 소재(素材)가 되고 있다. 또한 장검 등이 포함된 이충무공 유물은 보물
문화재로 지정되어 있고 이 밖에도 많은 유적이 사적으로 지정되어 있다.

각주

♣ 거북선의 구조 ← 글꼴 : 궁서, 18pt, 하양
음영색 : 파랑

　1) 용머리와 화포

　　가) 용머리 : 갑판과 수평으로 입에서 화포 발사

　　나) 화포 : 움직이는 배 위에서도 사방을 향해 사격이 가능

　2) 돛 지지대와 노

　　가) 돛 지지대 : 돛 지지 기둥과 더불어 돛대를 고정하는 장치

　　나) 노 : 배를 앞뒤로 움직이거나 제자리에서 회전

문단 번호 기능 사용
1수준 : 20pt, 오른쪽 정렬
2수준 : 30pt, 오른쪽 정렬
줄 간격 : 180%

표 전체 글꼴 : 돋움, 10pt, 가운데 정렬,
셀 배경색(그라데이션) : 유형(가로),
시작색(하양), 끝색(노랑)

♣ 이순신 포럼 CEO 아카데미 ← 글꼴 : 궁서 , 18pt,
기울임, 강조점

일자	주제	과정	강의 방법
5월 13일	해양 안보의 중요성과 대비 방향	개강식 및 지금 왜 이순신인가?	사례 강의 및 토의
	7년 전쟁의 종전 및 처리 과정	이순신의 파워인맥, 7년 전쟁을 승리로	
	시를 통해 본 이순신의 마음 경영	하늘을 감동하게 한 이순신의 진심	
5월 20일	경영의 지혜	이순신을 통해 본 깨어있는 의식경영	
	논어를 통해 본 이순신	수료식 및 임진왜란 전적지 답사	야외 세미나

각주 구분선 : 5cm

글꼴 : 굴림, 22pt, 진하게,
장평 105%, 오른쪽 정렬 → # 국사편찬위원회

⊙ 임진왜란 때의 일을 간결하고 명료하게 기록한 일기

쪽 번호 매기기
7로 시작 → G

2. 문서 편집 기능-2

기능	메뉴	리본 메뉴	단축키
특수문자 입력	[입력] 탭-[문자표]	[입력] 탭-[문자표 ※]	Ctrl + F10
글자 겹치기	[입력] 탭-[입력 도우미]-[글자 겹치기]	[입력] 탭-[입력 도우미]-[글자 겹치기 ㉑]	
수식 입력	[입력] 탭-[수식]	[입력] 탭-[수식 $\sqrt{x}$]	Ctrl + N , M
각주	[입력] 탭-[주석]-[각주]	[입력] 탭-[각주 📑]	Ctrl + N , N
차트	[입력] 탭-[차트]	[입력] 탭-[차트 📊] [편집] 탭-[차트 📊]	
글상자	[입력] 탭-[글상자]	[입력] 탭-[가로 글상자 📄]	Ctrl + N , B
그림 삽입	[입력] 탭-[그림]	[입력] 탭-[그림 📷]	Ctrl + N , I
그리기마당	[입력] 탭-[그림]-[그리기마당]	[입력] 탭-[그림 📷]-[그리기마당 🦋]	
글맵시	[입력] 탭-[개체]-[글맵시]	[입력] 탭-[글맵시 🎨]	
글자 모양	[서식] 탭-[글자 모양]	[편집] 탭-[글자 모양 🔤] [서식] 탭-[글자 모양 🔤]	Alt + L
문단 모양	[서식] 탭-[문단 모양]	[편집] 탭-[문단 모양 ✅] [서식] 탭-[문단 모양 ✅]	Alt + T
스타일	[서식] 탭-[스타일]	[편집] 탭-[스타일 🅰️]	F6
문단 번호	[서식] 탭-[문단 번호 모양]	[서식] 탭-[문단 번호 ☰]	Ctrl + K , N
머리말/꼬리말	[쪽] 탭-[머리말/꼬리말]	[쪽] 탭-[머리말 ☰] [쪽] 탭-[꼬리말 ☰]	Ctrl + N , H
쪽 번호 매기기	[쪽] 탭-[쪽 번호 매기기]	[쪽] 탭-[쪽 번호 매기기 📄]	Ctrl + N , P
맞춤법 검사	[도구] 탭-[맞춤법]	[도구] 탭-[맞춤법 ✔️]	F8
정렬	[편집] 탭-[정렬]	[편집] 탭-[정렬 ↕️]	
그림 자르기		[그림 🖼️] 탭-[자르기 ✂️]	
개체 묶기		[그림 🖼️] 탭-[그룹 🔺]	
되돌리기	[편집] 탭-[되돌리기 ↩️]		Ctrl + Z
다시 실행	[편집] 탭-[다시 실행 ↪️]		Ctrl + Shift + Z
한자 변환			한자 키 또는 F9 키

PART 3

기출문제

기출문제를 풀어봄으로써 최근 출제경향을 파악하고
수검자의 실력을 확인하도록 합니다.

※정답 파일과 동영상 강의는 [자료실]에서 다운로드하세요.

기출문제

Ｉ회

과목	코드	문제유형	시험시간	수험번호	성 명
아래 한글	1111	A	60분	76841022	

수 험 자 유 의 사 항

● 수험자는 문제지를 받는 즉시 문제지와 **수험표상의 시험과목(프로그램)이 동일한지 반드시 확인**하여야 합니다.

● 파일명은 본인의 "수험번호-성명"으로 입력하여 답안폴더(내 PC₩문서₩ITQ)에 하나의 파일로 저장해야 하며, 답안문서 파일명이 "수험번호-성명"과 일치하지 않거나, 답안파일을 전송하지 않아 미제출로 처리될 경우 실격 처리합니다 (예 : 12345678-홍길동.hwp).

● 답안 작성을 마치면 파일을 저장하고, '답안 전송' 버튼을 선택하여 감독위원 PC로 답안을 전송하십시오. 수험생 정보와 저장한 파일명이 다를 경우 전송되지 않으므로 주의하시기 바랍니다.

● 답안 작성 중에도 **주기적으로 저장하고 '답안 전송'** 하여야 문제 발생을 줄일 수 있습니다. 작업한 내용을 저장하지 않고 전송할 경우 이전에 저장된 내용이 전송되오니 이점 유의하시기 바랍니다.

● 답안문서는 지정된 경로 외의 다른 보조기억장치에 저장하는 경우, 지정된 시험 시간 외에 작성된 파일을 활용할 경우, 기타 통신 수단(이메일, 메신저, 네트워크 등)을 이용하여 타인에게 전달 또는 외부 반출하는 경우는 부정 처리합니다.

● 시험 중 부주의 또는 고의로 시스템을 파손한 경우는 수험자가 변상해야 하며, 〈수험자 유의사항〉에 기재된 방법대로 이행하지 않아 생기는 불이익은 수험생 당사자의 책임임을 알려 드립니다.

● 문제의 조건은 한컴오피스 2022 버전으로 설정되어 있으니 유의하시기 바랍니다.

● 시험을 완료한 수험자는 답안파일이 전송되었는지 확인한 후 감독위원의 지시에 따라 문제지를 제출하고 퇴실합니다.

답 안 작 성 요 령

● **온라인 답안 작성 절차**
  수험자 등록 ⇒ 시험 시작 ⇒ 답안파일 저장 ⇒ 답안 전송 ⇒ 시험 종료

● **공통 부문**
  · 글꼴에 대한 기본설정은 함초롬바탕, 10포인트, 검정, 줄간격 160%, 양쪽정렬로 합니다.
  · 색상은 조건의 색을 적용하고 색의 구분이 안될 경우에는 RGB 값을 적용합니다(빨강 255,0,0 / 파랑 0,0,255 / 노랑 255,255,0).
  · 각 문항에 주어진 ≪조건≫에 따라 작성하고 언급하지 않은 조건은 ≪출력형태≫와 같이 작성합니다.
  · 용지여백은 왼쪽 · 오른쪽 11㎜, 위쪽 · 아래쪽 · 머리말 · 꼬리말 10㎜, 제본 0㎜로 합니다.
  · 그림 삽입 문제의 경우 「내 PC₩문서₩ITQ₩Picture」 폴더에서 지정된 파일을 선택하여 삽입하십시오.
  · 삽입한 그림은 반드시 문서에 포함하여 저장해야 합니다(미포함 시 감점 처리).
  · 각 항목은 지정된 페이지에 출력형태와 같이 정확히 작성하시기 바라며, 그렇지 않을 경우에 해당 항목은 0점 처리됩니다.
  ※ 페이지 구분 : 1페이지 – 기능평가Ⅰ(문제번호 표시 : 1. 2.),
  　　　　　　　　2페이지 – 기능평가Ⅱ(문제번호 표시 : 3. 4.),
  　　　　　　　　3페이지 – 문서작성 능력평가

기능평가
  · 문제와 ≪조건≫은 입력하지 않으며 문제번호와 답(≪출력형태≫)만 작성합니다.
  · 4번 문제는 묶기를 했을 경우 0점 처리됩니다.

문서작성 능력평가
  · A4 용지(210㎜×297㎜) 1매 크기, 세로 서식 문서로 작성합니다.
  · ┌┄┄┐ 표시는 문서작성에 대한 지시사항이므로 작성하지 않습니다.

The Insight KPC
kpc 한국생산성본부

1. 다음의 ≪조건≫에 따라 스타일 기능을 적용하여 ≪출력형태≫와 같이 작성하시오. (50점)

조건　(1) 스타일 이름 – welfare
　　　　(2) 문단 모양 – 왼쪽 여백 : 15pt, 문단 아래 간격 : 10pt
　　　　(3) 글자 모양 – 글꼴 : 한글(궁서)/영문(돋움), 크기 : 10pt, 장평 : 105%, 자간 : −5%

출력형태

As social welfare is realized by providing poor people with a minimal level of well-being, usually either a free supply of certain goods and social services, healthcare, education, vocational training.

나눔 활동은 가정 내의 빈곤과 가정해체로 인해 충분한 교육을 받지 못하는 아동들에게 재정적, 육체적, 정서적 지원을 제공하고 있으며 어린이들의 행복을 위해 노력하고 있습니다.

2. 다음의 ≪조건≫에 따라 ≪출력형태≫와 같이 표와 차트를 작성하시오. (100점)

표조건　(1) 표 전체(표, 캡션) – 굴림, 10pt
　　　　　(2) 정렬 – 문자 : 가운데 정렬, 숫자 : 오른쪽 정렬
　　　　　(3) 셀 배경(면색) : 노랑
　　　　　(4) 한글의 계산 기능을 이용하여 빈칸에 평균(소수점 두 자리)을 구하고, 캡션 기능 사용할 것
　　　　　(5) 선 모양은 ≪출력형태≫와 동일하게 처리할 것

출력형태

연도별 노인복지시설 현황(단위 : 십 개소)

시설	2019년	2020년	2021년	2022년	평균
양로시설	26	25	23	23	
노인공동생활가정	12	11	11	11	
노인복지관	35	36	38	39	
방문요양서비스	100	100	105	151	

차트조건　(1) 차트 데이터는 표 내용에서 연도별 양로시설, 노인공동생활가정, 노인복지관의 값만 이용할 것
　　　　　　(2) 종류 – <묶은 세로 막대형>으로 작업할 것
　　　　　　(3) 제목 – 돋움, 진하게, 12pt, 속성 – 채우기(하양), 테두리, 그림자(대각선 오른쪽 아래)
　　　　　　(4) 제목 이외의 전체 글꼴 – 돋움, 보통, 10pt
　　　　　　(5) 축제목과 범례는 ≪출력형태≫와 동일하게 처리할 것

출력형태

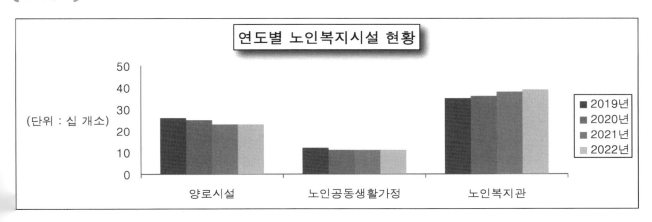

3. 다음 (1), (2)의 수식을 수식 편집기로 각각 입력하시오. (40점)

출력형태

$$(1)\ \frac{h_1}{h_2} = (\sqrt{a})^{M_2 - M_1} \fallingdotseq 2.5^{M_2 - M_1} \qquad\qquad (2)\ h = \sqrt{k^2 - r^2}, M = \frac{1}{3}\pi r^2 h$$

4. 다음의 ≪조건≫에 따라 ≪출력형태≫와 같이 문서를 작성하시오. (110점)

조건 (1) 그리기 도구를 이용하여 작성하고, 모든 도형(글맵시, 지정된 그림 포함)을 ≪출력형태≫와 같이
            작성하시오.
        (2) 도형의 면색은 지시사항이 없으면 색 없음을 제외하고 서로 다르게 임의로 지정하시오.

출력형태

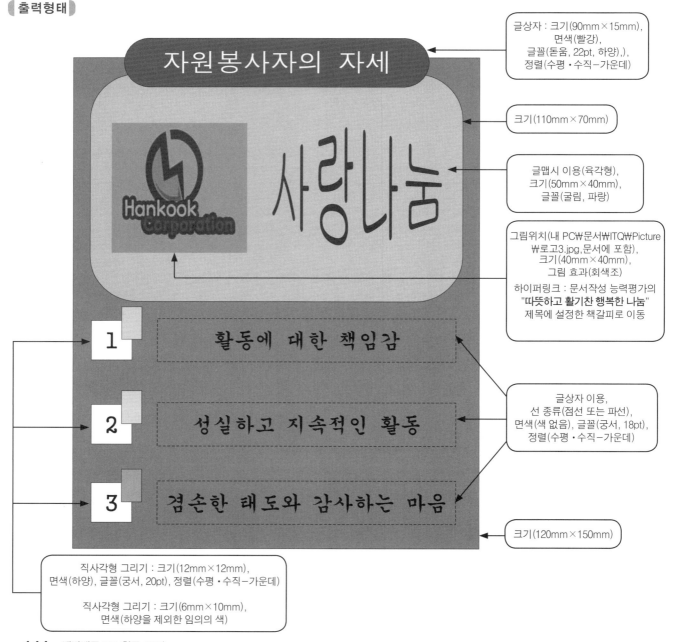

글상자 : 크기(90mm×15mm),
면색(빨강),
글꼴(돋움, 22pt, 하양),),
정렬(수평·수직-가운데)

크기(110mm×70mm)

글맵시 이용(육각형),
크기(50mm×40mm),
글꼴(굴림, 파랑)

그림위치(내 PC\문서\ITQ\Picture
\로고3.jpg,문서에 포함),
크기(40mm×40mm),
그림 효과(회색조)

하이퍼링크 : 문서작성 능력평가의
"**따뜻하고 활기찬 행복한 나눔**"
제목에 설정한 책갈피로 이동

글상자 이용,
선 종류(점선 또는 파선),
면색(색 없음), 글꼴(궁서, 18pt),
정렬(수평·수직-가운데)

크기(120mm×150mm)

직사각형 그리기 : 크기(12mm×12mm),
면색(하양), 글꼴(궁서, 20pt), 정렬(수평·수직-가운데)

직사각형 그리기 : 크기(6mm×10mm),
면색(하양을 제외한 임의의 색)

글꼴 : 궁서, 18pt, 진하게, 가운데 정렬
책갈피 이름 : 사회복지, 덧말 넣기

머리말 기능
돋움, 10pt, 오른쪽 정렬 → 함께하는 나눔

문단 첫 글자 장식 기능
글꼴 : 궁서, 면색 : 노랑

사회적 가치 시대
따뜻하고 활기찬 행복한 나눔

각주

그림위치(내 PC₩문서₩ITQ₩Picture₩
그림4.jpg, 문서에 포함)
자르기 기능 이용, 크기(40mm×40mm),
바깥 여백 왼쪽 : 2mm

우리나라는 예로부터 어려운 사람에게 도움을 주는 뿌리 깊은 문화가 있었다. 눈부신 경제 발전(發展)에 힘입어 1인당 국민소득㉠이 3만 달러를 넘어섰지만, 경제적 풍요를 누리고 있음에도 불구하고 여전히 어두운 그늘에서 소외된 삶을 이어 가는 이웃이 존재하고 있다. 힘겨운 환경에 처한 이웃에 대한 나눔 문화를 활성화해야 한다는 공감대가 형성되고 있지만, 아직도 도움의 손길이 부족한 것이 현실이다. 힘든 상황에서도 서로 도와 평온한 미래를 개척해 나갈 수 있도록 모두의 사랑과 배려가 필요한 시점이라 하겠다.

이에 국민의 사회복지에 대한 이해를 고취(鼓吹)하고 사회복지사업 종사자의 활동을 장려하기 위하여 매년 9월 7일이 사회복지의 날로 정해지고 그날부터 한 주간이 사회복지주간으로 제정되었다. 이 기간에 다채로운 행사를 개최하여 복지 증진의 계기를 마련하고 관련 유공자를 포상함으로써 사회복지인들의 사기를 북돋고 복지 활동의 전국적 확산을 도모하고 있다. 그 목적으로 실시되고 있는 사랑 나눔 실천 운동은 소외 계층에게 생계비, 자립, 재활, 치료비 등의 후원 프로그램을 제공하여 민관 협력의 범국민적 나눔 문화 실천 운동의 본보기가 되고 있다.

♣ ## 나눔 활동의 의의

글꼴 : 굴림, 18pt, 하양
음영색 : 빨강

    A. 나눔의 정의
        1. 대가를 바라지 않고 금품, 용역, 부동산을 제공
        2. 자선이나 기부를 포괄하는 용어로 적극성, 계획성을 함축
    B. 나눔 활동의 기대 효과
        1. 나눔을 통해 연대 의식, 신뢰와 상호 호혜라는 자본이 축적
        2. 참여자의 심리적 행복감과 신체 건강에 긍정적 영향

문단 번호 기능 사용
1수준 : 20pt, 오른쪽 정렬
2수준 : 30pt, 오른쪽 정렬
줄 간격 : 180%

표 전체 글꼴 : 돋움, 10pt, 가운데 정렬
셀 배경(그러데이션) : 유형(가로),
시작색(하양), 끝색(노랑)

♣ ## *사회복지 증진 전략 과제*

글꼴 : 굴림, 18pt,
기울임, 강조점

구분	전략 과제	추진 의도
사회 서비스 선진화 기여	사회복지 전달체계 정립과 효율성 제고 및 관리 시스템 개선	인간 존중의 네트워크 구축 및 변화와 혁신 선도
나눔공동체 구축	나눔 정보 허브 구축과 나눔 문화 확산	
	기업의 사회 공헌 활성화를 위한 지원 강화	
변화와 혁신 선도	사회복지 홍보 확대와 국민 인식 개선	
	사회복지시설과 기관 및 단체의 연대 협력 강화	

글꼴 : 굴림, 24pt, 진하게
장평 110%, 오른쪽 정렬 → # 한국사회복지협의회

각주 구분선 : 5cm

㉠ 1년 동안 한 나라의 국민이 생산 활동의 결과로 얻은 최종 생산물의 총액

쪽 번호 매기기
7로 시작 → ⑦

2^회 기출문제

과목	코드	문제유형	시험시간	수험번호	성 명
아래 한글	1111	A	60분	70821023	

수 험 자 유 의 사 항

- 수험자는 문제지를 받는 즉시 문제지와 **수험표상의 시험과목(프로그램)이 동일한지 반드시 확인**하여야 합니다.
- 파일명은 본인의 "수험번호-성명"으로 입력하여 답안폴더(내 PC₩문서₩ITQ)에 하나의 파일로 저장해야 하며, 답안문서 파일명이 "수험번호-성명"과 일치하지 않거나, 답안파일을 전송하지 않아 미제출로 처리될 경우 실격 처리합니다 (예 : 12345678-홍길동.hwp).
- 답안 작성을 마치면 파일을 저장하고, '답안 전송' 버튼을 선택하여 감독위원 PC로 답안을 전송하십시오. 수험생 정보와 저장한 파일명이 다를 경우 전송되지 않으므로 주의하시기 바랍니다.
- 답안 작성 중에도 **주기적으로 저장하고 '답안 전송'** 하여야 문제 발생을 줄일 수 있습니다. 작업한 내용을 저장하지 않고 전송할 경우 이전에 저장된 내용이 전송되오니 이점 유의하시기 바랍니다.
- 답안문서는 지정된 경로 외의 다른 보조기억장치에 저장하는 경우, 지정된 시험 시간 외에 작성된 파일을 활용할 경우, 기타 통신 수단(이메일, 메신저, 네트워크 등)을 이용하여 타인에게 전달 또는 외부 반출하는 경우는 부정 처리합니다.
- 시험 중 부주의 또는 고의로 시스템을 파손한 경우는 수험자가 변상해야 하며, <수험자 유의사항>에 기재된 방법대로 이행하지 않아 생기는 불이익은 수험생 당사자의 책임임을 알려 드립니다.
- 문제의 조건은 한컴오피스 2022 버전으로 설정되어 있으니 유의하시기 바랍니다.
- 시험을 완료한 수험자는 답안파일이 전송되었는지 확인한 후 감독위원의 지시에 따라 문제지를 제출하고 퇴실합니다.

답 안 작 성 요 령

- **온라인 답안 작성 절차**
  수험자 등록 ⇒ 시험 시작 ⇒ 답안파일 저장 ⇒ 답안 전송 ⇒ 시험 종료
- **공통 부문**
- 글꼴에 대한 기본설정은 함초롬바탕, 10포인트, 검정, 줄간격 160%, 양쪽정렬로 합니다.
- 색상은 조건의 색을 적용하고 색의 구분이 안될 경우에는 RGB 값을 적용합니다(빨강 255,0,0 / 파랑 0,0,255 / 노랑 255,255,0).
- 각 문항에 주어진 ≪조건≫에 따라 작성하고 언급하지 않은 조건은 ≪출력형태≫와 같이 작성합니다.
- 용지여백은 왼쪽·오른쪽 11㎜, 위쪽·아래쪽·머리말·꼬리말 10㎜, 제본 0㎜로 합니다.
- 그림 삽입 문제의 경우 「내 PC₩문서₩ITQ₩Picture」 폴더에서 지정된 파일을 선택하여 삽입하십시오.
- 삽입한 그림은 반드시 문서에 포함하여 저장해야 합니다(미포함 시 감점 처리).
- 각 항목은 지정된 페이지에 출력형태와 같이 정확히 작성하시기 바라며, 그렇지 않을 경우에 해당 항목은 0점 처리됩니다.
- ※ 페이지 구분 : 1페이지 - 기능평가 I (문제번호 표시 : 1. 2.),
    2페이지 - 기능평가 II (문제번호 표시 : 3. 4.),
    3페이지 - 문서작성 능력평가
- **기능평가**
- 문제와 ≪조건≫은 입력하지 않으며 문제번호와 답(≪출력형태≫)만 작성합니다.
- 4번 문제는 묶기를 했을 경우 0점 처리됩니다.
- **문서작성 능력평가**
- A4 용지(210㎜×297㎜) 1매 크기, 세로 서식 문서로 작성합니다.
- ┌┄┄┐ 표시는 문서작성에 대한 지시사항이므로 작성하지 않습니다.

The Insight KPC
kpc 한국생산성본부

1. 다음의 ≪조건≫에 따라 스타일 기능을 적용하여 ≪출력형태≫와 같이 작성하시오. (50점)

[조건] (1) 스타일 이름 – dental
(2) 문단 모양 – 왼쪽 여백 : 15pt, 문단 아래 간격 : 10pt
(3) 글자 모양 – 글꼴 : 한글(돋움)/영문(궁서), 크기 : 10pt, 장평 : 95%, 자간 : -5%

[출력형태]

The purpose of this study is to explore the socio-cultural function of dental system and suggest the improvement of limitations of the current system format.

네트워크 치과란 명칭과 브랜드를 공유하는 치과로서 브랜드를 통한 광고 효과와 체계적인 경영 시스템을 통한 비용 절감으로 기존 치과와 비교하여 강점을 지닌다.

2. 다음의 ≪조건≫에 따라 ≪출력형태≫와 같이 표와 차트를 작성하시오. (100점)

[표조건] (1) 표 전체(표, 캡션) – 굴림, 10pt
(2) 정렬 – 문자 : 가운데 정렬, 숫자 : 오른쪽 정렬
(3) 셀 배경(면색) : 노랑
(4) 한글의 계산 기능을 이용하여 빈칸에 합계를 구하고, 캡션 기능 사용할 것
(5) 선 모양은 ≪출력형태≫와 동일하게 처리할 것

[출력형태]

보건소 구강사업 지난 실적 현황(단위 : 천 건)

구분	2017년	2019년	2021년	2023년	합계
구강 보건교육	58	81	72	84	
스케일링	7	4	5	5	
불소 도포	41	37	29	34	
불소양치 사업	66	86	186	129	

[차트조건] (1) 차트 데이터는 표 내용에서 연도별 구강 보건교육, 스케일링, 불소 도포의 값만 이용할 것
(2) 종류 – <묶은 세로 막대형>으로 작업할 것
(3) 제목 – 돋움, 진하게, 12pt, 속성 – 채우기(하양), 테두리, 그림자(대각선 오른쪽 아래)
(4) 제목 이외의 전체 글꼴 – 돋움, 보통, 10pt
(5) 축제목과 범례는 ≪출력형태≫와 동일하게 처리할 것

[출력형태]

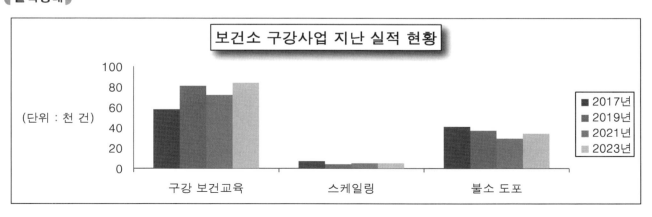

3. 다음 (1), (2)의 수식을 수식 편집기로 각각 입력하시오. (40점)

【출력형태】

(1) $H_n = \dfrac{a(r^n - 1)}{r - 1} = \dfrac{a(1 + r^n)}{1 - r} (r \neq 1)$

(2) $L = \dfrac{m + M}{m} V = \dfrac{m + M}{m} \sqrt{2gh}$

4. 다음의 ≪조건≫에 따라 ≪출력형태≫와 같이 문서를 작성하시오. (110점)

【조건】 (1) 그리기 도구를 이용하여 작성하고, 모든 도형(글맵시, 지정된 그림 포함)을 ≪출력형태≫와 같이 작성하시오.
(2) 도형의 면색은 지시사항이 없으면 색 없음을 제외하고 서로 다르게 임의로 지정하시오.

【출력형태】

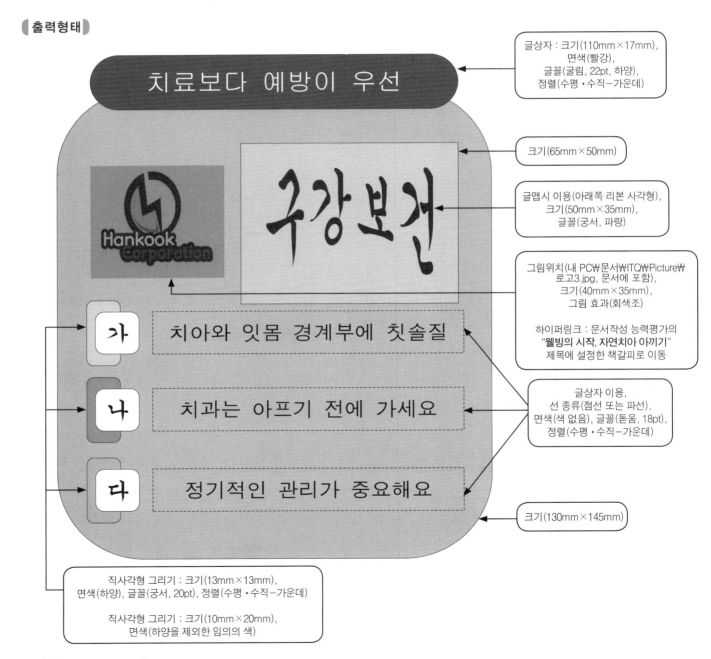

글상자 : 크기(110mm×17mm), 면색(빨강), 글꼴(굴림, 22pt, 하양), 정렬(수평·수직−가운데)

크기(65mm×50mm)

글맵시 이용(아래쪽 리본 사각형), 크기(50mm×35mm), 글꼴(궁서, 파랑)

그림위치(내 PC₩문서₩ITQ₩Picture₩로고3.jpg, 문서에 포함), 크기(40mm×35mm), 그림 효과(회색조)

하이퍼링크 : 문서작성 능력평가의 "웰빙의 시작, 자연치아 아끼기" 제목에 설정한 책갈피로 이동

글상자 이용, 선 종류(점선 또는 파선), 면색(색 없음), 글꼴(돋움, 18pt), 정렬(수평·수직−가운데)

크기(130mm×145mm)

직사각형 그리기 : 크기(13mm×13mm), 면색(하양), 글꼴(궁서, 20pt), 정렬(수평·수직−가운데)

직사각형 그리기 : 크기(10mm×20mm), 면색(하양을 제외한 임의의 색)

치료보다 예방이 우선

구강보건

치아와 잇몸 경계부에 칫솔질

치과는 아프기 전에 가세요

정기적인 관리가 중요해요

글꼴 : 돋움, 18pt, 진하게, 가운데 정렬
책갈피 이름 : 치아, 덧말 넣기

머리말 기능
궁서, 10pt, 오른쪽 정렬 ▶ 국민의 구강건강

문단 첫 글자 장식 기능
글꼴 : 굴림, 면색 : 노랑

치아의 날
웰빙의 시작, 자연치아 아끼기

각주

그림위치(내 PC₩문서ITQ₩Picture₩
그림5.jpg, 문서에 포함)
자르기 기능 이용, 크기(35mm×40mm),
바깥 여백 왼쪽 : 2mm

세 살 버릇 여든까지 간다고 하는 속담은 어린이들의 나쁜 습관①을 교정하려 할 때 자주 언급된다. 어린이의 구강 습관은 오랫동안 치과 의사, 소아청소년과 의사, 심리학자, 많은 부모님의 관심거리가 되어왔다. 좋지 않은 습관이 장기간 지속되면 치아의 위치와 교합이 비정상적으로 될 수 있다. 어린이에게 해로운 습관을 일으키는 원인으로는 변형된 골 성장, 치아(齒牙)의 위치 부정, 잘못된 호흡 습관 등이 있다.

치아 관리는 젖니 때부터 해야 한다. 세 살 이하의 아이는 스스로 칫솔질을 할 수 없으므로 자신이 스스로 칫솔질을 할 수 있을 때까지 부모가 이를 닦아준다. 특히 어린이의 올바른 구강 건강관리를 위해서는 아이에게 이를 닦는 습관(習慣)을 지니게 하는 것이 가장 중요하다. 따라서 부모님들이 아이들에게 관심을 가지고 모범을 보여 주어야 한다. 우리나라 치과 진료의 지식과 기술 수준은 세계적 수준이나 실제로 국민 구강건강 수준은 보건복지부의 발표에 따르면 아직도 후진국 수준이다. 이는 실제로 우리나라의 대다수 치과 진료 과정에서 예방 진료를 무시한 채 치료와 재활만을 주력했기 때문이라고 생각되기에 정기적으로 치과에 내원하여 검사를 받고 필요한 예방치료를 받는 것이 중요하다.

글꼴 : 궁서, 18pt, 하양
음영색 : 파랑

♥ 어린이의 올바른 구강 건강관리

문단 번호 기능 사용
1수준 : 20pt, 오른쪽정렬,
2수준 : 30pt, 오른쪽정렬
줄 간격 : 180%

　　A. 어린이를 위한 맞춤 칫솔질
　　　　ⓐ 칫솔을 치아의 옆면에 대고 수평으로 좌우를 문지른다.
　　　　ⓑ 씹는 면과 안쪽 면도 닦고 끝으로 혀도 닦아야 한다.
　　B. 치아가 건강해지는 식습관
　　　　ⓐ 만 1세가 되면 모유나 우유병 사용은 자제한다.
　　　　ⓑ 앞니가 나면 빠는 근육이 아닌, 씹는 근육을 사용하게 한다.

표 전체 글꼴 : 돋움, 10pt, 가운데 정렬
셀 배경(그러데이션) : 유형(세로),
시작색(하양), 끝색(노랑)

글꼴 : 궁서, 18pt,
밑줄, 강조점

♥ 치아 구강보건 4가지 방법

구분	충치 원인균 제거	치아를 강하게	충치 원인균 활동 제거	정기적 치과 검진
대처 방법	칫솔질은 충치를 예방	식후 설탕 섭취 금지	치아 홈 메우기	6개월 간격으로 치과 방문
	식후 양치는 필수	불소치약 사용		
	치실, 치간 칫솔 사용	3개월간 불소 겔 바르기	채소나 과일 먹기	조기 발견, 조기 치료
	치아랑 잇몸 경계 닦기	수돗물 불소는 안전		

글꼴 : 굴림, 24pt, 진하게
장평 105%, 오른쪽 정렬 ▶ 대한예방치과학회

각주 구분선 : 5cm

① 어떤 행위를 오랫동안 되풀이하는 과정에서 저절로 익혀진 행동 방식

쪽 번호 매기기
5로 시작 ▶ E

과목	코드	문제유형	시험시간	수험번호	성 명
아래 한글	1111	A	60분	82701024	

수 험 자 유 의 사 항

- 수험자는 문제지를 받는 즉시 문제지와 **수험표상의 시험과목(프로그램)이 동일한지 반드시 확인**하여야 합니다.
- 파일명은 본인의 "수험번호-성명"으로 입력하여 답안폴더(내 PC₩문서₩ITQ)에 하나의 파일로 저장해야 하며, 답안문서 파일명이 "수험번호-성명"과 일치하지 않거나, 답안파일을 전송하지 않아 미제출로 처리될 경우 실격 처리합니다 (예 : 12345678-홍길동.hwp).
- 답안 작성을 마치면 파일을 저장하고, '답안 전송' 버튼을 선택하여 감독위원 PC로 답안을 전송하십시오. 수험생 정보와 저장한 파일명이 다를 경우 전송되지 않으므로 주의하시기 바랍니다.
- 답안 작성 중에도 **주기적으로 저장하고 '답안 전송'** 하여야 문제 발생을 줄일 수 있습니다. 작업한 내용을 저장하지 않고 전송할 경우 이전에 저장된 내용이 전송되오니 이점 유의하시기 바랍니다.
- 답안문서는 지정된 경로 외의 다른 보조기억장치에 저장하는 경우, 지정된 시험 시간 외에 작성된 파일을 활용할 경우, 기타 통신 수단(이메일, 메신저, 네트워크 등)을 이용하여 타인에게 전달 또는 외부 반출하는 경우는 부정 처리합니다.
- 시험 중 부주의 또는 고의로 시스템을 파손한 경우는 수험자가 변상해야 하며, <수험자 유의사항>에 기재된 방법대로 이행하지 않아 생기는 불이익은 수험생 당사자의 책임임을 알려 드립니다.
- 문제의 조건은 한컴오피스 2022 버전으로 설정되어 있으니 유의하시기 바랍니다.
- 시험을 완료한 수험자는 답안파일이 전송되었는지 확인한 후 감독위원의 지시에 따라 문제지를 제출하고 퇴실합니다.

답 안 작 성 요 령

- **온라인 답안 작성 절차**
  수험자 등록 ⇒ 시험 시작 ⇒ 답안파일 저장 ⇒ 답안 전송 ⇒ 시험 종료
- **공통 부문**
  - 글꼴에 대한 기본설정은 함초롬바탕, 10포인트, 검정, 줄간격 160%, 양쪽정렬로 합니다.
  - 색상은 조건의 색을 적용하고 색의 구분이 안될 경우에는 RGB 값을 적용합니다(빨강 255,0,0 / 파랑 0,0,255 / 노랑 255,255,0).
  - 각 문항에 주어진 ≪조건≫에 따라 작성하고 언급하지 않은 조건은 ≪출력형태≫와 같이 작성합니다.
  - 용지여백은 왼쪽·오른쪽 11㎜, 위쪽·아래쪽·머리말·꼬리말 10㎜, 제본 0㎜로 합니다.
  - 그림 삽입 문제의 경우 「내 PC₩문서₩ITQ₩Picture」 폴더에서 지정된 파일을 선택하여 삽입하십시오.
  - 삽입한 그림은 반드시 문서에 포함하여 저장해야 합니다(미포함 시 감점 처리).
  - 각 항목은 지정된 페이지에 출력형태와 같이 정확히 작성하시기 바라며, 그렇지 않을 경우에 해당 항목은 0점 처리됩니다.
- ※ 페이지 구분 : 1페이지 - 기능평가 I (문제번호 표시 : 1. 2.),
  2페이지 - 기능평가 II (문제번호 표시 : 3. 4.),
  3페이지 - 문서작성 능력평가

기능평가
- 문제와 ≪조건≫은 입력하지 않으며 문제번호와 답(≪출력형태≫)만 작성합니다.
- 4번 문제는 묶기를 했을 경우 0점 처리됩니다.

문서작성 능력평가
- A4 용지(210㎜×297㎜) 1매 크기, 세로 서식 문서로 작성합니다.
- ⌐ ¬ 표시는 문서작성에 대한 지시사항이므로 작성하지 않습니다.

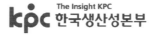
The Insight KPC
kpc 한국생산성본부

1. 다음의 ≪조건≫에 따라 스타일 기능을 적용하여 ≪출력형태≫와 같이 작성하시오. (50점)

조건 (1) 스타일 이름 – future
(2) 문단 모양 – 첫 줄 들여쓰기 : 10pt, 문단 아래 간격 : 10pt
(3) 글자 모양 – 글꼴 : 한글(궁서)/영문(돋움), 크기 : 10pt, 장평 : 105%, 자간 : −5%

출력형태

The purpose of this report is to analyze the major issues that our society faces in the present so that we can brace ourselves for the future by understanding the significance.

미래는 현재와 공유될 때 구체적인 현실로 창조되고 다음 세대에게 공유될 때 구현 가능한 현실로 다시 태어날 것이므로 마음이 미래에 닿아 있는 우리에게 흥미로운 자극제가 되길 바란다.

2. 다음의 ≪조건≫에 따라 ≪출력형태≫와 같이 표와 차트를 작성하시오. (100점)

표조건 (1) 표 전체(표, 캡션) – 굴림, 10pt
(2) 정렬 – 문자 : 가운데 정렬, 숫자 : 오른쪽 정렬
(3) 셀 배경(면색) : 노랑
(4) 한글의 계산 기능을 이용하여 빈칸에 평균(소수점 두 자리)을 구하고, 캡션 기능 사용할 것
(5) 선 모양은 ≪출력형태≫와 동일하게 처리할 것

출력형태

세계 에너지 수요 전망(단위 : 백만 톤)

구분	2010년	2020년	2030년	2040년	평균
수력	321	394	471	542	
신재생	142	313	586	923	
원자력	642	855	1,052	1,211	
석유	4,194	4,491	4,692	4,764	

차트조건 (1) 차트 데이터는 표 내용에서 연도별 수력, 신재생, 원자력의 값만 이용할 것
(2) 종류 – <묶은 가로 막대형>으로 작업할 것
(3) 제목 – 돋움, 진하게, 12pt, 속성 – 채우기(하양), 테두리, 그림자(아래쪽)
(4) 제목 이외의 전체 글꼴 – 돋움, 보통, 10pt
(5) 축제목과 범례는 ≪출력형태≫와 동일하게 처리할 것

출력형태

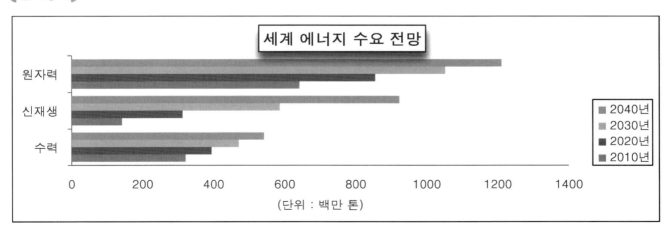

3. 다음 (1), (2)의 수식을 수식 편집기로 각각 입력하시오. (40점)

【출력형태】

(1) $E = \sqrt{\dfrac{GM}{R}}$, $\dfrac{R^3}{T^2} = \dfrac{GM}{4\pi^2}$

(2) $\sum\limits_{k=1}^{n} k^3 = \dfrac{n(n+1)}{2} = \sum\limits_{k=1}^{n} k$

4. 다음의 ≪조건≫에 따라 ≪출력형태≫와 같이 문서를 작성하시오. (110점)

【조건】 (1) 그리기 도구를 이용하여 작성하고, 모든 도형(글맵시, 지정된 그림 포함)을 ≪출력형태≫와 같이
작성하시오.
(2) 도형의 면색은 지시사항이 없으면 색 없음을 제외하고 서로 다르게 임의로 지정하시오.

【출력형태】

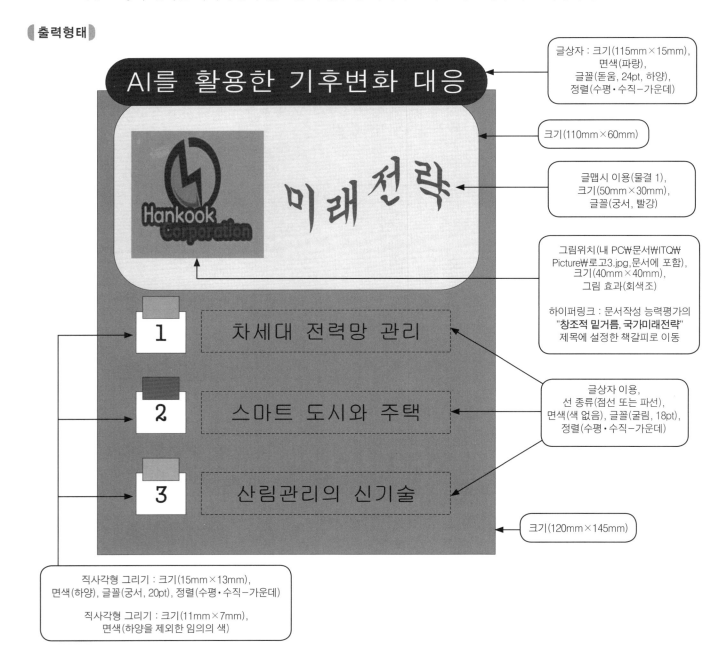

글상자 : 크기(115mm×15mm),
면색(파랑),
글꼴(돋움, 24pt, 하양),
정렬(수평·수직-가운데)

크기(110mm×60mm)

글맵시 이용(물결 1),
크기(50mm×30mm),
글꼴(궁서, 빨강)

그림위치(내 PC₩문서₩ITQ₩
Picture₩로고3.jpg,문서에 포함),
크기(40mm×40mm),
그림 효과(회색조)

하이퍼링크 : 문서작성 능력평가의
"**창조적 밑거름, 국가미래전략**"
제목에 설정한 책갈피로 이동

글상자 이용,
선 종류(점선 또는 파선),
면색(색 없음), 글꼴(굴림, 18pt),
정렬(수평·수직-가운데)

크기(120mm×145mm)

직사각형 그리기 : 크기(15mm×13mm),
면색(하양), 글꼴(궁서, 20pt), 정렬(수평·수직-가운데)

직사각형 그리기 : 크기(11mm×7mm),
면색(하양을 제외한 임의의 색)

위기 극복을 위한
창조적 밑거름, 국가미래전략

코로나19의 전 세계적 확산은 인간이 야생동물 서식지를 훼손(毀損)한 것이 하나의 원인이라는 지적이 나오고 있다. 이렇게 생태계의 파괴와 무분별한 사용에 따른 부작용은 부메랑이 되어 인간에게 되돌아오고 있다. 환경 생태의 중요성이 새삼 커지고 있는 가운데, 첨단기술이 환경 생태 분야에 적용될 경우 생물다양성, 기후변화, 생태계 서비스, 생태 복지 등에도 긍정적 영향을 끼칠 것이다. 환경의 변화가 기후변화를 가져오고, 다시 기후변화가 환경 변화를 일으키는 양방향의 상관관계에 대한 고찰을 통해 국토의 생태적 기능 증진, 생활환경 관련 이슈 해결 그리고 환경 변화에 대응한 회복력 확보 전략이 필요하다. 향후 대한민국 국민들이 경쟁주의와 경제성장 중심의 사고에서 벗어나 보다 물질적 풍요로움과 정신적 행복을 함께 추구하는 삶을 위해 노력해야 한다.

개인의 건강과 여가의 다양한 활용(活用)은 삶의 질을 중시하는 사회가 필수적으로 가져야 할 덕목이라는 점에는 이견이 없다. 환경과 에너지 측면에서 깨끗하고 청정한 사회, 범죄와 재난의 위험으로부터 안전한 사회가 삶의 질을 담보한다는 데도 이견은 없다. 그리고 이를 위한 미래전략ⒶA은 필수이다.

♣ 미래전략 및 중점 과제

I. 다양성 존중 및 지속 가능한 공존 사회 실현

    A. 개인화 및 가족 형태 다양화에 따른 존중 문화 형성

    B. 환경적 지속 가능성을 동반한 미래지향적 가치 추구

II. 미래사회 삶의 질 인프라 선진화

    A. 쾌적한 생활환경 인프라 조성

    B. 안전하고 편리한 사회 구축 및 인프라 확충

♣ 과학기술 기반 가치 체계

정보통신 기술		생명공학 기술	
감성공학 로봇	웨어러블 디바이스	질병 예측 기술	인공장기
빅 데이터	스마트 카	줄기세포	유전자 치료
AI 공통플랫폼	교통예측, 가상비서	유전형질 변환	메모리 임플란트
소프트웨어 기술을 이용하여 정보를 수집, 생산, 가공, 보존, 활용하는 모든 방법		생물체의 기능을 이용하여 유용물질을 생산하는 등 인류 사회에 공헌하는 과학기술	

과학기술정보통신부

Ⓐ 양적 성장의 시대를 지나 삶의 질을 중시하는 라이프 스타일의 시대로 도약

과목	코드	문제유형	시험시간	수험번호	성 명
아래 한글	1111	A	60분	20981025	

수 험 자 유 의 사 항

- 수험자는 문제지를 받는 즉시 문제지와 **수험표상의 시험과목(프로그램)이 동일한지 반드시 확인**하여야 합니다.
- 파일명은 본인의 "수험번호-성명"으로 입력하여 답안폴더(내 PC₩문서₩ITQ)에 하나의 파일로 저장해야 하며, 답안문서 파일명이 "수험번호-성명"과 일치하지 않거나, 답안파일을 전송하지 않아 미제출로 처리될 경우 실격 처리합니다 (예 : 12345678-홍길동.hwp).
- 답안 작성을 마치면 파일을 저장하고, '답안 전송' 버튼을 선택하여 감독위원 PC로 답안을 전송하십시오. 수험생 정보와 저장한 파일명이 다를 경우 전송되지 않으므로 주의하시기 바랍니다.
- 답안 작성 중에도 **주기적으로 저장하고 '답안 전송'** 하여야 문제 발생을 줄일 수 있습니다. 작업한 내용을 저장하지 않고 전송할 경우 이전에 저장된 내용이 전송되오니 이점 유의하시기 바랍니다.
- 답안문서는 지정된 경로 외의 다른 보조기억장치에 저장하는 경우, 지정된 시험 시간 외에 작성된 파일을 활용할 경우, 기타 통신 수단(이메일, 메신저, 네트워크 등)을 이용하여 타인에게 전달 또는 외부 반출하는 경우는 부정 처리합니다.
- 시험 중 부주의 또는 고의로 시스템을 파손한 경우는 수험자가 변상해야 하며, <수험자 유의사항>에 기재된 방법대로 이행하지 않아 생기는 불이익은 수험생 당사자의 책임임을 알려 드립니다.
- 문제의 조건은 한컴오피스 2022 버전으로 설정되어 있으니 유의하시기 바랍니다.
- 시험을 완료한 수험자는 답안파일이 전송되었는지 확인한 후 감독위원의 지시에 따라 문제지를 제출하고 퇴실합니다.

답 안 작 성 요 령

- **온라인 답안 작성 절차**
  수험자 등록 ⇒ 시험 시작 ⇒ 답안파일 저장 ⇒ 답안 전송 ⇒ 시험 종료
- **공통 부문**
- 글꼴에 대한 기본설정은 함초롬바탕, 10포인트, 검정, 줄간격 160%, 양쪽정렬로 합니다.
- 색상은 조건의 색을 적용하고 색의 구분이 안될 경우에는 RGB 값을 적용합니다(빨강 255,0,0 / 파랑 0,0,255 / 노랑 255,255,0).
- 각 문항에 주어진 ≪조건≫에 따라 작성하고 언급하지 않은 조건은 ≪출력형태≫와 같이 작성합니다.
- 용지여백은 왼쪽·오른쪽 11㎜, 위쪽·아래쪽·머리말·꼬리말 10㎜, 제본 0㎜로 합니다.
- 그림 삽입 문제의 경우 「내 PC₩문서₩ITQ₩Picture」 폴더에서 지정된 파일을 선택하여 삽입하십시오.
- 삽입한 그림은 반드시 문서에 포함하여 저장해야 합니다(미포함 시 감점 처리).
- 각 항목은 지정된 페이지에 출력형태와 같이 정확히 작성하시기 바라며, 그렇지 않을 경우에 해당 항목은 0점 처리됩니다.
- ※ 페이지 구분 : 1페이지 – 기능평가 I (문제번호 표시 : 1. 2.),
  2페이지 – 기능평가 II (문제번호 표시 : 3. 4.),
  3페이지 – 문서작성 능력평가
- **기능평가**
- 문제와 ≪조건≫은 입력하지 않으며 문제번호와 답(≪출력형태≫)만 작성합니다.
- 4번 문제는 묶기를 했을 경우 0점 처리됩니다.
- **문서작성 능력평가**
- A4 용지(210㎜×297㎜) 1매 크기, 세로 서식 문서로 작성합니다.
- ┊┄┄┊ 표시는 문서작성에 대한 지시사항이므로 작성하지 않습니다.

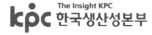

1. 다음의 ≪조건≫에 따라 스타일 기능을 적용하여 ≪출력형태≫와 같이 작성하시오. (50점)

[조건]
(1) 스타일 이름 – fusion
(2) 문단 모양 – 왼쪽 여백 : 15pt, 문단 아래 간격 : 10pt
(3) 글자 모양 – 글꼴 : 한글(궁서)/영문(돋움), 크기 : 10pt, 장평 : 95%, 자간 : 5%

[출력형태]

With the development research, computer functions are fused with objects in the physical world. It can be seen as a system that includes artificial intelligence such as medical, aviation, factory, and energy.

사이버물리시스템은 융합연구의 발전 시스템으로, 일반적으로는 다양한 컴퓨터 기능들이 물리 세계의 일반적인 사물들과 융합된 형태인 시스템을 의미한다.

2. 다음의 ≪조건≫에 따라 ≪출력형태≫와 같이 표와 차트를 작성하시오. (100점)

[표조건]
(1) 표 전체(표, 캡션) – 돋움, 10pt
(2) 정렬 – 문자 : 가운데 정렬, 숫자 : 오른쪽 정렬
(3) 셀 배경(면색) : 노랑
(4) 한글의 계산 기능을 이용하여 빈칸에 합계를 구하고, 캡션 기능 사용할 것
(5) 선 모양은 ≪출력형태≫와 동일하게 처리할 것

[출력형태]

사이버물리시스템 연도별 활용 현황(단위 : 개)

구분	2018년	2019년	2020년	2021년	합계
도시계획	13	15	10	22	
방재	23	29	12	20	
보건	21	13	10	12	
교통	18	16	19	16	

[차트조건]
(1) 차트 데이터는 표 내용에서 연도별 도시계획, 방재, 보건의 값만 이용할 것
(2) 종류 – <묶은 세로 막대형>으로 작업할 것
(3) 제목 – 굴림, 진하게, 12pt, 속성 – 채우기(하양), 테두리, 그림자(대각선 오른쪽 아래)
(4) 제목 이외의 전체 글꼴 – 굴림, 보통, 10pt
(5) 축제목과 범례는 ≪출력형태≫와 동일하게 처리할 것

[출력형태]

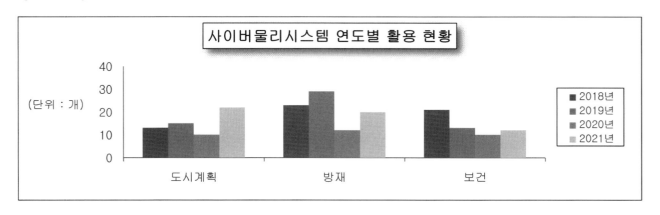

3. 다음 (1), (2)의 수식을 수식 편집기로 각각 입력하시오. (40점)

출력형태

(1) $\dfrac{1}{\lambda} = 1.097 \times 10^5 \left(\dfrac{1}{2^2} - \dfrac{1}{n^2} \right)$

(2) $\displaystyle\int_0^3 \dfrac{\sqrt{6t^2 - 18t + 12}}{5}\, dt = 11$

4. 다음의 《조건》에 따라 《출력형태》와 같이 문서를 작성하시오. (110점)

조건   (1) 그리기 도구를 이용하여 작성하고, 모든 도형(글맵시, 지정된 그림 포함)을 《출력형태》와 같이 작성하시오.
             (2) 도형의 면색은 지시사항이 없으면 색 없음을 제외하고 서로 다르게 임의로 지정하시오.

출력형태

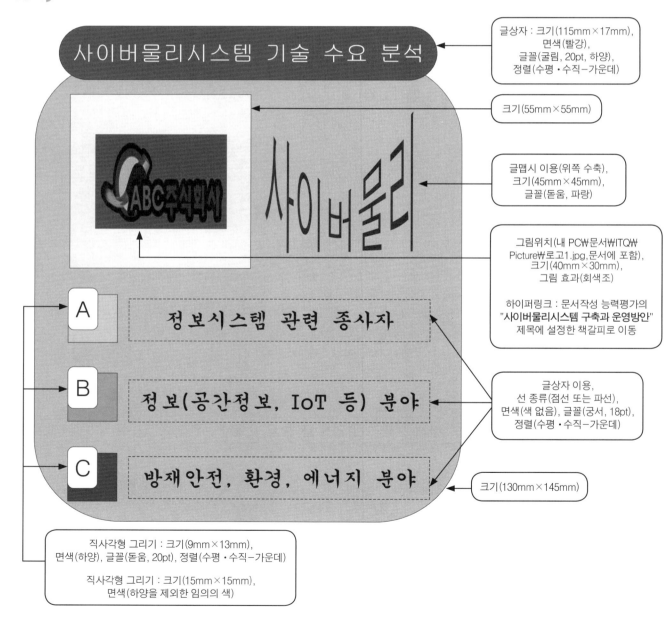

글꼴 : 굴림, 18pt, 진하게, 가운데 정렬
책갈피 이름 : 물리, 덧말 넣기

머리말 기능
궁서, 10pt, 오른쪽 정렬 → 융합 시스템

안전환경연구실
사이버물리시스템 구축과 운영방안

각주

그림위치(내 PC₩문서₩ITQ₩Picture₩ 그림4.jpg, 문서에 포함)
자르기 기능 이용, 크기(40mm×40mm), 바깥 여백 왼쪽 : 2mm

문단 첫 글자 장식 기능
글꼴 : 돋움, 면색 : 노랑

실 효성 있는 서울시 사이버물리시스템㉠의 구축 및 활용방안을 마련하기 위해 기술 수요조사를 실시하였다. 사이버물리시스템 공통부분에서는 구성 요소와 기술 요소 중요도, 기술 요소 중요도 구현을 위한 세부(細部) 기술 수준에 대한 조사를 실시하였다. 서울시 적용 및 활용 조사에서는 구현을 위한 인프라 수준, 구현 가능성, 분야별 적용 및 활용, 운영(運營)을 위한 정부 정책에 대한 조사가 이뤄졌다.

서울시 사이버물리시스템 적용 및 활용방안 수요 조사는 풍수해, 소방 시설물, 환경 및 에너지의 각 전문 분야로 구분해 서술형으로 응답하도록 하여 사이버물리시스템 활용방안의 참고 자료로 활용하였다. 사이버물리시스템의 구성 요소 중 현실 데이터 취득이 가장 중요하며, 자율제어는 상대적으로 낮았다. 이는 도시 범위의 사이버물리시스템은 아직 초기 단계로 구성 요소인 데이터를 가장 중요하게 생각하고 있음을 알 수 있다. 이 외 기타 중요한 요소로 리빙랩, 시민참여와 도시문제 해결을 위한 주체 간 협력적 거버넌스가 필요하며, 정책 운영 및 의사결정 시 필요한 도시 현황 정보를 적시에 측정하고 추정할 수 있는 IoT 플랫폼 구축이 필요하다고 응답하였다.

◆ **사이버물리시스템 전문가 설문조사**

글꼴 : 바탕, 18pt, 하양
음영색 : 파랑

　가. 사이버물리시스템 공통 부문

　　㉠ 사이버물리시스템의 구성 요소와 기술 요소 중요도

　　㉡ 사이버물리시스템을 구현하기 위한 세부 기술 수준

　나. 서울시 사이버물리시스템 적용 및 활용 조사

　　㉠ 구현을 위한 인프라 수준, 구현 가능성

　　㉡ 분야별 적용 및 활용, 운영을 위한 정부 정책

문단 번호 기능 사용
1수준 : 20pt, 오른쪽정렬,
2수준 : 30pt, 오른쪽정렬
줄 간격 : 180%

◆ *분야별 기술과 세부 항목*

글꼴 : 바탕, 18pt, 기울임, 강조점

표 전체 글꼴 : 굴림, 10pt, 가운데 정렬
셀 배경(그러데이션) : 유형(가로),
시작색(하양), 끝색(노랑)

항목	기술 분야	세부 항목	비고
표준화	시스템	시스템 연계 및 표준화	최신 기술력
	정보 시스템	분야별 정보시스템 간 연동, 표준화	
데이터	데이터 전달	현실 세계 데이터의 가상공간 전달	기술력
	실시간 처리	실시간 데이터의 표준화, 에러 처리	에러 처리 프로세스
모델링 구축		현실 세계 문제에 대한 분석 및 시뮬레이션, 분석 결과의 가시화	

글꼴 : 굴림, 24pt, 진하게
장평 105%, 오른쪽 정렬 → # 서울연구원

각주 구분선 : 5cm

㉠ 광범위하게 사용되는 인공지능 시스템을 모두 포함하는 시스템

쪽 번호 매기기
2로 시작 → ②

5회 기출문제

과목	코드	문제유형	시험시간	수험번호	성 명
아래 한글	1111	A	60분	59081026	

수 험 자 유 의 사 항

● 수험자는 문제지를 받는 즉시 문제지와 **수험표상의 시험과목(프로그램)이 동일한지 반드시 확인**하여야 합니다.

● 파일명은 본인의 "수험번호-성명"으로 입력하여 답안폴더(내 PC₩문서₩ITQ)에 하나의 파일로 저장해야 하며, 답안문서 파일명이 "수험번호-성명"과 일치하지 않거나, 답안파일을 전송하지 않아 미제출로 처리될 경우 실격 처리합니다 (예 : 12345678-홍길동.hwp).

● 답안 작성을 마치면 파일을 저장하고, '답안 전송' 버튼을 선택하여 감독위원 PC로 답안을 전송하십시오. 수험생 정보와 저장한 파일명이 다를 경우 전송되지 않으므로 주의하시기 바랍니다.

● 답안 작성 중에도 **주기적으로 저장하고 '답안 전송'** 하여야 문제 발생을 줄일 수 있습니다. 작업한 내용을 저장하지 않고 전송할 경우 이전에 저장된 내용이 전송되오니 이점 유의하시기 바랍니다.

● 답안문서는 지정된 경로 외의 다른 보조기억장치에 저장하는 경우, 지정된 시험 시간 외에 작성된 파일을 활용할 경우, 기타 통신 수단(이메일, 메신저, 네트워크 등)을 이용하여 타인에게 전달 또는 외부 반출하는 경우는 부정 처리합니다.

● 시험 중 부주의 또는 고의로 시스템을 파손한 경우는 수험자가 변상해야 하며, 〈수험자 유의사항〉에 기재된 방법대로 이행하지 않아 생기는 불이익은 수험생 당사자의 책임임을 알려 드립니다.

● 문제의 조건은 한컴오피스 2022 버전으로 설정되어 있으니 유의하시기 바랍니다.

● 시험을 완료한 수험자는 답안파일이 전송되었는지 확인한 후 감독위원의 지시에 따라 문제지를 제출하고 퇴실합니다.

답 안 작 성 요 령

● 온라인 답안 작성 절차
   수험자 등록 ⇒ 시험 시작 ⇒ 답안파일 저장 ⇒ 답안 전송 ⇒ 시험 종료

● 공통 부문
· 글꼴에 대한 기본설정은 함초롬바탕, 10포인트, 검정, 줄간격 160%, 양쪽정렬로 합니다.
· 색상은 조건의 색을 적용하고 색의 구분이 안될 경우에는 RGB 값을 적용합니다(빨강 255,0,0 / 파랑 0,0,255 / 노랑 255,255,0).
· 각 문항에 주어진 ≪조건≫에 따라 작성하고 언급하지 않은 조건은 ≪출력형태≫와 같이 작성합니다.
· 용지여백은 왼쪽 · 오른쪽 11㎜, 위쪽 · 아래쪽 · 머리말 · 꼬리말 10㎜, 제본 0㎜로 합니다.
· 그림 삽입 문제의 경우 「내 PC₩문서₩ITQ₩Picture」 폴더에서 지정된 파일을 선택하여 삽입하십시오.
· 삽입한 그림은 반드시 문서에 포함하여 저장해야 합니다(미포함 시 감점 처리).
· 각 항목은 지정된 페이지에 출력형태와 같이 정확히 작성하시기 바라며, 그렇지 않을 경우에 해당 항목은 0점 처리됩니다.
※ 페이지 구분 : 1페이지 – 기능평가Ⅰ (문제번호 표시 : 1. 2.),
                2페이지 – 기능평가Ⅱ (문제번호 표시 : 3. 4.),
                3페이지 – 문서작성 능력평가

기능평가
· 문제와 ≪조건≫은 입력하지 않으며 문제번호와 답(≪출력형태≫)만 작성합니다.
· 4번 문제는 묶기를 했을 경우 0점 처리됩니다.

문서작성 능력평가
· A4 용지(210㎜×297㎜) 1매 크기, 세로 서식 문서로 작성합니다.
· ﹝﹞ 표시는 문서작성에 대한 지시사항이므로 작성하지 않습니다.

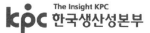

1. 다음의 ≪조건≫에 따라 스타일 기능을 적용하여 ≪출력형태≫와 같이 작성하시오. (50점)

조건　(1) 스타일 이름 – ceramics
　　　　(2) 문단 모양 – 왼쪽 여백 : 15pt, 문단 아래 간격 : 10pt
　　　　(3) 글자 모양 – 글꼴 : 한글(돋움)/영문(궁서), 크기 : 10pt, 장평 : 95%, 자간 : –5%

출력형태

KICB 2022 looks at the past of the ceramic biennale and roles and meanings of ceramic art in the post COVID-19 era, and aspires to deliver messages of consolation and hope to those tired.

경기세계도자비엔날레는 도자비엔날레의 과거와 '포스트 코로나' 이후 도자예술의 의미를 짚어보고, 코로나로 지친 이들에게 도자예술을 통한 위로와 희망을 전하고자 한다.

2. 다음의 ≪조건≫에 따라 ≪출력형태≫와 같이 표와 차트를 작성하시오. (100점)

표조건　(1) 표 전체(표, 캡션) – 돋움, 10pt
　　　　(2) 정렬 – 문자 : 가운데 정렬, 숫자 : 오른쪽 정렬
　　　　(3) 셀 배경(면색) : 노랑
　　　　(4) 한글의 계산 기능을 이용하여 빈칸에 평균(소수점 두 자리)을 구하고, 캡션 기능 사용할 것
　　　　(5) 선 모양은 ≪출력형태≫와 동일하게 처리할 것

출력형태

도자비엔날레 관람객 현황(단위 : 천 명)

구분	2018년	2019년	2020년	2021년	평균
전시관	56	55	57	63	
체험관	52	50	61	62	
공연	53	56	54	59	
부대행사	49	48	56	51	✕

차트조건　(1) 차트 데이터는 표 내용에서 연도별 전시관, 체험관, 공연의 값만 이용할 것
　　　　(2) 종류 – <묶은 세로 막대형>으로 작업할 것
　　　　(3) 제목 – 굴림, 진하게, 12pt, 속성 – 채우기(하양), 테두리, 그림자(대각선 오른쪽 아래)
　　　　(4) 제목 이외의 전체 글꼴 – 굴림, 보통, 10pt
　　　　(5) 축제목과 범례는 ≪출력형태≫와 동일하게 처리할 것

출력형태

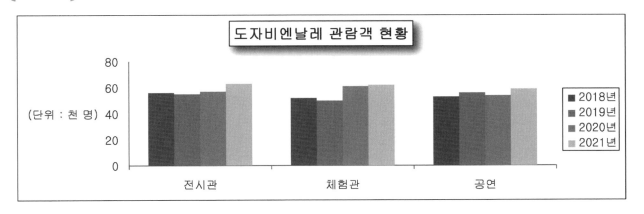

3. 다음 (1), (2)의 수식을 수식 편집기로 각각 입력하시오. (40점)

출력형태

(1) $R \times 3 = \dfrac{360h}{2\pi(\phi_A - \phi_B)} \times 3$

(2) $\dfrac{a^4}{T^2} - 1 = \dfrac{G}{4\pi^2}(M + m)$

4. 다음의 ≪조건≫에 따라 ≪출력형태≫와 같이 문서를 작성하시오. (110점)

조건 (1) 그리기 도구를 이용하여 작성하고, 모든 도형(글맵시, 지정된 그림 포함)을 ≪출력형태≫와 같이
작성하시오.
(2) 도형의 면색은 지시사항이 없으면 색 없음을 제외하고 서로 다르게 임의로 지정하시오.

출력형태

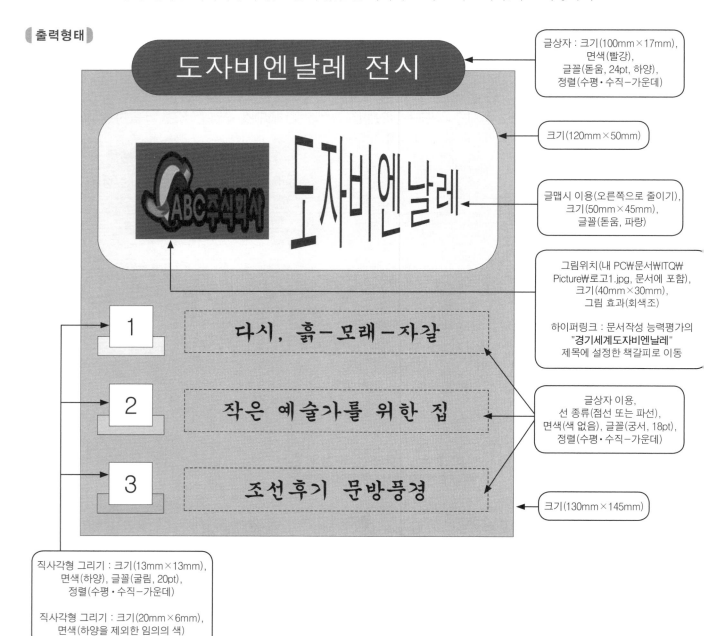

글꼴 : 돋움, 18pt, 진하게, 가운데 정렬
책갈피 이름 : 도자, 덧말 넣기

머리말 기능
굴림, 10pt, 오른쪽 정렬 → 세계도자기엑스포

도자예술축제
경기세계도자비엔날레

문단 첫 글자 장식 기능
글꼴 : 궁서, 면색 : 노랑

그림위치(내 PC₩문서₩ITQ₩Picture₩
그림5.jpg, 문서에 포함)
자르기 기능 이용, 크기(40mm×40mm),
바깥 여백 왼쪽 : 2mm

경기세계도자비엔날레는 지난 2001년부터 개최되는 도자 분야의 최고 국제 행사이다. 전 세계 도예인들과 도자 애호가들이 한자리에 모여 도자 문화에 대해 교류하고 지구촌의 도자 흐름을 선도하는 창조의 장으로 자리매김한 본 축제는 한국 도자의 문화적 수준을 제고하여 도자의 대중화와 그 저변 확대에 앞장서고 있으며, 개최 지역인 경기도의 이천, 여주, 광주를 세계 도자의 중심지로 성장 및 발전시키는 원동력이 되고 있다.

이천의 세라피아를 살펴보면 약 13억 원에 달하는 폐도자 등을 활용한 도자 관광테마파크로서 문화시설, 놀이시설, 편의시설 등이 모두 도자 조형물로 꾸며져 있다. 세라믹과 유토피아ⓐ의 합성어로서 도자로 만든 유토피아를 의미하는 이곳은 관람객들과 도예인들에게 도자 체험의 기회(機會)와 창작활동의 장을 제공하는 복합 문화공간을 목표로 하고 있다. 여주의 도자세상은 반달미술관을 포함한 국내 최초의 도자 쇼핑문화관광지로 도자를 보고 사고 즐길 수 있다. 광주의 곤지암도자공원은 경기도자박물관, 스페인조각공원, 도자쇼핑몰, 한국정원 등 주변 단지를 통칭하는 새 이름이며 전통(傳統), 문화, 휴양 기능을 갖춘 복합 관광지이다.

각주

♥ 작품 제작 기법 배워 보기

글꼴 : 궁서, 18pt, 하양
음영색 : 파랑

A. 오픈스튜디오

  1. 기간 : 2022년 5월 20일 - 5월 29일(10일간)

  2. 장소 : 경기생활도자미술관 1층

B. 어린이 예술가 체험

  1. 흙 반죽에 대해 배우고 발로 흙을 밟아보는 감각 체험

  2. 원하는 접시 모양을 선택 후 다양한 장식 기법 도자기 완성

문단 번호 기능 사용
1수준 : 20pt, 오른쪽 정렬
2수준 : 30pt, 오른쪽 정렬
줄 간격 : 180%

♥ 도자비엔날레 국제공모전

글꼴 : 궁서, 18pt, 기울임, 강조점

표 전체 글꼴 : 돋움, 10pt, 가운데 정렬
셀 배경(그러데이션) : 유형(가로),
시작색(하양), 끝색(노랑)

구분	부문	수상자	작품명	상금	전시장소
대상	조형	보딜 만츠	건축적 부피	6,000만 원	이천
금상	생활	이윤아	초자연적인 01	2,000만 원	여주
	조형	클레어 린드너	거대한 바다짐승		이천
은상	생활	안토넬라 치마티	크레스피나	1,000만 원	여주
	조형	미카엘 기어트센	푸른 사물		이천

각주 구분선 : 5cm

글꼴 : 굴림, 22pt, 진하게
장평 105%, 오른쪽 정렬 → # 한국도자재단

ⓐ 인간이 생각할 수 있는 최선의 상태를 갖춘 완전한 사회

쪽 번호 매기기
6으로 시작 → vi

과목	코드	문제유형	시험시간	수험번호	성 명
아래 한글	1111	A	60분	36801027	

수 험 자 유 의 사 항

- 수험자는 문제지를 받는 즉시 문제지와 **수험표상의 시험과목(프로그램)이 동일한지 반드시 확인**하여야 합니다.
- 파일명은 본인의 "수험번호-성명"으로 입력하여 답안폴더(내 PC\문서\ITQ)에 하나의 파일로 저장해야 하며, 답안문서 파일명이 "수험번호-성명"과 일치하지 않거나, 답안파일을 전송하지 않아 미제출로 처리될 경우 실격 처리합니다 (예 : 12345678-홍길동.hwp).
- 답안 작성을 마치면 파일을 저장하고, '답안 전송' 버튼을 선택하여 감독위원 PC로 답안을 전송하십시오. 수험생 정보와 저장한 파일명이 다를 경우 전송되지 않으므로 주의하시기 바랍니다.
- 답안 작성 중에도 **주기적으로 저장하고 '답안 전송'** 하여야 문제 발생을 줄일 수 있습니다. 작업한 내용을 저장하지 않고 전송할 경우 이전에 저장된 내용이 전송되오니 이점 유의하시기 바랍니다.
- 답안문서는 지정된 경로 외의 다른 보조기억장치에 저장하는 경우, 지정된 시험 시간 외에 작성된 파일을 활용할 경우, 기타 통신 수단(이메일, 메신저, 네트워크 등)을 이용하여 타인에게 전달 또는 외부 반출하는 경우는 부정 처리합니다.
- 시험 중 부주의 또는 고의로 시스템을 파손한 경우는 수험자가 변상해야 하며, <수험자 유의사항>에 기재된 방법대로 이행하지 않아 생기는 불이익은 수험생 당사자의 책임임을 알려 드립니다.
- 문제의 조건은 한컴오피스 2022 버전으로 설정되어 있으니 유의하시기 바랍니다.
- 시험을 완료한 수험자는 답안파일이 전송되었는지 확인한 후 감독위원의 지시에 따라 문제지를 제출하고 퇴실합니다.

답 안 작 성 요 령

- **온라인 답안 작성 절차**
  수험자 등록 ⇒ 시험 시작 ⇒ 답안파일 저장 ⇒ 답안 전송 ⇒ 시험 종료
- **공통 부문**
- 글꼴에 대한 기본설정은 함초롬바탕, 10포인트, 검정, 줄간격 160%, 양쪽정렬로 합니다.
- 색상은 조건의 색을 적용하고 색의 구분이 안될 경우에는 RGB 값을 적용합니다(빨강 255,0,0 / 파랑 0,0,255 / 노랑 255,255,0).
- 각 문항에 주어진 ≪조건≫에 따라 작성하고 언급하지 않은 조건은 ≪출력형태≫와 같이 작성합니다.
- 용지여백은 왼쪽·오른쪽 11㎜, 위쪽·아래쪽·머리말·꼬리말 10㎜, 제본 0㎜로 합니다.
- 그림 삽입 문제의 경우「내 PC\문서\ITQ\Picture」폴더에서 지정된 파일을 선택하여 삽입하십시오.
- 삽입한 그림은 반드시 문서에 포함하여 저장해야 합니다(미포함 시 감점 처리).
- 각 항목은 지정된 페이지에 출력형태와 같이 정확히 작성하시기 바라며, 그렇지 않을 경우에 해당 항목은 0점 처리됩니다.
- ※ 페이지 구분 : 1페이지 - 기능평가 I (문제번호 표시 : 1. 2.),
  2페이지 - 기능평가 II (문제번호 표시 : 3. 4.),
  3페이지 - 문서작성 능력평가

기능평가
- 문제와 ≪조건≫은 입력하지 않으며 문제번호와 답(≪출력형태≫)만 작성합니다.
- 4번 문제는 묶기를 했을 경우 0점 처리됩니다.

문서작성 능력평가
- A4 용지(210㎜×297㎜) 1매 크기, 세로 서식 문서로 작성합니다.
- ┌----┐ 표시는 문서작성에 대한 지시사항이므로 작성하지 않습니다.

The Insight KPC
kpc 한국생산성본부

1. 다음의 ≪조건≫에 따라 스타일 기능을 적용하여 ≪출력형태≫와 같이 작성하시오. (50점)

조건 (1) 스타일 이름 – fire
(2) 문단 모양 – 왼쪽 여백 : 15pt, 문단 아래 간격 : 10pt
(3) 글자 모양 – 글꼴 : 한글(굴림)/영문(돋움), 크기 : 10pt, 장평 : 95%, 자간 : 5%

출력형태

The Korean National Fire Agency is a state agency dedicated to fire prevention and emergency response to accidents or land disasters.

119 청소년단은 어려서부터 안전에 대한 의식과 습관을 기르고, 이웃을 먼저 생각하며 봉사하는 참사랑을 실천하는 선도조직으로 건강한 어린이 육성을 목표로 하고 있다.

2. 다음의 ≪조건≫에 따라 ≪출력형태≫와 같이 표와 차트를 작성하시오. (100점)

표조건 (1) 표 전체(표, 캡션) – 돋움, 10pt
(2) 정렬 – 문자 : 가운데 정렬, 숫자 : 오른쪽 정렬
(3) 셀 배경(면색) : 노랑
(4) 한글의 계산 기능을 이용하여 빈칸에 합계를 구하고, 캡션 기능 사용할 것
(5) 선 모양은 ≪출력형태≫와 동일하게 처리할 것

출력형태

소방산업 기업인증 현황(단위 : %)

구분	벤처기업	ISO 인증	이노비즈 기업	메인비즈 기업	합계
소방설계업	6.2	9.6	4.2	1.3	
소방공사업	2.7	13.4	2.9	4.3	
소방제조업	13.4	21.7	13.1	5.2	
소방관리업	3.1	9.2	3.9	0.4	✕

차트조건 (1) 차트 데이터는 표 내용에서 구분별 소방설계업, 소방공사업, 소방제조업의 값만 이용할 것
(2) 종류 – <묶은 세로 막대형>으로 작업할 것
(3) 제목 – 굴림, 진하게, 12pt, 속성 – 채우기(하양), 테두리, 그림자(대각선 오른쪽 아래)
(4) 제목 이외의 전체 글꼴 – 굴림, 보통, 10pt
(5) 축제목과 범례는 ≪출력형태≫와 동일하게 처리할 것

출력형태

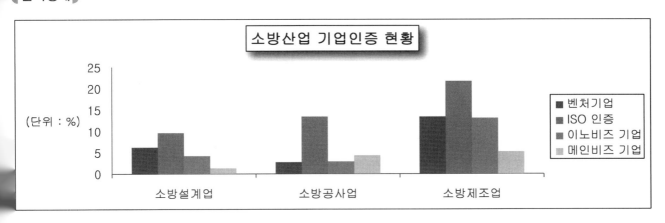

3. 다음 (1), (2)의 수식을 수식 편집기로 각각 입력하시오. (40점)

《출력형태》

(1) $E = mr^2 = \dfrac{nc^2}{\sqrt{1 - \dfrac{r^2}{d^2}}}$

(2) $\displaystyle\sum_{k=1}^{n}(k^4 + 1) - \sum_{k=3}^{n}(k^4 + 1) = 19$

4. 다음의 《조건》에 따라 《출력형태》와 같이 문서를 작성하시오. (110점)

《조건》   (1) 그리기 도구를 이용하여 작성하고, 모든 도형(글맵시, 지정된 그림 포함)을 《출력형태》와 같이
작성하시오.
         (2) 도형의 면색은 지시사항이 없으면 색 없음을 제외하고 서로 다르게 임의로 지정하시오.

《출력형태》

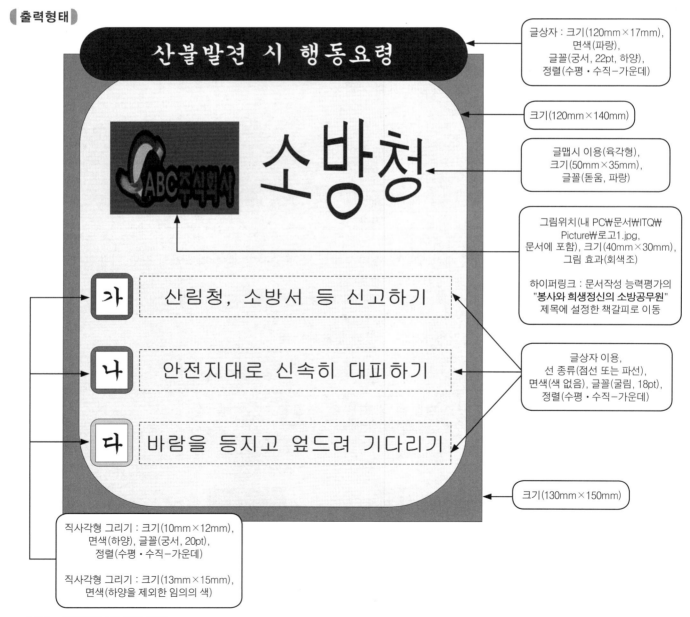

글꼴 : 돋움, 18pt, 진하게, 가운데 정렬
책갈피 이름 : 소방, 덧말 넣기

머리말 기능
굴림, 10pt, 오른쪽 정렬 ➔ 화재 예방

문단 첫 글자 장식 기능
글꼴 : 궁서, 면색 : 노랑

안전하고 행복한 대한민국
봉사와 희생정신의 소방공무원

그림위치(내 PC₩문서₩ITQ₩Picture₩
그림4.jpg, 문서에 포함)
자르기 기능 이용, 크기(40mm×40mm)
바깥 여백 왼쪽 : 2mm

화재 발생 시 출동하여 사고 진압 및 소화(消火) 업무를 담당하고 있는 소방공무원Ⓐ은 화재 외에도 다양한 관련 분야에 걸쳐 임무를 수행하고 있다. 소방공무원의 업무는 소방과, 방호과, 119 소방서, 구조대, 구조구급과로 나뉘며 소방과는 다시 소방 업무와 장비 업무로 분류(分類)된다.

각주

　소방 업무에는 소방서 기본 운영 계획에 관한 사항을 비롯하여 직원들의 신분, 상벌, 복무규율 및 교육 훈련, 보건, 복지, 후생에 관한 사항이 포함된다. 장비 업무로는 직원들의 보수 등 예산과 회계에 관한 사항과 소방 차량 및 장비 유지 관리에 관한 사항을 담당한다. 방호과에서는 화재 진압 대책과 각종 소방 현장 활동의 효율적 수행을 위한 안전 대책 등을 수립하며 소방 시설의 작동 상태 및 관리 상황에 대한 점검을 통해 사전 예방 활동을 펼친다. 119 소방서는 현장 활동 업무를 수행하는 부서로 화재 발생 시 신속한 진압 활동에 착수하며 응급 환자에 대한 구급 활동을 맡는다. 구조대는 각종 재난 사고 현장에서 인명을 구조하는 부서로 화재, 교통사고, 산악사고, 수난사고 등에 대응하기 위해 실력 향상 훈련 및 안전사고 예방 교육과 캠페인을 주관한다.

♥ 소화기의 종류

글꼴 : 궁서, 18pt, 하양
음영색 : 빨강

　1. 물 소화기

　　가. 쉽게 구할 수 있으며 가격이 저렴하며 안전함

　　나. 겨울철에는 동결 방지 조치를 강구해야 함

　2. 포말 소화기

　　가. 공기와의 접촉을 차단하는 질식 효과

　　나. 수분의 증발에 의한 냉각 효과

문단 번호 기능 사용
1수준 : 20pt, 오른쪽정렬,
2수준 : 30pt, 오른쪽정렬
줄 간격 : 180%

♥ 소방시설업 종류 및 등록기준

글꼴 : 궁서, 18pt,
밑줄, 강조점

표 전체 글꼴 : 굴림, 10pt, 가운데 정렬
셀 배경(그러데이션) : 유형(가로),
시작색(하양), 끝색(노랑)

시설업		정의	기술인력
설계업	전문	소방시설 공사계획, 설계도면, 설명서 등 서류 작성	소방기술사 1명, 보조 인력 1명
	일반		소방기술사 또는 소방설비기사 1명, 보조 인력 1명
공사업	일반	소방시설 신설, 증설, 개설, 안전 및 정비	소방기술사 또는 소방설비기사(해당 분야) 1명, 보조 인력 1명
감리업	전문	설계도서와 관계 법령에 따라 적법하게 시공되는지 확인	소방기술사 1명, 특급/고급/중급/초급 감리원 각 1명
	일반		특급 감리원 1명, 중급 이상 감리원 1명, 초급 감리원 1명

각주 구분선 : 5cm

글꼴 : 돋움, 24pt, 진하게
장평 105%, 오른쪽 정렬 ➔ **소방청**

──────────────────
Ⓐ 국민의 보호를 직무로 하여 화재의 예방, 경계, 진압에 종사하는 공무원

쪽 번호 매기기
4로 시작
　　　　➔ ④

기출문제

7회

Information Technology Qualification

과목	코드	문제유형	시험시간	수험번호	성 명
아래 한글	1111	A	60분	70072028	

수험자 유의사항

- 수험자는 문제지를 받는 즉시 문제지와 **수험표상의 시험과목(프로그램)이 동일한지 반드시 확인**하여야 합니다.
- 파일명은 본인의 "수험번호-성명"으로 입력하여 답안폴더(내 PC₩문서₩ITQ)에 하나의 파일로 저장해야 하며, 답안문서 파일명이 "수험번호-성명"과 일치하지 않거나, 답안파일을 전송하지 않아 미제출로 처리될 경우 실격 처리합니다 (예 : 12345678-홍길동.hwp).
- 답안 작성을 마치면 파일을 저장하고, '답안 전송' 버튼을 선택하여 감독위원 PC로 답안을 전송하십시오. 수험생 정보와 저장한 파일명이 다를 경우 전송되지 않으므로 주의하시기 바랍니다.
- 답안 작성 중에도 **주기적으로 저장하고 '답안 전송'** 하여야 문제 발생을 줄일 수 있습니다. 작업한 내용을 저장하지 않고 전송할 경우 이전에 저장된 내용이 전송되오니 이점 유의하시기 바랍니다.
- 답안문서는 지정된 경로 외의 다른 보조기억장치에 저장하는 경우, 지정된 시험 시간 외에 작성된 파일을 활용할 경우, 기타 통신 수단(이메일, 메신저, 네트워크 등)을 이용하여 타인에게 전달 또는 외부 반출하는 경우는 부정 처리합니다.
- 시험 중 부주의 또는 고의로 시스템을 파손한 경우는 수험자가 변상해야 하며, 〈수험자 유의사항〉에 기재된 방법대로 이행하지 않아 생기는 불이익은 수험생 당사자의 책임임을 알려 드립니다.
- 문제의 조건은 한컴오피스 2022 버전으로 설정되어 있으니 유의하시기 바랍니다.
- 시험을 완료한 수험자는 답안파일이 전송되었는지 확인한 후 감독위원의 지시에 따라 문제지를 제출하고 퇴실합니다.

답안 작성 요령

- **온라인 답안 작성 절차**
  수험자 등록 ⇒ 시험 시작 ⇒ 답안파일 저장 ⇒ 답안 전송 ⇒ 시험 종료

- **공통 부문**
  - 글꼴에 대한 기본설정은 함초롬바탕, 10포인트, 검정, 줄간격 160%, 양쪽정렬로 합니다.
  - 색상은 조건의 색을 적용하고 색의 구분이 안될 경우에는 RGB 값을 적용합니다(빨강 255,0,0 / 파랑 0,0,255 / 노랑 255,255,0).
  - 각 문항에 주어진 ≪조건≫에 따라 작성하고 언급하지 않은 조건은 ≪출력형태≫와 같이 작성합니다.
  - 용지여백은 왼쪽 · 오른쪽 11㎜, 위쪽 · 아래쪽 · 머리말 · 꼬리말 10㎜, 제본 0㎜로 합니다.
  - 그림 삽입 문제의 경우 「내 PC₩문서₩ITQ₩Picture」 폴더에서 지정된 파일을 선택하여 삽입하십시오.
  - 삽입한 그림은 반드시 문서에 포함하여 저장해야 합니다(미포함 시 감점 처리).
  - 각 항목은 지정된 페이지에 출력형태와 같이 정확히 작성하시기 바라며, 그렇지 않을 경우에 해당 항목은 0점 처리됩니다.
  - ※ 페이지 구분 : 1페이지 – 기능평가 I (문제번호 표시 : 1. 2.),
    2페이지 – 기능평가 II (문제번호 표시 : 3. 4.),
    3페이지 – 문서작성 능력평가

- **기능평가**
  - 문제와 ≪조건≫은 입력하지 않으며 문제번호와 답(≪출력형태≫)만 작성합니다.
  - 4번 문제는 묶기를 했을 경우 0점 처리됩니다.

- **문서작성 능력평가**
  - A4 용지(210㎜×297㎜) 1매 크기, 세로 서식 문서로 작성합니다.
  - ┌┈┐ 표시는 문서작성에 대한 지시사항이므로 작성하지 않습니다.

kpc The Insight KPC 한국생산성본부

1. 다음의 ≪조건≫에 따라 스타일 기능을 적용하여 ≪출력형태≫와 같이 작성하시오. (50점)

[조건]
(1) 스타일 이름 – metaverse
(2) 문단 모양 – 첫 줄 들여쓰기 : 10pt, 문단 아래 간격 : 10pt
(3) 글자 모양 – 글꼴 : 한글(궁서)/영문(돋움), 크기 : 10pt, 장평 : 105%, 자간 : −5%

[출력형태]

　Metaverse refers to a world in which virtual and reality interact and co-evolve, and social, economic, and cultural activities take place within them to create value.
　메타버스는 구현되는 공간이 현실 중심인지, 가상 중심인지, 구현되는 정보가 외부 환경정보 중심인지, 개인, 개체 중심인지에 따라 4가지 유형으로 구분된다.

2. 다음의 ≪조건≫에 따라 ≪출력형태≫와 같이 표와 차트를 작성하시오. (100점)

[표조건]
(1) 표 전체(표, 캡션) – 굴림, 10pt
(2) 정렬 – 문자 : 가운데 정렬, 숫자 : 오른쪽 정렬
(3) 셀 배경(면색) : 노랑
(4) 한글의 계산 기능을 이용하여 빈칸에 합계를 구하고, 캡션 기능 사용할 것
(5) 선 모양은 ≪출력형태≫와 동일하게 처리할 것

[출력형태]

AR 콘텐츠 시장 규모 및 전망(단위 : 천만 달러)

구분	2020년	2021년	2022년	2023년	합계
하드웨어	103	201	659	1,363	
게임	234	484	926	1,514	
전자상거래	71	198	417	845	
테마파크	172	192	375	574	

[차트조건]
(1) 차트 데이터는 표 내용에서 연도별 하드웨어, 게임, 전자상거래의 값만 이용할 것
(2) 종류 – <꺾은선형>으로 작업할 것
(3) 제목 – 돋움, 진하게, 12pt, 속성 – 채우기(하양), 테두리, 그림자(대각선 오른쪽 아래)
(4) 제목 이외의 전체 글꼴 – 돋움, 보통, 10pt
(5) 축제목과 범례는 ≪출력형태≫와 동일하게 처리할 것

[출력형태]

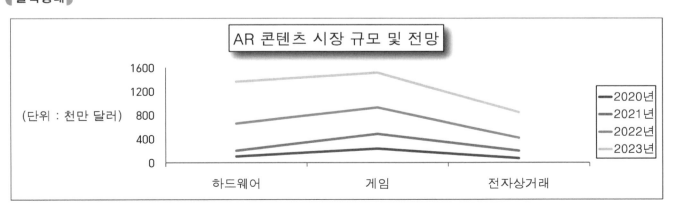

3. 다음 (1), (2)의 수식을 수식 편집기로 각각 입력하시오. (40점)

[출력형태]

(1) $E = mr^2 = \dfrac{nc^2}{\sqrt{1 - \dfrac{r^2}{d^2}}}$

(2) $Q = \lim_{\triangle t \to 0} \dfrac{\triangle s}{\triangle t} = \dfrac{d^2 s}{dt^2} + 1$

4. 다음의 《조건》에 따라 《출력형태》와 같이 문서를 작성하시오. (110점)

[조건] (1) 그리기 도구를 이용하여 작성하고, 모든 도형(글맵시, 지정된 그림 포함)을 《출력형태》와 같이 작성하시오.
(2) 도형의 면색은 지시사항이 없으면 색 없음을 제외하고 서로 다르게 임의로 지정하시오.

[출력형태]

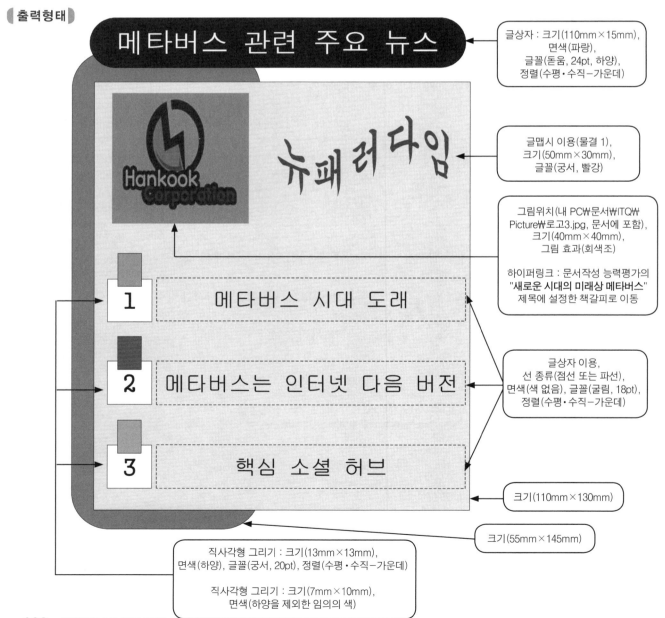

글꼴 : 굴림, 18pt, 진하게, 가운데 정렬
책갈피 이름 : 메타버스, 덧말 넣기

머리말 기능
굴림, 10pt, 오른쪽 정렬

로그인 메타버스

포스트 인터넷 시대
새로운 시대의 미래상 메타버스

그림위치(내 PC\문서\ITQ\Picture\
그림4.jpg, 문서에 포함)
자르기 기능 이용, 크기(40mm×40mm),
바깥 여백 왼쪽 : 2mm

문단 첫 글자 장식 기능
글꼴 : 궁서, 면색 : 노랑

메 타버스란 가상과 현실이 상호작용하며 공진화하고 그 속에서 사회, 경제, 문화 활동
이 이루어지면서 가치를 창출하는 세상을 뜻한다. 최근 새로운 시대의 미래상으로
메타버스를 주목 중이며 관련 시장도 급성장할 전망(展望)이다.

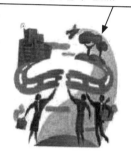

　　메타버스는 3가지 측면에서 혁명적인 변화라고 할 수 있다. 먼저 편의성, 상호작용 방식,
화면 또는 공간 확장성 측면에서 기존 PC, 모바일 기반의 인터넷 시대와 메타버스 시대는
차이가 존재한다. AR 글라스 등 기존 휴대에서 착용의 시대로 전환되면서 편의성이 증대하
였고, 상호작용은 음성, 동작, 시선 등 오감(五感)을 활용하는 것으로 발전하고 있다. 2D 웹
화면에서 화면의 제약이 사라진 3D 공간 웹으로 진화 중인 것이다. 두 번째는 기술적 측면
이다. 메타버스를 구현하는 핵심기술은 범용기술의 복합체인 확장현실이다. 메타버스는 다양한 범용기술이 복합 적용
되어 구현되며 이를 통해 현실과 가상의 경계가 소멸되고 있다. 세 번째는 경제적 측면이다. 메타버스 시대의 경제
패러다임으로 가상융합경제가 부상하고 있다. 메타버스Ⓐ는 기술 진화의 개념을 넘어 사회경제 전반의 혁신적 변화를
초래하고 있다.

각주

◆ 메타버스와 가상융합경제

글꼴 : 돋움, 18pt, 하양
음영색 : 파랑

　　A. 경제 패러다임으로 가상융합경제에 주목

　　　Ⓐ 기술 진화의 개념을 넘어, 사회경제 전반의 혁신적 변화를 초래

　　　Ⓑ 실감경제, 가상융합경제의 개념이 대두

　　B. 가상융합경제는 경험경제가 고도화된 개념

　　　Ⓐ 경험 가치는 오프라인, 온라인, 가상융합 형태로 점차 고도화

　　　Ⓑ 소비자들은 개인화된 경험에 대한 지불 의사가 높음

문단 번호 기능 사용
1수준 : 20pt, 오른쪽 정렬
2수준 : 30pt, 오른쪽 정렬
줄 간격 : 180%

표 전체 글꼴 : 굴림, 10pt, 가운데 정렬
셀 배경(그러데이션) : 유형(가로),
시작색(하양), 끝색(노랑)

◆ 포스트 인터넷 혁명, 메타버스

글꼴 : 돋움, 18pt,
밑줄, 강조점

구분	1990년대 이전	1990년대 – 2020년대	2020년대 이후
정의	네트워크에 접속하지 않은 세계	네트워크 장치의 상호작용 세계	가상과 실재가 공존하는 세계
주요 특징	대면 만남 중심, 높은 보안	편리성 증대, 시간과 비용 절감	경험 확장 및 현실감 극대화
경제	오프라인 경제	온라인 중심 확장 경제	가상과 현실의 결합
비고	오프라인에서 온라인 확장으로	온라인 확장에서 가상 융합 확장으로	

각주 구분선 : 5cm

글꼴 : 궁서, 24pt, 진하게
장평 95%, 오른쪽 정렬

소프트웨어정책연구소

─────────

Ⓐ 그리스어 메타(초월, 그 이상)와 유니버스(세상, 우주)의 합성어

쪽 번호 매기기
5로 시작

마

과목	코드	문제유형	시험시간	수험번호	성 명
아래 한글	1111	A	60분	81451029	

수 험 자 유 의 사 항

- 수험자는 문제지를 받는 즉시 문제지와 **수험표상의 시험과목(프로그램)이 동일한지 반드시 확인**하여야 합니다.
- 파일명은 본인의 "수험번호-성명"으로 입력하여 답안폴더(내 PC₩문서₩ITQ)에 하나의 파일로 저장해야 하며, 답안문서 파일명이 "수험번호-성명"과 일치하지 않거나, 답안파일을 전송하지 않아 미제출로 처리될 경우 실격 처리합니다 (예 : 12345678-홍길동.hwp).
- 답안 작성을 마치면 파일을 저장하고, '답안 전송' 버튼을 선택하여 감독위원 PC로 답안을 전송하십시오. 수험생 정보와 저장한 파일명이 다를 경우 전송되지 않으므로 주의하시기 바랍니다.
- 답안 작성 중에도 **주기적으로 저장하고 '답안 전송'** 하여야 문제 발생을 줄일 수 있습니다. 작업한 내용을 저장하지 않고 전송할 경우 이전에 저장된 내용이 전송되오니 이점 유의하시기 바랍니다.
- 답안문서는 지정된 경로 외의 다른 보조기억장치에 저장하는 경우, 지정된 시험 시간 외에 작성된 파일을 활용할 경우, 기타 통신 수단(이메일, 메신저, 네트워크 등)을 이용하여 타인에게 전달 또는 외부 반출하는 경우는 부정 처리합니다.
- 시험 중 부주의 또는 고의로 시스템을 파손한 경우는 수험자가 변상해야 하며, 〈수험자 유의사항〉에 기재된 방법대로 이행하지 않아 생기는 불이익은 수험생 당사자의 책임임을 알려 드립니다.
- 문제의 조건은 한컴오피스 2022 버전으로 설정되어 있으니 유의하시기 바랍니다.
- 시험을 완료한 수험자는 답안파일이 전송되었는지 확인한 후 감독위원의 지시에 따라 문제지를 제출하고 퇴실합니다.

답 안 작 성 요 령

- **온라인 답안 작성 절차**
  수험자 등록 ⇒ 시험 시작 ⇒ 답안파일 저장 ⇒ 답안 전송 ⇒ 시험 종료
- **공통 부문**
  - 글꼴에 대한 기본설정은 함초롬바탕, 10포인트, 검정, 줄간격 160%, 양쪽정렬로 합니다.
  - 색상은 조건의 색을 적용하고 색의 구분이 안될 경우에는 RGB 값을 적용합니다(빨강 255,0,0 / 파랑 0,0,255 / 노랑 255,255,0).
  - 각 문항에 주어진 ≪조건≫에 따라 작성하고 언급하지 않은 조건은 ≪출력형태≫와 같이 작성합니다.
  - 용지여백은 왼쪽 · 오른쪽 11㎜, 위쪽 · 아래쪽 · 머리말 · 꼬리말 10㎜, 제본 0㎜로 합니다.
  - 그림 삽입 문제의 경우 「내 PC₩문서₩ITQ₩Picture」 폴더에서 지정된 파일을 선택하여 삽입하십시오.
  - 삽입한 그림은 반드시 문서에 포함하여 저장해야 합니다(미포함 시 감점 처리).
  - 각 항목은 지정된 페이지에 출력형태와 같이 정확히 작성하시기 바라며, 그렇지 않을 경우에 해당 항목은 0점 처리됩니다.
  - ※ 페이지 구분 : 1페이지 - 기능평가 I (문제번호 표시 : 1. 2.),
    2페이지 - 기능평가 II (문제번호 표시 : 3. 4.),
    3페이지 - 문서작성 능력평가

- **기능평가**
  - 문제와 ≪조건≫은 입력하지 않으며 문제번호와 답(≪출력형태≫)만 작성합니다.
  - 4번 문제는 묶기를 했을 경우 0점 처리됩니다.

- **문서작성 능력평가**
  - A4 용지(210㎜×297㎜) 1매 크기, 세로 서식 문서로 작성합니다.
  - ⌐⌐⌐⌐⌐ 표시는 문서작성에 대한 지시사항이므로 작성하지 않습니다.

1. 다음의 ≪조건≫에 따라 스타일 기능을 적용하여 ≪출력형태≫와 같이 작성하시오. (50점)

조건 (1) 스타일 이름 – andong
(2) 문단 모양 – 왼쪽 여백 : 15pt, 문단 아래 간격 : 10pt
(3) 글자 모양 – 글꼴 : 한글(굴림)/영문(돋움), 크기 : 10pt, 장평 : 95%, 자간 : −5%

출력형태

Andong holds the largest number of cultural properties in Korea. Andong has been preserving the largest cultural properties in Korea and it reveals a very vivid picture of the aesthetics and traditions of the Orient.

안동은 유네스코 세계유산으로 등재된 하회마을, 도산서원 등 유형문화유산과 차전놀이, 하회별신굿탈놀이와 같은 무형문화재들이 잘 전승되어 오고 있다.

2. 다음의 ≪조건≫에 따라 ≪출력형태≫와 같이 표와 차트를 작성하시오. (100점)

표조건 (1) 표 전체(표, 캡션) – 굴림, 10pt
(2) 정렬 – 문자 : 가운데 정렬, 숫자 : 오른쪽 정렬
(3) 셀 배경(면색) : 노랑
(4) 한글의 계산 기능을 이용하여 빈칸에 평균(소수점 두 자리)을 구하고, 캡션 기능 사용할 것
(5) 선 모양은 ≪출력형태≫와 동일하게 처리할 것

출력형태

연도별 안동 관광객 현황(단위 : 만 명)

사업명	2018년	2019년	2020년	2021년	평균
탈춤 페스티벌	85	59	14	28	
관광 단지	134	98	98	97	
체험 단지	197	204	94	89	
유적지 탐방	84	78	73	87	

차트조건 (1) 차트 데이터는 표 내용에서 연도별 탈춤 페스티벌, 관광 단지, 체험 단지의 값만 이용할 것
(2) 종류 – <묶은 세로 막대형>으로 작업할 것
(3) 제목 – 궁서, 진하게, 12pt, 속성 – 채우기(하양), 테두리, 그림자(아래쪽)
(4) 제목 이외의 전체 글꼴 – 궁서, 보통, 10pt
(5) 축제목과 범례는 ≪출력형태≫와 동일하게 처리할 것

출력형태

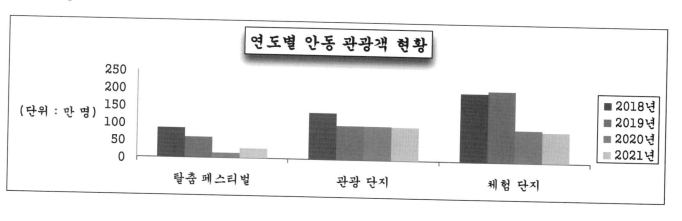

3. 다음 (1), (2)의 수식을 수식 편집기로 각각 입력하시오. (40점)

【출력형태】

(1) $\overrightarrow{F} = \dfrac{m\overrightarrow{b_2} - m\overrightarrow{b_1}}{\triangle t}$

(2) $\lim\limits_{n \to \infty} P_n = 1 - \dfrac{9^3}{10^3} = \dfrac{271}{1000}$

4. 다음의 ≪조건≫에 따라 ≪출력형태≫와 같이 문서를 작성하시오. (110점)

【조건】 (1) 그리기 도구를 이용하여 작성하고, 모든 도형(글맵시, 지정된 그림 포함)을 ≪출력형태≫와 같이 작성하시오.
(2) 도형의 면색은 지시사항이 없으면 색 없음을 제외하고 서로 다르게 임의로 지정하시오.

【출력형태】

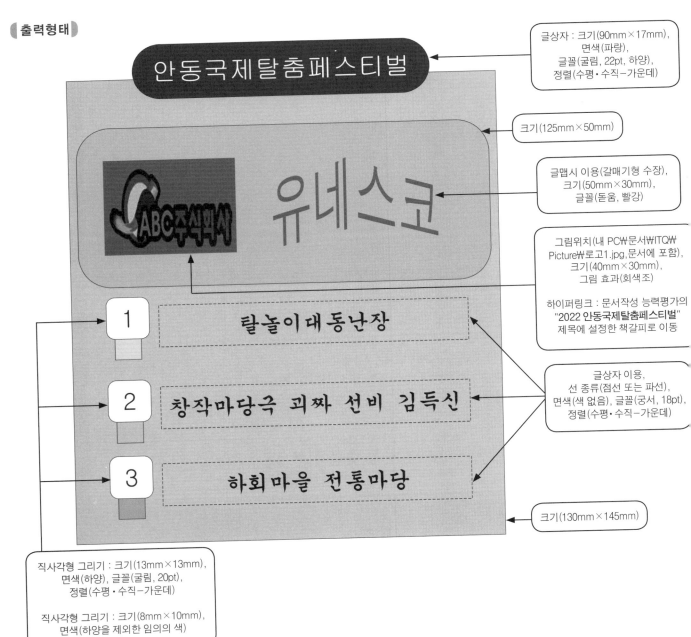

글상자 : 크기(90mm×17mm), 면색(파랑), 글꼴(굴림, 22pt, 하양), 정렬(수평·수직-가운데)

크기(125mm×50mm)

글맵시 이용(갈매기형 수장), 크기(50mm×30mm), 글꼴(돋움, 빨강)

그림위치(내 PC₩문서₩ITQ₩Picture₩로고1.jpg,문서에 포함), 크기(40mm×30mm), 그림 효과(회색조)

하이퍼링크 : 문서작성 능력평가의 "2022 안동국제탈춤페스티벌" 제목에 설정한 책갈피로 이동

글상자 이용, 선 종류(점선 또는 파선), 면색(색 없음), 글꼴(궁서, 18pt), 정렬(수평·수직-가운데)

크기(130mm×145mm)

직사각형 그리기 : 크기(13mm×13mm), 면색(하양), 글꼴(굴림, 20pt), 정렬(수평·수직-가운데)

직사각형 그리기 : 크기(8mm×10mm), 면색(하양을 제외한 임의의 색)

글꼴 : 궁서, 18pt, 진하게, 가운데 정렬
책갈피 이름 : 안동, 덧말 넣기

머리말 기능
굴림, 10pt, 오른쪽 정렬　→ 안동탈춤

세계인이 하나되는
2022 안동국제탈춤페스티벌

문단 첫 글자 장식 기능
글꼴 : 돋움, 면색 : 노랑

각주

그림위치(내 PC\문서\ITQ\Picture\
그림5.jpg, 문서에 포함)
자르기 기능 이용, 크기(40mm×40mm),
바깥 여백 왼쪽 : 2mm

안동은 우리나라에서 많은 문화재Ⓐ를 보유한 지역으로 동양의 미학을 고스란히 드러내는 곳이기도 합니다. 유형적 자산뿐만 아니라 무형문화재가 다양하게 전승(傳承)되고 있습니다. 안동 지역에 이렇게 풍부한 문화유산이 전승되는 것은 안동이 가진 가치 지향적 철학에서 기인하는데, 이는 문화적 변화에 능동적으로 대처하여 문화 수용과 계발에 적극적이었기 때문이라고 분석할 수 있습니다.

이 결과 안동에 유입된 동양의 많은 문화가 안동만의 가치관으로 재편성되어 꽃을 피웠기에 안동 문화는 동양의 가치관을 고스란히 담고 있는 가운데 안동다운 특징을 계승(繼承)하는 수준 높은 지향점을 보여줍니다. 이러한 문화적 자산이 탈춤 페스티벌을 가능하게 하였으며, 문화유산의 가치 속에서 정적인 마음의 고요함을 배우고 탈춤이 가진 신명을 통해 동적인 발산을 체험하게 되는 것입니다. 우리의 고유한 전통문화가 살아 숨쉬는 안동에서 열리는 안동국제탈춤페스티벌을 통해 안동 문화를 답사하고 축제의 신명을 함께 누릴 수 있습니다. 이번 축제는 탈춤공원과 하회마을 등 안동 시내 일원에서 9월 30일부터 10월 9일까지 개최됩니다.

♣ # 안동국제 탈춤페스티벌 개요

글꼴 : 돋움, 18pt, 하양
음영색 : 빨강

1. 축제 기간
　가. 기간 : 2022년 9월 30일(금) - 10월 9일(일)
　나. 장소 : 안동 시내 일원(탈춤공원, 하회마을)
2. 지원 프로그램 및 신청
　가. 지원 프로그램 : 세계탈놀이경연대회, 탈놀이대동난장
　나. 신청 : 문화 공연 단체, 체험 학습, 인력풀 참여 등록 등

문단 번호 기능 사용
1수준 : 20pt, 오른쪽 정렬
2수준 : 30pt, 오른쪽 정렬
줄 간격 : 180%

♣ # 주요 사업 내용

글꼴 : 돋움, 18pt,
기울임, 강조점

표 전체 글꼴 : 굴림, 10pt, 가운데 정렬
셀 배경(그러데이션) : 유형(가운데에서),
시작색(하양), 끝색(노랑)

구분	장소 및 내용	비고
탈춤 페스티벌	축제장 - 반세기 민속축제전, 안동민속축제, 탈놀이대동난장	기타 자세한 사항은 홈페이지를 참고하시기 바랍니다.
탈춤 페스티벌	시내 - 하회별신굿탈놀이, 한국 탈춤, 외국 탈춤	기타 자세한 사항은 홈페이지를 참고하시기 바랍니다.
체험 단지	체험 1장 - 세계탈놀이 체험관, 천연염색 공방, 탈춤대회	기타 자세한 사항은 홈페이지를 참고하시기 바랍니다.
체험 단지	체험 2장 - 탈 만들기, 한지인형 만들기, 도예	기타 자세한 사항은 홈페이지를 참고하시기 바랍니다.
관광 단지	하회마을 집돌이, 강신, 성황제, 취타제	기타 자세한 사항은 홈페이지를 참고하시기 바랍니다.

글꼴 : 궁서, 24pt, 진하게
장평 105%, 오른쪽 정렬

안동국제 탈춤

각주 구분선 : 5cm

Ⓐ 남성대동놀이인 차전놀이, 여성대동놀이인 놋다리밟기, 화전싸움 등

쪽 번호 매기기
7로 시작　→　⑦

9 회 기출문제

과목	코드	문제유형	시험시간	수험번호	성 명
아래 한글	1111	A	60분	98041030	

수 험 자 유 의 사 항

● 수험자는 문제지를 받는 즉시 문제지와 **수험표상의 시험과목(프로그램)이 동일한지 반드시 확인**하여야 합니다.

● 파일명은 본인의 "수험번호-성명"으로 입력하여 답안폴더(내 PC\문서\ITQ)에 하나의 파일로 저장해야 하며, 답안문서 파일명이 "수험번호-성명"과 일치하지 않거나, 답안파일을 전송하지 않아 미제출로 처리될 경우 실격 처리합니다 (예 : 12345678-홍길동.hwp).

● 답안 작성을 마치면 파일을 저장하고, '답안 전송' 버튼을 선택하여 감독위원 PC로 답안을 전송하십시오. 수험생 정보와 저장한 파일명이 다를 경우 전송되지 않으므로 주의하시기 바랍니다.

● 답안 작성 중에도 **주기적으로 저장하고 '답안 전송'** 하여야 문제 발생을 줄일 수 있습니다. 작업한 내용을 저장하지 않고 전송할 경우 이전에 저장된 내용이 전송되오니 이점 유의하시기 바랍니다.

● 답안문서는 지정된 경로 외의 다른 보조기억장치에 저장하는 경우, 지정된 시험 시간 외에 작성된 파일을 활용할 경우, 기타 통신 수단(이메일, 메신저, 네트워크 등)을 이용하여 타인에게 전달 또는 외부 반출하는 경우는 부정 처리합니다.

● 시험 중 부주의 또는 고의로 시스템을 파손한 경우는 수험자가 변상해야 하며, <수험자 유의사항>에 기재된 방법대로 이행하지 않아 생기는 불이익은 수험생 당사자의 책임임을 알려 드립니다.

● 문제의 조건은 한컴오피스 2022 버전으로 설정되어 있으니 유의하시기 바랍니다.

● 시험을 완료한 수험자는 답안파일이 전송되었는지 확인한 후 감독위원의 지시에 따라 문제지를 제출하고 퇴실합니다.

답 안 작 성 요 령

● 온라인 답안 작성 절차
  수험자 등록 ⇒ 시험 시작 ⇒ 답안파일 저장 ⇒ 답안 전송 ⇒ 시험 종료

● 공통 부문
· 글꼴에 대한 기본설정은 함초롬바탕, 10포인트, 검정, 줄간격 160%, 양쪽정렬로 합니다.
· 색상은 조건의 색을 적용하고 색의 구분이 안될 경우에는 RGB 값을 적용합니다(빨강 255,0,0 / 파랑 0,0,255 / 노랑 255,255,0).
· 각 문항에 주어진 ≪조건≫에 따라 작성하고 언급하지 않은 조건은 ≪출력형태≫와 같이 작성합니다.
· 용지여백은 왼쪽 · 오른쪽 11㎜, 위쪽 · 아래쪽 · 머리말 · 꼬리말 10㎜, 제본 0㎜로 합니다.
· 그림 삽입 문제의 경우 「내 PC\문서\ITQ\Picture」 폴더에서 지정된 파일을 선택하여 삽입하십시오.
· 삽입한 그림은 반드시 문서에 포함하여 저장해야 합니다(미포함 시 감점 처리).
· 각 항목은 지정된 페이지에 출력형태와 같이 정확히 작성하시기 바라며, 그렇지 않을 경우에 해당 항목은 0점 처리됩니다.
※ 페이지 구분 : 1페이지 – 기능평가 I (문제번호 표시 : 1. 2.),
              2페이지 – 기능평가 II (문제번호 표시 : 3. 4.),
              3페이지 – 문서작성 능력평가

기능평가
· 문제와 ≪조건≫은 입력하지 않으며 문제번호와 답(≪출력형태≫)만 작성합니다.
· 4번 문제는 묶기를 했을 경우 0점 처리됩니다.

문서작성 능력평가
· A4 용지(210㎜×297㎜) 1매 크기, 세로 서식 문서로 작성합니다.
· ⌜   ⌟ 표시는 문서작성에 대한 지시사항이므로 작성하지 않습니다.

The Insight KPC
kpc 한국생산성본부

1. 다음의 ≪조건≫에 따라 스타일 기능을 적용하여 ≪출력형태≫와 같이 작성하시오. (50점)

조건
(1) 스타일 이름 – animal
(2) 문단 모양 – 왼쪽 여백 : 15pt, 문단 아래 간격 : 10pt
(3) 글자 모양 – 글꼴 : 한글(돋움)/영문(궁서), 크기 : 10pt, 장평 : 95%, 자간 : −5%

출력형태

Humans try to regain their natural human nature that is lost by contact with pure animals as they are. This is what it means to have an animal, and the object is called a companion animal.

사람은 천성 그대로의 순수한 동물과 접함으로써 상실되어가는 인간 본연의 성정을 되찾으려 한다. 이것이 동물을 반려하는 일이며, 그 대상을 반려동물이라고 한다.

2. 다음의 ≪조건≫에 따라 ≪출력형태≫와 같이 표와 차트를 작성하시오. (100점)

표조건
(1) 표 전체(표, 캡션) – 돋움, 10pt
(2) 정렬 – 문자 : 가운데 정렬, 숫자 : 오른쪽 정렬
(3) 셀 배경(면색) : 노랑
(4) 한글의 계산 기능을 이용하여 빈칸에 평균(소수점 두 자리)을 구하고, 캡션 기능 사용할 것
(5) 선 모양은 ≪출력형태≫와 동일하게 처리할 것

출력형태

반려견 소유자 의무교육 현황(단위 : 시간)

구분	사회화 방법	건강과 질병	안전관리	법과 제도	평균
2018년	35	22	16	7	
2019년	26	21	19	8	
2020년	47	25	14	12	
2021년	21	15	7	5	✕

차트조건
(1) 차트 데이터는 표 내용에서 구분별 2018년, 2019년, 2020년의 값만 이용할 것
(2) 종류 – <묶은 세로 막대형>으로 작업할 것
(3) 제목 – 굴림, 진하게, 12pt, 속성 – 채우기(하양), 테두리, 그림자(대각선 오른쪽 아래)
(4) 제목 이외의 전체 글꼴 – 굴림, 보통, 10pt
(5) 축제목과 범례는 ≪출력형태≫와 동일하게 처리할 것

출력형태

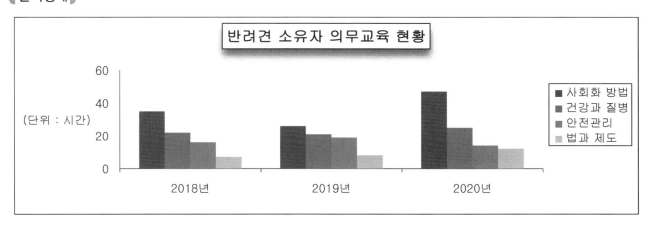

3. 다음 (1), (2)의 수식을 수식 편집기로 각각 입력하시오. (40점)

〖출력형태〗

(1) $\dfrac{t_A}{t_B} = \sqrt{\dfrac{d_B}{d_A}} = \sqrt{\dfrac{M_B}{M_A}}$

(2) $Q = \lim_{\Delta t \to 0} \dfrac{\Delta s}{\Delta t} = \dfrac{d^2 s}{dt^2} + 1$

4. 다음의 ≪조건≫에 따라 ≪출력형태≫와 같이 문서를 작성하시오. (110점)

〖조건〗
(1) 그리기 도구를 이용하여 작성하고, 모든 도형(글맵시, 지정된 그림 포함)을 ≪출력형태≫와 같이 작성하시오.
(2) 도형의 면색은 지시사항이 없으면 색 없음을 제외하고 서로 다르게 임의로 지정하시오.

〖출력형태〗

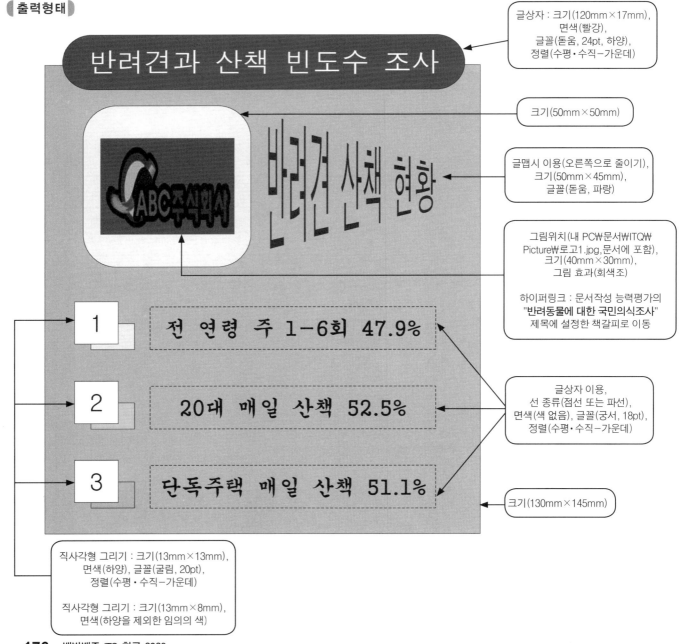

글상자 : 크기(120mm×17mm),
면색(빨강),
글꼴(돋움, 24pt, 하양),
정렬(수평·수직-가운데)

반려견과 산책 빈도수 조사

크기(50mm×50mm)

글맵시 이용(오른쪽으로 줄이기),
크기(50mm×45mm),
글꼴(돋움, 파랑)

반려견 산책 현황

그림위치(내 PC₩문서₩ITQ₩
Picture₩로고1.jpg,문서에 포함),
크기(40mm×30mm),
그림 효과(회색조)

하이퍼링크 : 문서작성 능력평가의
"반려동물에 대한 국민의식조사"
제목에 설정한 책갈피로 이동

1   전 연령 주 1-6회 47.9%

2   20대 매일 산책 52.5%

3   단독주택 매일 산책 51.1%

글상자 이용,
선 종류(점선 또는 파선),
면색(색 없음), 글꼴(궁서, 18pt),
정렬(수평·수직-가운데)

크기(130mm×145mm)

직사각형 그리기 : 크기(13mm×13mm),
면색(하양), 글꼴(굴림, 20pt),
정렬(수평·수직-가운데)

직사각형 그리기 : 크기(13mm×8mm),
면색(하양을 제외한 임의의 색)

글꼴 : 돋움, 18pt, 진하게, 가운데 정렬
책갈피 이름 : 반려견, 덧말 넣기

머리말 기능
굴림, 10pt, 오른쪽 정렬 → 반려동물 현황 조사

문단 첫 글자 장식 기능
글꼴 : 궁서, 면색 : 노랑

그림위치(내 PC\문서\ITQ\Picture\
그림4.jpg, 문서에 포함)
자르기 기능 이용, 크기(40mm×40mm)
바깥 여백 왼쪽 : 2mm

농림축산식품부
반려동물에 대한 국민의식조사

각주

반려동물을 키우는 양육 가구 수가 증가함에 따라 동물권⑦에 대한 국민의 의식 제고로 동물복지가 강화되고 이에 대한 국민의 공감대가 형성(形成)되고 있다. 국민들이 반려동물을 양육하는 현황(現況)을 주기적으로 확인하여 동물보호에 대한 의식 수준을 향상하고자 한다. 조사한 현황 자료는 향후 동물보호, 복지 종합 계획 수립 및 동물보호법 개정, 정책 결정 시 기초자료로써 활용한다.

　　조사 설계는 다음과 같다. 전국 17개 시도 지역을 조사 지역으로 하고 2022년 현재 만 20세-64세의 전국 성인 남녀를 조사 대상으로 하며 온라인 조사 방법을 채택한다. 표본 할당 방법은 지역, 성, 연령별 인구비례할당으로 하며 표본 수는 총 5,000표본으로 한다. 조사 기간은 17일간 진행하고 정확한 기간은 추후 정한다. 조사 항목은 응답자 특성, 반려동물 양육 여부, 반려동물 관련 제도 및 법규 인식, 동물 학대에 대한 태도, 반려동물 입양 및 분양, 유기 동물 및 동물 보호 센터로 구분한다. 일반 국민 대상 동물보호 의식 수준과 동물보호, 복지 제도에 대한 실태조사 및 국민 의식 변화 파악을 통해 전략적인 정책 방향을 수립한다.

♠ **동물등록제의 인지도 및 등록현황**

글꼴 : 궁서, 18pt, 하양
음영색 : 파랑

가. 동물등록제의 인지도

　　㉠ 반려견 소유자의 인지도는 미소유자 대비 높음

　　㉡ 반려견 미소유자의 인지도 하락

나. 동물등록제의 등록현황

　　㉠ 동물등록제의 등록 비율은 전년 대비 상승

　　㉡ 수도권과 수도권 외 동지역 대비 읍면지역이 낮음

문단 번호 기능 사용
1수준 : 20pt, 오른쪽 정렬
2수준 : 30pt, 오른쪽 정렬
줄 간격 : 180%

표 전체 글꼴 : 굴림, 10pt, 가운데 정렬
셀 배경(그러데이션) : 유형(가로),
시작색(하양), 끝색(노랑)

♠ *반려견 등록/미등록 사유*

글꼴 : 궁서, 18pt,
기울임, 강조점

구분	순위	사유	조사대상
등록	첫 번째, 두 번째	반려동물 분실 시 대비, 정부 시책 때문에	반려인과 비반려인, 예비 반려인 포함
	그 밖에	반려동물이 가족이라서, 놀이터 시설 이용을 위해	
미등록	가장 큰 이유	등록할 필요성을 느끼지 못해서	
	두 번째 이유	동물등록 방법, 절차 복잡해서, 귀찮아서	
	기타	동물등록을 위한 대행업체를 찾기 어려워서	

각주 구분선 : 5cm

글꼴 : 굴림, 22pt, 진하게
장평 105%, 오른쪽 정렬 → # 동물보호관리시스템

⑦ 인권 확장 개념으로 인권에 비견되는 생명권과 고통을 피하고 학대당하지 않을 권리

쪽 번호 매기기
5로 시작 → ⑤

10회 기출문제

과목	코드	문제유형	시험시간	수험번호	성 명
아래 한글	1111	A	60분	10762031	

수험자 유의사항

- 수험자는 문제지를 받는 즉시 문제지와 **수험표상의 시험과목(프로그램)이 동일한지 반드시 확인**하여야 합니다.
- 파일명은 본인의 "수험번호-성명"으로 입력하여 답안폴더(내 PC₩문서₩ITQ)에 하나의 파일로 저장해야 하며, 답안문서 파일명이 "수험번호-성명"과 일치하지 않거나, 답안파일을 전송하지 않아 미제출로 처리될 경우 실격 처리합니다 (예 : 12345678-홍길동.hwp).
- 답안 작성을 마치면 파일을 저장하고, '답안 전송' 버튼을 선택하여 감독위원 PC로 답안을 전송하십시오. 수험생 정보와 저장한 파일명이 다를 경우 전송되지 않으므로 주의하시기 바랍니다.
- 답안 작성 중에도 **주기적으로 저장하고 '답안 전송'** 하여야 문제 발생을 줄일 수 있습니다. 작업한 내용을 저장하지 않고 전송할 경우 이전에 저장된 내용이 전송되오니 이점 유의하시기 바랍니다.
- 답안문서는 지정된 경로 외의 다른 보조기억장치에 저장하는 경우, 지정된 시험 시간 외에 작성된 파일을 활용할 경우, 기타 통신 수단(이메일, 메신저, 네트워크 등)을 이용하여 타인에게 전달 또는 외부 반출하는 경우는 부정 처리합니다.
- 시험 중 부주의 또는 고의로 시스템을 파손한 경우는 수험자가 변상해야 하며, <수험자 유의사항>에 기재된 방법대로 이행하지 않아 생기는 불이익은 수험생 당사자의 책임임을 알려 드립니다.
- 문제의 조건은 한컴오피스 2022 버전으로 설정되어 있으니 유의하시기 바랍니다.
- 시험을 완료한 수험자는 답안파일이 전송되었는지 확인한 후 감독위원의 지시에 따라 문제지를 제출하고 퇴실합니다.

답안 작성 요령

- **온라인 답안 작성 절차**
  수험자 등록 ⇒ 시험 시작 ⇒ 답안파일 저장 ⇒ 답안 전송 ⇒ 시험 종료
- **공통 부문**
- 글꼴에 대한 기본설정은 함초롬바탕, 10포인트, 검정, 줄간격 160%, 양쪽정렬로 합니다.
- 색상은 조건의 색을 적용하고 색의 구분이 안될 경우에는 RGB 값을 적용합니다(빨강 255,0,0 / 파랑 0,0,255 / 노랑 255,255,0).
- 각 문항에 주어진 ≪조건≫에 따라 작성하고 언급하지 않은 조건은 ≪출력형태≫와 같이 작성합니다.
- 용지여백은 왼쪽 · 오른쪽 11㎜, 위쪽 · 아래쪽 · 머리말 · 꼬리말 10㎜, 제본 0㎜로 합니다.
- 그림 삽입 문제의 경우 「내 PC₩문서₩ITQ₩Picture」 폴더에서 지정된 파일을 선택하여 삽입하십시오.
- 삽입한 그림은 반드시 문서에 포함하여 저장해야 합니다(미포함 시 감점 처리).
- 각 항목은 지정된 페이지에 출력형태와 같이 정확히 작성하시기 바라며, 그렇지 않을 경우에 해당 항목은 0점 처리됩니다.
- ※ 페이지 구분 : 1페이지 – 기능평가 I (문제번호 표시 : 1. 2.),
  2페이지 – 기능평가 II (문제번호 표시 : 3. 4.),
  3페이지 – 문서작성 능력평가

기능평가
- 문제와 ≪조건≫은 입력하지 않으며 문제번호와 답(≪출력형태≫)만 작성합니다.
- 4번 문제는 묶기를 했을 경우 0점 처리됩니다.

문서작성 능력평가
- A4 용지(210㎜×297㎜) 1매 크기, 세로 서식 문서로 작성합니다.
- ┌┄┐ 표시는 문서작성에 대한 지시사항이므로 작성하지 않습니다.

The Insight KPC
kpc 한국생산성본부

1. 다음의 ≪조건≫에 따라 스타일 기능을 적용하여 ≪출력형태≫와 같이 작성하시오. (50점)

[조건]   (1) 스타일 이름 − security
           (2) 문단 모양 − 왼쪽 여백 : 15pt, 문단 아래 간격 : 10pt
           (3) 글자 모양 − 글꼴 : 한글(굴림)/영문(바탕), 크기 : 10pt, 장평 : 95%, 자간 : 5%

[출력형태]

Illegal leakage of personal information can fall in the wrong hands for identity theft and illegal spam causing mental and financial damages.

초고속 인터넷에 연결된 컴퓨터 사용자들은 자신들이 분마다 발생하는 사이버 위협의 잠재적인 목표물이라는 사실을 모르고 인터넷을 이용하고 있다.

2. 다음의 ≪조건≫에 따라 ≪출력형태≫와 같이 표와 차트를 작성하시오. (100점)

[표조건]   (1) 표 전체(표, 캡션) − 돋움, 10pt
            (2) 정렬 − 문자 : 가운데 정렬, 숫자 : 오른쪽 정렬
            (3) 셀 배경(면색) : 노랑
            (4) 한글의 계산 기능을 이용하여 빈칸에 합계를 구하고, 캡션 기능 사용할 것
            (5) 선 모양은 ≪출력형태≫와 동일하게 처리할 것

[출력형태]

정보보호 산업 매출 현황(단위 : 백억 원)

구분	2019년	2020년	2021년	2022년	합계
네트워크 보안	65.3	72.9	75.2	82.5	
시스템 보안	44.4	48.8	53.4	57.2	
정보 유출 방지	46.6	42.6	43.1	45.9	
암호 및 인증	15.1	15.1	18.2	19.6	✕

[차트조건]   (1) 차트 데이터는 표 내용에서 연도별 네트워크 보안, 시스템 보안, 정보 유출 방지의 값만 이용할 것
            (2) 종류 − <묶은 세로 막대형>으로 작업할 것
            (3) 제목 − 굴림, 진하게, 12pt, 속성 − 채우기(하양), 테두리, 그림자(대각선 오른쪽 아래)
            (4) 제목 이외의 전체 글꼴 − 굴림, 보통, 10pt
            (5) 축제목과 범례는 ≪출력형태≫와 동일하게 처리할 것

[출력형태]

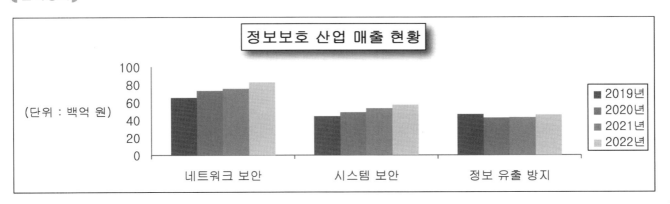

3. 다음 (1), (2)의 수식을 수식 편집기로 각각 입력하시오. (40점)

【출력형태】

(1) $\sum_{k=1}^{10} (k^3 + 6k^2 + 4k + 3) = 256$　　　　(2) $R_H = \frac{1}{hc} \times \frac{2\pi^2 K^2 m e^4}{h^2}$

4. 다음의 ≪조건≫에 따라 ≪출력형태≫와 같이 문서를 작성하시오. (110점)

【조건】 (1) 그리기 도구를 이용하여 작성하고, 모든 도형(글맵시, 지정된 그림 포함)을 ≪출력형태≫와 같이
　　　　　　작성하시오.
　　　　　(2) 도형의 면색은 지시사항이 없으면 색 없음을 제외하고 서로 다르게 임의로 지정하시오.

【출력형태】

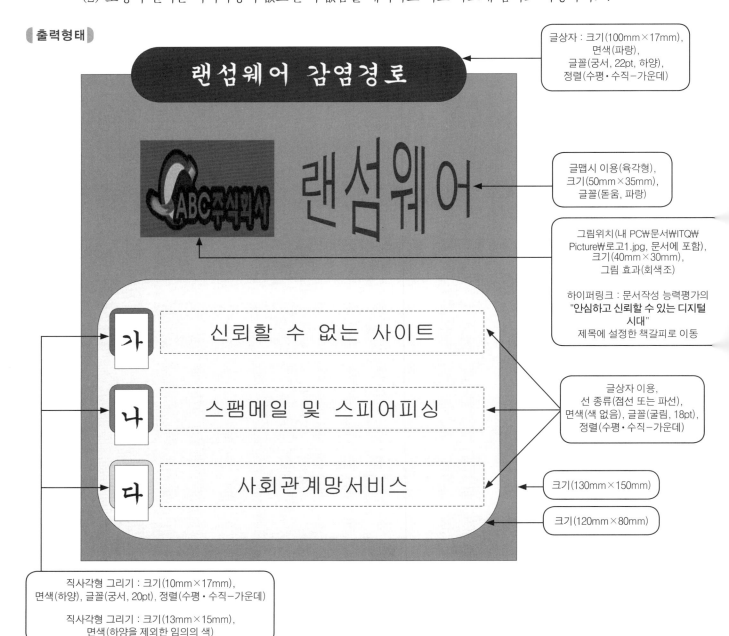

글상자 : 크기(100mm×17mm),
　　　　　면색(파랑),
　　　　　글꼴(궁서, 22pt, 하양),
　　　　　정렬(수평・수직-가운데)

글맵시 이용(육각형),
크기(50mm×35mm),
글꼴(돋움, 파랑)

그림위치(내 PC₩문서₩ITQ₩
Picture₩로고1.jpg, 문서에 포함),
크기(40mm×30mm),
그림 효과(회색조)

하이퍼링크 : 문서작성 능력평가의
"안심하고 신뢰할 수 있는 디지털
시대"
제목에 설정한 책갈피로 이동

글상자 이용,
선 종류(점선 또는 파선),
면색(색 없음), 글꼴(굴림, 18pt),
정렬(수평・수직-가운데)

크기(130mm×150mm)

크기(120mm×80mm)

직사각형 그리기 : 크기(10mm×17mm),
면색(하양), 글꼴(궁서, 20pt), 정렬(수평・수직-가운데)

직사각형 그리기 : 크기(13mm×15mm),
면색(하양을 제외한 임의의 색)

글꼴 : 돋움, 18pt, 진하게, 가운데 정렬
책갈피 이름 : 개인정보, 덧말 넣기

머리말 기능
굴림, 10pt, 오른쪽 정렬

→ 사이버 위협

개인정보 보호
안심하고 신뢰할 수 있는 디지털 시대

그림위치(내 PC\문서\ITQ\
Picture\그림4.jpg, 문서에 포함)
자르기 기능 이용,
크기(40mm×40mm), 바깥 여백
왼쪽 : 2mm

문단 첫 글자 장식 기능
글꼴 : 궁서, 면색 : 노랑

개인정보란 살아 있는 개인에 관한 정보로서 성명, 주민등록번호 및 영상 등을 통하여 개인을 알아볼 수 있는 정보, 즉 해당 정보만으로는 특정 개인을 알아볼 수 없더라도 다른 정보와 결합(結合)하여 알아볼 수 있는 것을 말한다. 2018년에는 가상통화 열풍을 타고 채굴형 악성코드 및 가상통화 거래소를 대상으로 한 스피어피싱 공격이 증가할 것으로 보인다. 2017년 하반기부터 가상통화 이용자가 증가함에 따라 각 거래소들의 규모가 점점 거대화되고 있다. 각 거래소들의 신규 인원 채용을 악용하여 한글 이력서 등으로 위장한 원격제어 및 정보유출 악성코드 감염 시도가 급증할 것으로 예상된다. 이러한 스피어피싱 공격은 일반 이용자들에게까지 전파(傳播)되어 메일 내 첨부파일을 열람할 경우 악성코드 감염에 노출될 수 있다.

각주

가상통화의 인기는 앞으로도 지속될 것으로 전망되고 있으므로 가상통화ⓐ 채굴을 위한 해커들의 공격은 멈추지 않을 것으로 보인다. 따라서 안전한 인터넷 이용을 위해서는 철저한 소프트웨어 보안 업데이트와 더불어 중요 정보를 개인 컴퓨터에 보관하지 않는 등 관리적 측면의 보안에 더욱 주의를 기울여야 할 것이다.

♠ **주요 랜섬웨어**　←

글꼴 : 궁서, 18pt, 하양
음영색 : 빨강

　I. 워너크라이
　　A. 사용자의 중요 파일을 암호화한 뒤 이를 푸는 대가로 금전을 요구
　　B. 다양한 문서파일 외 다수의 파일을 암호화
　II. 록키
　　A. 이메일의 수신인을 속이기 위해 인보이스, 환불 등의 제목 사용
　　B. 확장자가 변하며 복구 관련 메시지 출력

문단 번호 기능 사용
1수준 : 20pt, 오른쪽 정렬
2수준 : 30pt, 오른쪽 정렬
줄 간격 : 180%

표 전체 글꼴 : 굴림, 10pt, 가운데 정렬
셀 배경(그러데이션) : 유형(가로),
시작색(하양), 끝색(노랑)

♠ <u>정보보호 침해사고 신고 방법</u>　←

글꼴 : 궁서, 18pt,
밑줄, 강조점

구분	신고 내용	신고 대상	신고 기관	신고 기한
정보시스템 운영 기업 및 기관	개인정보 유출	공공기관, 민간기업	행정안전부 및 한국인터넷진흥원	5일 이내
		서비스 제공자	방송통신위원회 및 한국인터넷진흥원	24시간 이내
	침해사고	서비스 제공자, 사업자	과학기술정보통신부 및 한국인터넷진흥원	즉시
일반 이용자 (정보 주체)	개인정보 침해	서비스 이용자	개인정보침해신고센터	없음

각주 구분선 : 5cm

글꼴 : 돋움, 24pt, 진하게
장평 105%, 오른쪽 정렬

→ # 한국인터넷진흥원

ⓐ 컴퓨터 등에 정보 형태로 남아 실물 없이 인터넷상으로만 거래되는 전자화폐의 일종

쪽 번호 매기기
6으로 시작

⑥

교재로 채택하여 강의 중인 컴퓨터학원입니다.

[서울특별시]

한양IT전문학원(서대문구 홍제동 330-54)
유림컴퓨터학원(성동구 성수1가 1동 656-251)
아이콘컴퓨터학원(은평구 갈현동 390-8)
송파컴퓨터회계학원(송파구 송파동 195-6)
강북정보처리학원(은평구 대조동 6-9호)
아이탑컴퓨터학원(구로구 개봉1동 65-5)
신영진컴퓨터학원(구로구 신도림동 437-1)
방학컴퓨터학원(도봉구 방학3동 670)
아람컴퓨터학원(동작구 사당동 우성2차 09상가)
국제컴퓨터학원(서초구 서초대로73길54 디오빌 209호)
백상컴퓨터학원(구로구 구로1동 314-1 극동상가 4층)
엔젤컴퓨터학원(도봉구 창동 581-28)
독립문컴퓨터학원(종로구 무악동 47-4)
문성컴퓨터학원(동작구 대방동 335-16 대방빌딩 2층)
대건정보처리학원(강동구 명일동 347-3)
제6세대컴퓨터학원(송파구 석촌동 252-5)
명문컴퓨터학원(도봉구 쌍문2동 56)
영우컴퓨터학원(도봉구 방학1동 680-8)
바로컴퓨터학원(강북구 수유2동 245-4)
뚝섬컴퓨터학원(성동구 성수1가2동)
오성컴퓨터학원(광진구 자양3동 553-41)
해인컴퓨터학원(광진구 구의2동 30-15)
푸른솔컴퓨터학원(광진구 자양2동 645-5)
희망컴퓨터학원(광진구 구의동)
경일웹컴퓨터학원(중랑구 신내동 665)
현대정보컴퓨터학원(양천구 신정5동 940-38)
보노컴퓨터학원(관악구 서림동 96-48)
스마트컴퓨터학원(도봉구 창동 9-1)
모드산업디자인학원(노원구 상계동 724)
미주컴퓨터학원(구로구 구로5동 528-7)
미래컴퓨터학원(구로구 개봉2동 403-217)
중앙컴퓨터학원(구로구 구로동 437-1 성보빌딩 3층)
고려아트컴퓨터학원(송파구 거여동 554-3)
노노스창업교육학원(서초구 양재동 16-6)
우신컴퓨터학원(성동구 홍익동 210)
무궁화컴퓨터학원(성동구 행당동 245번지 3층)
영일컴퓨터학원(금천구 시흥1동 838-33호)
셀파컴퓨터회계학원(송파구 송파동 97-43 3층)
지현컴퓨터학원(구로구 구로3동 188-5)

[인천광역시]

이컴IT.회계전문학원(남구 도화2동 87-1)
대성정보처리학원(계양구 효성1동 295-1 3층)
상아컴퓨터학원(경명대로 1124 명인프라자1, 501호)
명진컴퓨터학원(계양구 계산동 946-10 덕수빌딩 6층)
한나래컴퓨터디자인학원(계양구 임학동 6-1 4층)
효성한맥컴퓨터학원(계양구 효성1동 77-5 신한뉴프라자 4층)
시대컴퓨터학원(남동구 구월1동 1225-36 롯데프라자 301-1)
피엘컴퓨터학원(남동구 구월동 1249)

하이미디어아카데미(부평구 부평동 199-24 2층)
부평멀티캠퍼스학원(부평구 부평5동 199-24 4, 5층)
돌고래컴퓨터아트학원(부평구 산곡동 281-53 풍성프라자 402, 502호)
미래컴퓨터학원(부평구 산곡1동 180-390)
가인정보처리학원(부평구 삼산동 391-3)
서부연세컴퓨터학원(서구 가좌1동 140-42 2층)
이컴학원(서구 석남1동 513-3 4층)
연희컴퓨터학원(서구 심곡동 303-1 새터빌딩 4층)
검단컴퓨터회계학원(서구 당하동 5블럭 5롯트 대한빌딩 4층)
진성컴퓨터학원(연수구 선학동 407 대영빌딩 6층)
길정보처리회계학원(중구 인현동 27-7 창대빌딩 4층)
대화컴퓨터학원(남동구 만수5동 925-11)
new중앙컴퓨터학원(계양구 임학동 6-23번지 3층)

[대전광역시]

학사컴퓨터학원(동구 판암동 203번지 리라빌딩 401호)
대승컴퓨터학원(대덕구 법동 287-2)
열린컴퓨터학원(대덕구 오정동 65-10 2층)
국민컴퓨터학원(동구 가양1동 579-11 2층)
용운컴퓨터학원(동구 용운동 304-1번지 3층)
굿아이컴퓨터학원(서구 가수원동 656-47번지 3층)
경성컴퓨터학원(서구 갈마2동 1408번지 2층)
경남컴퓨터학원(서구 도마동 경남(아)상가 301호)
둔산컴퓨터학원(서구 탄방동 734 3층)
로얄컴퓨터학원(유성구 반석동 639-4번지 웰빙타운 602호)
자운컴퓨터학원(유성구 신성동 138-8번지)
오원컴퓨터학원(중구 대흥동 205-2 4층)
계룡컴퓨터학원(중구 문화동 374-5)
제일정보처리학원(중구 은행동 139-5번지 3층)

[광주광역시]

태봉컴퓨터전산학원(북구 운암동 117-13)
광주서강컴퓨터학원(북구 동림동 1310)
다음정보컴퓨터학원(광산구 신창동 1125-3 건도빌딩 4층)
광주중앙컴퓨터학원(북구 문흥동 999-3)
국제정보처리학원(북구 중흥동 279-60)
굿아이컴퓨터학원(북구 용봉동 1425-2)
나라정보처리학원(남구 진월동 438-3 4층)
두암컴퓨터학원(북구 두암동 602-9)
디지털국제컴퓨터학원(동구 서석동 25-7)
매곡컴퓨터학원(북구 매곡동 190-4)
사이버컴퓨터학원(광산구 운남동 387-37)
상일컴퓨터학원(서구 상무1동 147번지 3층)
세종컴퓨터전산학원(남구 봉선동 155-6 5층)
송정중앙컴퓨터학원(광산구 송정2동 793-7 3층)
신한국컴퓨터학원(광산구 월계동 899-10번지)
에디슨컴퓨터학원(동구 계림동 85-169)
엔터컴퓨터학원(광산구 신가동1012번지 우미아파트상가 2층 201호)

염주컴퓨터학원(서구 화정동 1035 2층)
영진정보처리학원(서구 화정2동 신동아아파트 상가 3층 302호)
이지컴퓨터학원(서구 금호동 838번지)
일류정보처리학원(서구 금호동 741-1 시영1차아파트 상가 2층)
조이컴정보처리학원(서구 치평동 1184-2번지 골든타운 304호)
중앙컴퓨터학원(서구 화정2동 834-4번지 3층)
풍암넷피아정보처리학원(서구 풍암 1123 풍암빌딩 6층)
하나정보처리학원(북구 일곡동 830-6)
양산컴퓨터학원(북구 양산동 283-48)
한성컴퓨터학원(광산구 월곡1동 56-2)

[부산광역시]

신흥정보처리학원(사하구 당리동 131번지)
경원전산학원(동래구 사직동 45-37)
동명정보처리학원(남구 용호동 408-1)
메인컴퓨터학원(사하구 괴정4동 1119-3 희망빌딩 7층)
미래컴퓨터학원(사상구 삼락동 418-36)
미래컴퓨터학원(부산진구 가야3동 301-8)
보성정보처리학원(사하구 장림1052번지 삼일빌딩 2층)
영남컴퓨터학원(기장군 기장읍 대라리 97-14)
우성컴퓨터학원(사하구 괴정동 496-5 대원스포츠 2층)
중앙IT컴퓨터학원(북구 만덕2동 282-5번지)
하남컴퓨터학원(사하구 신평동 590-4)
다인컴퓨터학원(사하구 다대1동 933-19)
자유컴퓨터학원(동래구 온천3동 1468-6)
영도컴퓨터전산회계학원(영도구 봉래동3가 24번지 3층)
동아컴퓨터학원(사하구 당리동 303-11 5층)
동원컴퓨터학원(해운대구 재송동)
문현컴퓨터학원(남구 문현동 253-11)
삼성컴퓨터학원(북구 화명동 2316-1)

[대구광역시]

새빛캐드컴퓨터학원(달서구 달구벌대로 1704 삼정빌딩 7층)
해인컴퓨터학원(북구 동천동 878-3 2층)
셈틀컴퓨터학원(북구 동천동 896-3 3층)
대구컴퓨터캐드회계학원(북구 국우동 1099-1 5층)
동화컴퓨터학원(수성구 범물동 1275-1)
동화회계캐드컴퓨터학원(수성구 달구벌대로 3179 3층)
세방컴퓨터학원(수성구 범어1동 371번지 7동 301호)
네트컴퓨터학원(북구 태전동 409-21번지 3층)
배움컴퓨터학원(북구 복현2동 340-42번지 2층)
윤성컴퓨터학원(북구 복현2동 200-1번지)
명성탑컴퓨터학원(북구 침산2동 295-18번지)
911컴퓨터학원(달서구 달구벌대로 1657 4층)
메가컴퓨터학원(수성구 신매동 267-13 3층)
테라컴퓨터학원(수성구 달구벌대로 3090)

[울산광역시]

엘리트정보처리세무회계(중구 성남동 청송빌딩 2층~6층)

경남컴퓨터학원(남구 신정 2동 명성음악사3,4층)

다운컴퓨터학원(중구 다운동 776-4번지 2층)

대송컴퓨터학원(동구 대송동 174-11번지 방어진농협 대송 지소 2층)

명정컴퓨터학원(중구 태화동 명정초등 BUS 정류장 옆)

크린컴퓨터학원(남구 울산병원근처-신정푸르지오 모델하 우스 앞)

한국컴퓨터학원(남구 옥동 260-6번지)

한림컴퓨터학원(북구 봉화로 58 신화프라자 301호)

현대문화컴퓨터학원(북구 양정동 523번지 현대자동차문화 회관 3층)

인텔컴퓨터학원(울주군 범서면 굴화리 49-5 1층)

대림컴퓨터학원(남구 신정4동 949-28 2층)

미래정보컴퓨터학원(울산시 남구 울산대학교앞 바보사거 리 GS25 5층)

서진컴퓨터학원(울산시 남구 달동 1331-13 2층)

송샘컴퓨터학원(동구 방어동 281-1 우성현대 아파트상가 2, 3층)

에셋컴퓨터학원(북구 천곡동 410-6 아진복합상가 310호)

연세컴퓨터학원(남구 무거동 1536-11번지 4층)

홍천컴퓨터학원(남구 무거동(삼호동)1203-3번지)

IT컴퓨터학원(동구 화정동 855-2번지)

THC정보처리컴퓨터(울산시 남구 무거동 아이컨셉안경원 3, 4층)

TOPCLASS컴퓨터학원(울산시 동구 전하1동 301-17번지 2층)

[경기도]

샘물컴퓨터학원(여주군 여주읍 상리 331-19)

인서울컴퓨터디자인학원(안양시 동안구 관양2동 1488-35 골드빌딩 1201호)

경인디지털컴퓨터학원(부천시 원미구 춘의동 116-8 광덕프라자 3층)

에이팩스컴퓨터학원(부천시 원미구 상동 533-11 부건프라자 602호)

서울컴퓨터학원(부천시 소사구 송내동 523-3)

천재컴퓨터학원(부천시 원미구 심곡동 344-12)

대신IT컴퓨터학원(부천시 소사구 송내2동 433-25)

상아컴퓨터학원(부천시 소사구 괴안동 125-5 인광빌딩 4층)

우리컴퓨터전산회계디자인학원(부천시 원미구 심곡동 87-11)

좋은컴퓨터학원(부천시 소사구 소사본3동 277-38)

대명컴퓨터학원(부천시 원미구 중1동 1170 포도마을 삼보상가 3층)

한국컴퓨터학원(용인시 기흥구 구갈동 383-3)

삼성컴퓨터학원(안양시 만안구 안양1동 674-249 삼양빌딩 4층)

나래컴퓨터학원(안양시 만안구 안양5동 627-35 5층)

고색정보컴퓨터학원(수원시 권선구 고색동 890-169)

셀파컴퓨터회계학원(성남시 중원구 금광2동 4359 3층)

탑에듀컴퓨터학원(수원시 팔달구 팔달로2가 130-3 2층)

새빛컴퓨터학원(부천시 오정구 삼정동 318-10 3층)

부천컴퓨터학원(부천시 원미구 중1동 1141-5 다운타운빌딩 403호)

경원컴퓨터학원(수원시 영통구 매탄4동 성일아파트상가 3층)

하나탑컴퓨터학원(광명시 광명6동 374-10)

정수천컴퓨터학원(가평군 석봉로 139-1)

평택비트컴퓨터학원(평택시 비전동 756-14 2층)

[전라북도]

전주컴퓨터학원(전주시 완산구 삼천동1가 666-6)

세라컴퓨터학원(전주시 덕진구 우아동)

비트컴퓨터학원(전북 남원시 왕정동 45-15)

문화컴퓨터학원(전주시 덕진구 송천동 1가 480번지 비사벌빌딩 6층)

등용문컴퓨터학원(전주시 완산구 풍남동1가 15-6번지)

미르컴퓨터학원(전주시 덕진구 인후동1가 857-1 새마을금고 3층)

거성컴퓨터학원(군산시 명산동 14-17 반석신협 3층)

동양컴퓨터학원(군산시 나운동 487-9 SK5층)

문화컴퓨터학원(군산시 문화동 917-9)

하나컴퓨터학원(전주시 완산구 효자동1가 518-59번지 3층)

동양인터넷컴퓨터학원(전주시 완산구 삼천동1가 288-9번 203호)

골든벨컴퓨터학원(전주시 완산구 평화2동 893-1)

명성컴퓨터학원(군산시 나운1동792-4)

다울컴퓨터학원(군산시 나운동 667-7번지)

제일컴퓨터학원(남원시 도통동 583-4번지)

뉴월드컴퓨터학원(익산시 부송동 762-1 번지 1001안경원 3층)

젬컴퓨터학원(군산시 문화동 920-11)

문경컴퓨터학원(정읍시 연지동 32-11)

유일컴퓨터학원(전주시 덕진구 인후동 안골사거리 태평양약국 2층)

빌컴퓨터학원(군산시 나운동 809-1번지 라파빌딩 4층)

김상미컴퓨터학원(군산시 조촌동 903-1 시영아파트상가 2층)

아성컴퓨터학원(익산시 어양동 부영1차아파트 상가동 202호)

민컴퓨터학원(전주시 완산구 서신동 797-2번지 청담빌딩 5층)

제일컴퓨터학원(익산시 어양동 643-4번지 2층)

현대컴퓨터학원(익산시 동산동 1045-3번지 2층)

이지컴퓨터학원(군산시 동흥남동 404-8 1층)

비젼컴퓨터학원(익산시 동산동 607-4)

청어람컴퓨터학원(전주시 완산구 평화동2가 890-5 5층)

정컴퓨터학원(전주시 완산구 삼천동1가 592-1)

영재컴퓨터학원(전라북도 완주군 삼례읍 삼례리 923-23)

탑스터디컴퓨터학원(군산시 수송로 119 은하빌딩 3층)

[전라남도]

한성컴퓨터학원(여수시 문수동 82-1번지 3층)

[경상북도]

현대컴퓨터학원(경북 칠곡군 북삼읍 인평리 1078-6번지)

조은컴퓨터학원(경북 구미시 형곡동 197-2번지)

옥동컴퓨터학원(경북 안동시 옥동 765-7)

청어람컴퓨터학원(경북 영주시 영주2동 528-1)

21세기정보처리학원(경북 영주시 휴천2동 463-4 2층)

이지컴퓨터학원(경북 경주시 황성동 472-44)

한국컴퓨터학원(경북 상주시 무양동 246-5)

예일컴퓨터학원(경북 의성군 의성읍 중리리 714-2)

김복남컴퓨터학원(경북 울진군 울진읍 읍내4리 520-4)

유성정보처리학원(경북 예천군 예천읍 노하리 72-6)

제일컴퓨터학원(경북 군위군 군위읍 서부리 32-19)

미림-엠아이티컴퓨터학원(경북 포항시 북구 장성동 1355-4)

가나컴퓨터학원(경북 구미시 옥계동 631-10)

엘리트컴퓨터외국어스쿨학원(경북 경주시 동천동 826-11번지)

송현컴퓨터학원(안동시 송현동 295-1)

[경상남도]

송기웅전산학원(창원시 진해구 석동 654-3번지 세븐코아 6층 602호)

빌게이츠컴퓨터학원(창원시 성산구 안민동 163-5번지 풍전상가 302호)

예일학원(창원시 의창구 봉곡동 144-1 401~2호)

정우컴퓨터전산회계학원(창원시 성산구 중앙동 89-3)

우리컴퓨터학원(창원시 의창구 도계동 353-13 3층)

웰컴퓨터학원(김해시 장유면 대청리 대청프라자 8동 412호)

이지컴스쿨학원(밀양시 내이동 북성로 71 3층)

비사벌컴퓨터학원(창녕군 창녕읍 말흘리 287-1 1층)

늘샘컴퓨터학원(함양군 함양읍 용평리 694-5 신협 3층)

도울컴퓨터학원(김해시 삼계동 1416-4 2층)

[제주도]

하나컴퓨터학원(제주시 이도동)

탐라컴퓨터학원(제주시 연동)

클릭컴퓨터학원(제주시 이도동)

[강원도]

엘리트컴퓨터학원(강릉시 교1동 927-15)

권정미컴퓨터교습소(춘천시 춘천로 316 2층)

형제컴퓨터학원(속초시 조양동 부영아파트 3동 주상가 305-2호)

강릉컴퓨터교육학원(강릉시 임명로 180 3층 301호)

iTQ
한글 2020

2022.   9.   7. 1판 1쇄 발행
2025.   1.   8. 개정증보 1판 1쇄 발행

저자와의
협의하에
검인생략

지은이 | 한정수, IT연구회
펴낸이 | 이종춘
펴낸곳 | **BM** (주)도서출판 **성안당**
주소 | 04032 서울시 마포구 양화로 127 첨단빌딩 3층(출판기획 R&D 센터)
       10881 경기도 파주시 문발로 112 파주 출판 문화도시(제작 및 물류)
전화 | 02) 3142-0036
       031) 950-6300
팩스 | 031) 955-0510
등록 | 1973. 2. 1. 제406-2005-000046호
출판사 홈페이지 | www.cyber.co.kr
도서 내용 문의 | thismore@hanmail.net
ISBN | 978-89-315-2426-0 (13000)
정가 | 18,000원

이 책을 만든 사람들
책임 | 최옥현
진행 | 최창동
본문 디자인 | 인투
표지 디자인 | 박원석
홍보 | 김계향, 임진성, 김주승, 최정민
국제부 | 이선민, 조혜란
마케팅 | 구본철, 차정욱, 오영일, 나진호, 강호묵
마케팅 지원 | 장상범
제작 | 김유석

www.cyber.co.kr
성안당 Web 사이트